정신 요양소에서 교도소로

1945년 이후의 탈수용화와 대규모 수감의 증가

※ 이 책의 원제 《**From Asylum to Prison**》에서 'Asylum'이라는 말은 '침해할 수 없는 피난처'라는 뜻의 고대 그리스어 'asylon'에서 유래했다. 영어에서는 17세기부터 '안전한 곳'의 의미로 사용되기 시작했으며, 18세기 초반부터는 '체포로부터 안전한 곳'의 뜻으로 사용됐다. 18세기 후반 이 단어는 '사회적, 정신적, 신체적 결함으로 고통받는 사람들을 보호하기 위한 선의의 기관'이라는 뜻을 가지게 됐으나, 현재는 이런 의미로는 잘 사용되지 않는다. 이 책에서는 '정신병원'이라는 용어와의 구별과 시대상의 반영을 위해 '정신 요양소'로 표기했다.

정신 요양소에서 교도소로

1945년 이후의 탈수용화와 대규모 수감의 증가

앤 E 파슨스 지음 • **주명진** 옮김

부산대학교출판문화원

From Asylum to Prison:
Deinstitutionalization and the Rise of Mass Incarceration after 1945
by Anne E. Parsons

어머니 아설 B 파슨스에게 이 책을 바칩니다.

※ 본서의 해제로 **'광기치료의 잔혹사'**가 역자의 홈페이지 **인류학 지식나눔**(http://whatishuman.net)에 올려져 있습니다. **'인간이란 무엇인가?'**를 함께 공부하고 있습니다.

차례

일러두기

★'criminally mentally ill' 정의

'정신질환범죄자'라는 뜻으로 미국의 경우 다음 4개 범주로 나뉜다.

i) 유죄이지만 정신질환이 있는 경우(Guilty But Mentally Ill, GBMI)

ii) 정신질환으로 인해 무죄인 경우(Not Guilty by Reason of Mental Disease or Defect, NGBD)

iii) 정신이상으로 인해 무죄인 경우(Not Guilty by Reason of Insanity, NGRI)

iv) 정신이상으로 인해 책임이 없는 경우(Not Responsible by insanity or for mental defect reasons)

위와 같은 배심원의 평결이 나올 경우 법원은 대체로 재량적 또는 의무적으로 강제치료를 결정하여야 하고, 대부분의 주에서 법원이 최종적으로 퇴원을 결정할 수 있는 권한을 갖는다.

한편, 'criminal insane'이라는 말은 위의 네 경우 모두와 관련해 '정신이상의 항변(insanity defense)'의 대상이 되는 사람을 뜻한다.

이 두 용어 모두 유무죄 최종 판결에 상관없이 '정신질환 때문에 범죄를 저지른 사람'을 뜻한다. (책 전체의 문맥을 고려할 때) 이 책의 저자는 이 두 표현을 같은 뜻으로 사용하고 있는 것으로 보인다.

★Freedom Summer Project'

'프리덤 서머'는 아프리카계 미국인들에게 투표권을 부여하기 하기 위해 1964년 6월에서 8월까지 미시시피 주에서 진행된 비폭력 시민권 운동이다. 프리덤 서머 기간 중 평화적인 흑인 유권자 등록 운동에 헌신한 700여 명의 활동가 덕분에 1965년 흑인투표권법이 통과됐고, 여섯 달 만에 미시시피는 흑인 60퍼센트가 투표할 수 있게 되는 곳으로 변모했다. 프리덤 서머는 자유와 평등, 민권운동의 이정표였다.

약자

ACLU American Civil Liberty Union: 미국시민자유연맹

AFSCME American Federation of States, Country, and Mumicipal Employees: 미국 주군시 공무원연맹

APA American Psychiatric Association: 미국정신의학협회

CO conscientious objector: 양심적 병역거부자

ECT electroconvulsive therapy: 전기경련요법

NAMH National Association for Mental Health: 미국정신건강협회

NARC National Association for Retarded Children: 미국정신지체아협회

PARC Pennsylvania Association for Retarded Citizens: 펜실베이니아 지체시민협회

PMH Pennsylvania Mental Health Inc.: 펜실베이니아 정신건강협회

SCI State Correctional Institution: 주립교도소

SPMI serious and persistent mental illness: 중증 만성 정신질환

◆

들어가는 말

미국의 교도소는 이제 새로운 형태의 정신 요양소가 돼버렸다. 더 나쁜 것은 이 교도소들이 정신과적 위기에 처해 있는 사람들의 어려움을 해결할 만한 역량을 갖추고 있지 않다는 것이다.
- 로니 폴라네츠키, *필라델피아 데일리뉴스*, 2014년

1942년 필라델피아 경찰은 히치하이킹 혐의로 조지 엘더 George Elder를 체포했다. 체로키 인디언과 아프리카계 미국인 혈통을 가진 엘더는 대공황 때 부랑자로 전락한 사람이었다. 미국 내 25개 주 여기저기를 떠돌던 당시 35세의 엘더의 여행은 이렇게 갑자기 끝나게 됐다. 당국은 그에게서 만기가 지난 징집 영장을 발견하고 그를 제2차 세계대전 병역 기피 혐의로 기소했다. 법정에서 엘더는 정부의 인종 차별적 관행 때문에 전쟁에 나가 싸우는 것을 거부했다고 진술했다. 그는 "*총과 전쟁*을

싫어하는 평화주의자라고 말했습니다. 나는 양심적 병역거부자였고, 누굴 쏘고 싶지 않았습니다. 그리고 나는 미국처럼 인디언과 흑인을 취급하는 나라를 위해 싸우고 싶지 않았습니다."라고 말했다.[1] 엘더는 싸우기를 거부했을 뿐만 아니라 미국 정부가 아메리카 원주민들에게 저지른 부당함에 대해서도 346달러를 배상해 줄 것을 요구했다. 엘더의 급진적인 배상 요청은 판사를 분노케 했고, 판사는 그를 두 명의 정신과 의사에게 보냈다. 의사들은 엘더를 편집증적 정신분열증 환자라고 진단하고 법적 정신이상자로 인증했으며, 그를 전국에서 가장 큰 병원 중 하나인 필라델피아 주 바이베리 정신병원에 입원시켰다. 1947년 한 백인 목사가 엘더를 퇴원시키려고 노력했고, 1962년에는 바이베리 정신병원 직원도 그를 퇴원시키려 했지만, 모두 실패했다. 결국 엘더는 29년 동안 병원에서 지냈다.

1970년 8월 병원 관리자들은 바이베리 정신병원의 입원 환자의 수를 줄이는 과정에서 당시 64세였던 엘더를 결국 퇴원시켰다. 노스 필라델피아에 있는 하숙집으로 이사했지만 일자리가 없었던 엘더는 공공복지 수당으로 생활했으며 이 집에서 우울증에 시달렸다. 결국 5개월 후 엘더는 바이베리 정신병원으로 돌아갔다. 하숙집에서 혼자 살기에는 너무 나이가 많다는 이유였다. 이 이야기는 *필라델피아 이브닝 불레틴, 에보니 Philadelphia Evening Bulletin and Ebony* 등 뉴스 매체들의 관심을 끌었고, 한 기자가 그에게 바이베리에서 나가고 싶은지 묻자 그는 *"내가 좀 더 젊었을 때 그렇게 묻지 그랬어요? 한때는 나도 건강했지요. 50킬로그램짜리 가방을 하루 종일 들고 다닐 수 있을 정도로 말이에요. 여기 갇힌 지 너무 오래 됐어요. 이제 살날이 그리 많이 남은 것 같지 않군요."*라고 말했다.[2]

조지 엘더를 바이베리에 장기간 입원시킨 세력들은 전후 미국의 정신건강체계를 변화시킨 세력들의 대표적인 예다. 1940~1950년대의 법은 주정부가 사람들을 자신의 의지에 반해 시설에 가둘 수 있도록 허용했으며, 일단 수감된 사람들 대부분은 감금 공간으로 기능한 시설들, 즉 사회적으로 소외된 사람들이 자신의 의지와 상관없이 감금된다는 점에서 교도소와 비슷한 공간으로부터 석방될 수 있는 법적인 방법을 거의 가질 수 없었다. 1960~1970년대에는 정부가 운영하는 정신병원의 축소와 폐쇄를 의미하는 탈수용화deinstitutionalization가 시작됐다. 지역사회 기반의 정신의학적 접근방법, 감금 관련 법률에 대한 법적 문제 제기, 환자 권리 운동 등으로 수만 명의 입원환자가 정신건강 시설에서 해방된 것이다. 하지만 이러한 새로운 정신건강 정책과 그 실천도 병원 밖에서의 적절한 사회 서비스에 대한 사람들의 권리를 보장하지는 못했다. 엘더와 같은 많은 사람들은 시설을 떠난 후 살아남기 위해 고군분투해야 했다.

엘더의 감금 사례는 20세기 후반에 수감 국가carceral state가 정신 요양소에서 교도소로 그 중심을 어떻게 옮겼는지 생각하게 한다. 오늘날 엘더가 경범죄로 체포된다면 경찰은 그를 구치소(jail)로 데려갈 것이다. 엘더는 정신병원이 아니라 구치소 내의 정신병동에 머물게 될 것이다. 따라서 1950년에서 2000년 사이 미국에서 정신건강 시설 감금이 크게 줄어들긴 했지만, 미국은 사회적 장애에 대해서는 더 징벌적인 대응을 하면서 여전히 시설 감금에 의존하고 있다고 할 수 있다. 정신 요양소는 사라지지 않았다. 시민공공서비스Civilian Public Service는 현대 교도소 산업 단지 형태로 다시 돌아왔을 뿐이다.

교도소와 구치소 내 정신건강센터는 정신병원에서의 비자발적인 감금이 감소하는 바로 그때로부터 늘어나기 시작했다. 오늘날 이 새로운 대규모 수감mass incarceration 시스템은 정신장애를 가진 사람들에게 불균형적으로 영향을 미친다. 미국에서 가장 큰 정신건강센터 중 일부는 현재 교도소에서 운영되고 있으며, 심각한 정신질환으로 진단받은 사람 중 40%는 평생에 걸쳐 체포 가능성을 안고 산다. 필라델피아에서는 수감자의 거의 3분의 1이 정신과 진단을 받았으며, 이로 인해 필라델피아의 구치소들은 주에서 가장 많은 정신건강 서비스를 제공하게 되었다.[3]

일부에서는 이 현상에 대해 탈수용화보다는 횡수용화

transinstitu-tionalization(지역사회 정신건강서비스 제공 프로그램에 포섭되지 못하고 병원에서 병원으로 또는 시설로 재입원(재입소)하는 현상)라는 용어를 사용해 설명하고 있다. 이들은 정신건강법의 변화와 주립 정신과 병원의 축소로 교도소와 구치소에 정신과적 장애가 있는 사람들이 증가했다고 주장한다. 사람들이 정신병원에서 다시 지역사회로 풀려나면서 이들 대부분은 적절한 정신건강 관리 또는 사회복지 서비스를 받지 못했다. 그 결과 경찰이 알코올 중독, 약물남용, 불법주거침입과 같은 사회 무질서와 관련된 사람들을 체포와 수감으로 대응하면서 그들의 행위를 범죄로 취급했다.[4] 일부 학자들은 1939년 영국의 정신과 의사 라이오넬 펜로즈Lionel Penrose가 소개한 풍선이론balloon theory으로 이러한 전개를 설명했다. 펜로즈는 정신병원 인원이 감소함에 따라 수감률이 높아졌다고 단정했다.[5] 이 모델에 의하면 교도소와 구치소에서 정신장애인이 늘어난 것은 탈수용화 때문이다. 그 결과, 교도소는 새로운 정신 요양소가 되었다. 정신과 의사 E 풀러 토리E. Fuller Torrey가 말했듯이, *"구치소와 교도소는 심각한 정신질환을 가진 많은 사람들을 위한 대리 정신병원surrogate mental hospital이 되었다."*[6]

이런 역사적인 접근 방법은 현재의 정신건강정책에 심각한 영향을 미쳤다. 예를 들어, 언론인 피트 얼리Pete Earley는 정부가 횡수용화를 중지시키기 위해 의료 사회화 제도와 위기 개입

팀을 동원해야 했다고 주장하면서 이 실패한 탈수용화 모델에 의존했다. 그는 또한 사람들이 집으로 돌아가는 데 도움을 주기 위해 정신건강 법원을 더 많이 설치할 것과 구치소 내 사회복귀 프로그램을 개선할 것을 제안했다.[7] 특히 이 두 가지 제안에는 구치소와 형사법원이 정신장애인들에게 가장 적절한 시스템이며 이 정신장애인들을 둘러싼 일부 체계적인 문제들과 관련이 없다는 전제가 깔려있다. 토리는 탈수용화가 너무 지나쳤고, 교도소와 구치소에서 정신장애인의 수를 줄이기 위해서는 정신질환에 대한 더 나은 정신과 치료 그리고 연구와 함께 더 엄격한 비자의적 치료법이 필요하다고 주장했다.[8] 2015년에는 펜실베이니아 대학의 생명윤리학자 3명이 여기서 한 걸음 더 나아가 탈수용화로 어떻게 사람들이 병원에서 교도소와 같은 감금시설로 옮겨졌는지를 보여주는 논문을 발표했다. 이에 대한 대처 방안으로 이들은 정신적 장애를 가진 사람들을 치료하기 위해 정신 요양소와 같은 재활시설을 다시 활용할 것을 촉구했는데, 이는 매우 논쟁적인 개념으로 즉각적인 비난을 받았다. 이들의 주장은 병원의 탈수용화가 노숙자 위기와 수감 위기를 초래했다는 생각에 근거하고 있었기 때문이다. 이 생명윤리학자들은 정신 요양소로의 복귀는 이런 잘못된 상황을 바로잡을 수 있으며, 오래된 시설들을 다시 활성화시킬 것이라고 주장했다.[9] 이 모든 제안들은 정신장애를 가진 사람들이 교도소에 너무 많이 수용되는 것을 막기 위한 중요 수단으로 강압적인 수감을 실시해야 한다는 점에서 과거의 방법들과 연속성을 가지고 있었다.

《정신 요양소에서 교도소로》는 역사를 지나치게 단순화하고, 구체적이고 불편한 사실들을 무시하는 이런 주장들에 도전한다. 첫째, 탈수용화는 병원에서 거리로, 거리에서 다시 교도소로 사람들을 대량으로 이주시키지 않았다. 일반 병원과 요양원은 메디케이드Medicaid(65세 미만의 저소득층과 장애인을 위한 미국의 국민 의료 보조 제도)와 주정부의 자금지원의 변화로 인해 이들 개인에게 훨씬 높은 비율로 서비스를 제공하기 시작했다. 이와 관련해 많은 사람들이 성공적으로 지역사회로 돌아와 양질의 정신건강과 사회복지 서비스를 받았다.[10] 둘째, 연구자들은 정신건강기관의 정신장애인, 교도소와 구치소의 정신장애인들 사이에서 상당한 인구통계학적 차이를 발견했다. 1999년 필라델피아 소재 한 정신병원에 대한 연구에 따르면 이 병원에서 퇴원한 사람 중 체포된 사람은 2%에 불과했다.[11] 이 수치는 병원에서 퇴원한 사람들을 전수 조사해 얻은 것은 아니지만, 병원에서 교도소로의 대규모 이동이 현재 위기의 가장 큰 원인이라는 생각을 흔들어놓는 것은 사실이다. 게다가, 주립 정신과 병원 환자들은 주로 백인 중년층인 반면, 정신장애인 수감자들은 40세 미만 아프리카계 미국인이 많았다.[12] 마지막으로, 경제학자이자 보건정책 전문가인 리처드 프랭크Richard Frank와 셰리 글리드Sherry Glied는 교도소에 감금되는 정신장애인의 수가 늘어나는 주요 원인은 20세기 후반의 수감률 증가라고 주장했다. 이들은 *"우리 데이터에 따르면 SPMI(중증 만성 정신질환)를 앓고 있는 사람들의 노숙과 감금 증가의 직접 원인이 탈수용화라고 생각하는 것은 잘못된 생각이다. 마약과의 전쟁과 생활안전과 관련된 범죄단속(지역 치안)으로 인한 수감률 증가는 탈수용화로 나오게 된 사람들과 탈수용화가 일어나지 않았더라도 시설에서 생활하지 않았을 수많은 SPMI 환자들 모두에게 영향을 미쳤을 것이다."*[13]라고 말했다.

《정신 요양소에서 교도소로》 역시 정신장애인들의 과잉 감금이 상당 부분 형사법체계 자체의 급속한 성장에서 비롯되었다고 본다. 감금 위기는 통치의 보다 넓은 변화의 한 부분으로서 발생했다. 감금 위기는 미국이 범죄와의 전쟁, 마약과의 전쟁 그리고 아프리카계 미국인 사회에 대한 치안 활동과 감시 강화를 통해 사회 무질서에 대응하면서 점차적으로 시민들의 감금에 주로 의존하게 되면서 일어난 것이다. 그 결과, 1970년대부터 1990년대까지 미국의 수감률은 폭증했으며, 21세기에 들어서자 교도소와 구치소에 수감된 사람들의 수는 200만 명을 넘어섰다. 미국 시민 100명 중 1명이 수감자라는 뜻이다. 미국은 수감률에서 다른 모든 나라를 앞질렀는데, 이는 미국 정부의 특징이 됐다.[14] 이러한 급속한 수감 증가는 정신장애를 가진 많은 사람들을 수감이라는 올가미에 가두었다. 교도소와 구치소 수감 인원이 늘어남에 따라 형사법체계에서 정신장애를 가진 사람들의 수도 증가했다.

20세기 후반 대규모 수감이 빠르게 늘어난 이유는 새로운 분야의 연구들에 의해서도 세밀하게 탐구되고 있다. 이 연구들의 핵심적인 주장 중 하나는 교도소가 대중의 시선을 받지 못하는 동안 범죄의 변화, 처벌, 그리고 수감 국가 개념은 미국 정치 통치의 중심에서 사회복지, 도시 계획, 그리고 민권법과 같이 여러 다른 정치적 영역들에 지대한 영향력을 미치고 있다는 것이다.[15] 범죄는 정치권력을 얻고자 하는 정치인들에게 전략적인 문제가 되었으며, 사회가 더욱 처벌적이게 되고 교도소가 전국에 생겨나면서, 범죄 관련 담론과 기술은 형사법체계와는 거의 관련이 없어 보이는 시설들로 스며들었다. 공립학교들은 품행이 좋지 않은 청소년들을 범죄시했고 가정법은 아동학대와 이혼 문제에 범죄 혐의를 포함시키는 경우가 점점 많아졌다.[16]

범죄와 처벌의 정치는 미국을 사회복지 국가로 만드는 데 상당한 기여를 해왔다. 초당적인 법질서 정치의 부상과 함께, 사회복지 정책 결정의 초점이 재활이라는 이상에서 역사학자 줄릴리 콜러 콜러-하우스만Julilly Kohler-Hausmann이 말하는 '거친 정치tough politics'로 옮겨갔다. 약물남용 전력이 있는 사람들, 성범죄 혐의로 기소된 사람들, 장애인, 불법체류자 등 이전에는 사회복지국가social welfare state가 관리했던 사람들을 형사법체계가 점진적으로 감독하기 시작한 것이다. 20세기 후반 정책입안자들은 약물사용, 범죄, 빈곤과 같은 사회적 문제들을 다루는 재활 모델에서 벗어나 감시, 처벌, 강요, 격리와 같은 강력한 조치들을 사용했다. 1996년까지 미국은 푸드 스탬프(저소득층의 식료품 구입 지원을 위해 쿠폰이나 전자카드 형태로 식비를 제공하는 지원 제도) 및 복지 보조금과 같은 사회복지 프로그램보다 교정에 훨씬 더 많은 비용을 투자했다.[17]

《정신 요양소에서 교도소로》는 이런 연구들을 바탕으로 하고 있으며, 형사법체계의 변화가 탈수용화의 방향에 지대한 영향을 미쳤다고 전제하고 있다. 20세기 후반 정신병원 역사를 연구하는 사학자들은 법질서 정치의 부상과 이런 법질서 정치의 부상으로 정신건강정책이 어떻게 만들어지고 정신병원들이 폐쇄되는지를 알아야 한다. 예를 들어, 1981년에 펜실베이니아 주는 다른 많은 주들처럼 연방 예산 삭감에 직면했다. 주지사 딕 손버그Dick Thornburgh는 주 예산 2억 6천7백만 달러 삭감을 발표했고, 주정부는 복지시설과 병원 직원 750명을 해고할 계획을 세웠다. 이에 대응해 펜실베이니아 남동부 정신건강협회Mental Health Association 같은 단체의 지지자들은 주정부가 현재 수준의 치료 및 서비스 프로그램을 유지하도록 하기 위해 싸웠다. 로버트 J. 러너Robert J. Lerner는 이 협회의 연례 간행물인 <임팩트Impact>에서 *"1960년대가 사회 및 경제적 정의를 위해 정부가 광범위한 권리들을 극적으로 부여한 시대로 칭송받는다면, 현재의 추세가 계속됐을 때 1980년대는 선의의 무시benign neglect의 시대로 봐야 한다. 자신을 스스로 책임질 능력이 가장 떨어지는 사람들이 자활self-help라는 경건한 미사여구에 짓밟히는 시대, 정치적 편의에 물든 경제 현실 때문에 유권자들이 복잡한 문제에 대한 단순한 해답을 찾아야 하는 시대인 것이다."*라고 썼다.[18] 하지만 당시 펜실베이니아 주정부는 이러한 사회복지, 의료, 정신건강관리 서비스를 줄이려고 노력하면서도 주의 교도소 제도는 확대하려고 했다. 주정부는 1981년과 1982년에 72억 달러에 이르는 교정 예산을 공개하고, 1960년 이후 처음으로 새로운 주립교도소 건설을 제안했다.[19] 1980년대의 탈수용화와 정신건강을 위한 자금지원을 둘러싼 이러한 싸움은 진공 상태에서 일어난 것이 아니다. 이 싸움은 보건복지 체계의 예산을 형사법체계로 옮기기 위한 광범위한 재정 재분배 과정의 일부였다. 탈수용화 담론의 중심에 대규모 수감을 둔다면 탈수용화가 펜실베이니아 주를 위축시키려는 주요한 움직임이었다는 논리가 무너진다.

과거에 대한 이 새로운 이야기는 우리가 현재에 접근하는 방법에 영향을 미친다. 오늘날 옹호론자들은 현재 정신건강 시스템의 병폐를 치료하기 위해서는 지역사회 기반의 정신건강 서비스, 건강관리, 외래환자 치료, 응급의료팀, 동료 지원, 특히 형사법체계 안에 있는 사람들을 위한 주거 지원에 더 많은 돈을 할당해야 한다고 주장한다.[20] 하지만 이러한 변화를 위해서는 보건 및 복지 서비스에 대한 자금 지원의 증가뿐만 아니라 범죄와 처벌이라는 사회적 관행에 대한 재고와 매년 수감되는 사람들을 위한 수십억 달러의 지출이 필요하다. 이러한 프로그램에는 많은 돈이 필요하기 때문에 주의 역할과 주가 사회적 지원을 하는 시점에 대한 재정립이 필요하다. 필요할 때 지원을 할지 법 위반 시점에 지원을 할지를 결정해야 하는 것이다.

탈수용화 역사의 중심에 대규모 수감을 두면 정신장애를 가진 사람들이 정신병원에서 퇴원되는 것에 대해 많은 사람들이 보인 적대적 반응을 설명하는 데도 도움이 된다. 1960년대에 시작해 1980년대까지 계속된 도시봉기, 도시범죄, 시민권 및 반전 시위에 대한 대중의 두려움은 아프리카계 미국인 도시 공동체로부터 사회를 보호하고 폭력과 무질서를 통제하는 것이 정부의 주요 책임이라는 믿음을 심어주었다. 존슨 행정부의 범죄와의 전쟁은 닉슨과 레이건의 마약과의 전쟁과는 다른 의도를 가지고 있었지만, 이런 전쟁들은 모두 진행 과정에서 아프리카계 미국인들을 계속 범죄인화하고 감시한다는 점에서 비슷한 효과를 나타냈다.[21] 이러한 인종차별적 공포 기반 정치는 결국 정신건강 개혁을 이끌었다. 의학사학자 조너선 메츨Jonathan Metzl은 저서 《항의하는 정신병The Protest Psychosis》에서 도시 범죄에 대한 인종차별과 두려움이 조현병에 대한 정신과 전문가들의 접근방식에 어떻게 스며들었는지를 자세히 탐구했다. 1960년대 이후 정신과 의사들은 편집증적, 폭력적, 위험한 행동을 조현병으로 진단했고, 아프리카계 미국 남성들은 점점 더 많이 조현병 진단을 받기 시작했다. 이러한 진단 변화로 인해 정신과 의사들은 더 많은 수의 아프리카계 미국인들을 미시건주 아이오니아 형법상 정신질환범죄자 전용 주립병원 같은 보호감독시설에 보냈고, 이들은 그곳에서 삶 전체가 바뀌는 결과를 맞게 됐다.[22]

《정신 요양소에서 교도소로》는 공포와 법질서 정치에 대한 인종 기반 공공 담론이 국가 정신건강 프로그램과 탈수용화를 둘러싼 정책에 어떤 영향을 미쳤는지를 면밀하게 탐구한 최초의 책이다. 예를 들어, 1980년 필라델피아의 한 신문에는 "미치광이 거리에서 사라지다"라는 제목의 기사가 실렸다. 과거에 살인죄로 수감됐다 형기를 마친 제임스 짐보 윌리스라는 남자의 이야기다. 주립 정신병원에서 보호관찰로 풀려난 그는 전혀 알지 못하는 낯선 사람을 18㎝ 크기 부엌칼로 찔러 숨지게 했다. 윌리스의 이야기는 많은 관심을 끌었고 정신질환에 대한 불안감을 증폭시켰다. 필라델피아 사람들이 범죄를 도시의 가장 큰 문제로 여기던 시기에, 정신장애를 가진 폭력적인 사람들의 이야기는 특히 인종, 범죄, 정신질환을 둘러싼 공포의 불에 부채질을 했다.[23] 정신병원이 폐쇄됨에 따라 지역 교도소 관계자들은 교도소에 수감되는 정신장애인의 수가 급증하고 있다고 지적했다. 이러한 발견은 1980년대 정책입안자들이 교정 환경에 정신과 병동을 만들도록 자극했다. 여전히 정신과 장애를 가진 개인들을 제한적인 환경에 놓는 조치였다. 교도소 안에서 정신건강서비스를 확대하겠다는 선택은 그냥 이뤄진 것이 아니었다. 이 선택은 수감이 수많은 사회문제의 일차적 해결책이 된 시점에 이뤄진 것이다. 그 결과로 주정부와 지방정부는 이러한 사람들을 위한 적절한 규제 완화 환경을 조성하지 못했고, 필라델피아와 전국의 교정 시스템은 서서히 주요 정신건강 제공자가 되었다.

이 책은 대규모 수감과 정신병원에 관한 정책들이 서로 밀접하게 얽혀 있었다고 주장한다. 정치인과 정책입안자들은 이 문제들을 연결된 문제들로 다뤘다. 한 영역의 자금조달 결정이 다른 영역의 자금조달 결정에 영향을 미쳤고, 기존의 정신병원과 교도소 시설들은 이런 의사 결정을 내리는 데 주요한 역할을 했다. 하지만 이 책은 탈수용화도 대규모 수감의 궤적에 영향을 미쳤다고 주장한다. 첫째, 적절한 지역사회 정신건강서비스의 부족, 정신질환의 재범죄화, 법질서 정치는 정신장애인 수감자를 증가시켰고, 교정환경에서의 새로운 정신건강서비스 창설을 부채질했다. 이러한 전개는 결국 미국의 형사법 제도의 성장을 확대하는 데 도움이 되었다.

둘째, 탈수용화 과정은 사회로부터 누가 왜 제거될 수 있는가를 다시 정의했고, 이는 대량 수감이 늘어나는 방식에 큰 영향을 미쳤다. 《정신 요양소에서 교도소로》는 20세기 중반의 정신병원이 감금 공간, 즉 사람들의 자유를 제한한 사회적 통제의 장소였다고 주장한다.[24] 이 기간 동안 미국에서는 전부는 아니지만, 많은 주들이 개인들이 자발적으로 정신병원에 들어오는 것을 허용했다. 하지만 주립 정신병원에 있는 대다수의 사람들은 정신이상자들을 위한 위원회, 법의관, 배심원들에 의해 비자의적으로 입원된 사람들이었다. 개인의 퇴원 여부와 시점은 병원 관리자와 국가 복지 공무원에 의해 대부분 결정됐다.[25] 입원한 사람들은 입원 기간을 결정할 수 있는 자유, 어떤 치료를 받을지 선택할 수 있는 자유 등 개인적 자유를 상당 부분 박탈당했다.

일부 학자들은 20세기 중반에 형벌복지 구조가 운영되었다고 주장한다. 이 구조는 재활과 수감이 맞물려 있는 구조였다. 이들은 복지와 형사법체계가 전적으로 서로 독립된 실체가 아니며, 서로 불가분의 관계에 있었다고 주장한다.[26] 《정신 요양소에서 교도소로》 역시 사회복지 국가와 형사법체계가 서로 얽혀 있다고 주장한다. 하지만 이 책은 탈수용화가 복지와 형법체계를 어떻게 근본적으로 변화시켰는지 보여줌으로써 이 주장을 증폭시킨다. 1960년대는 국민, 정책입안자 및 정치인들이 정신병원의 개혁에서 비롯된 제도적 형태의 정신 요양소 및 교도소를 거부한 시기였다. 하지만 궁극적으로 보면, 정신건강 분야에서 반수용화anti-institutionalization 움직임이 계속되고 병원들이 문을 닫는 동안 수용화institutionalization는 형사법체계 안에서 재탄생했다. 그 결과, 주정부의 역할은 장애 진단에 대처하는 치안 활동, 그리고 수감에서 개인의 법률 위반에 대처하는 치안 활동과 수감으로 변화했다. 탈수용화는 주정부의 의료 및 정신과 당국에서 형사법원, 경찰 및 교정 공무원으로 옮겨갔다.

마지막으로, 버려진 주립 정신병원들은 주정부가 새로운 교도소를 건설하는 것을 더 쉽고 더 저렴하게 해주는 인프라를 제공했다. 《정신 요양소에서 교도소로》는 20세기 후반 정신병원이 교도소로 전환되는 과정을 상세하게 보여주는 최초의 학술 연구다. 주 공무원들은 새로운 교도소를 지으면서 비어 있는 정신병원과 발달장애 센터들의 인프라, 즉 땅, 건물, 주 공무원 인력을 교정기관으로 용도 변경했다. 낡은 정신병원을 교도소로 재활용하는 것이 새 교도소를 처음부터 짓는 것보다 훨씬 더 저렴했다. 오래된 정신 요양소의 인프라는 미국, 특히 동북 및 중서부 교도소의 빠른 확장을 촉진했으며, 이곳에서 정신병원들은 더 높은 비율로 교도소로 전환되었다.

그 결과, 오늘날 미국은 범죄자에 대한 수감 위기에 직면해 있으며, 이는 높은 대규모 수감률과 형사법체계 내부의 불평등의 해결을 촉구하는 광범위한 활동과 국가 차원의 대화를 촉발하고 있다. 예를 들어, 2013년에는 캘리포니아 주 수감자 3만 명이 2개월 동안 단식투쟁을 벌였다. 2011년 이후 주 내에서 세 번째였다. 수감자들은 독방 감금 및 다른 많은 부당행위에 항의하기 위한 방법으로 식사를 거부했다.[27] 교도소에서 수감자들을 석방하고 보다 공평하고 정의로운, 현재 시스템에 대한 대안을 만들기 위해 교도소 폐지 운동도 시작되고 있다. 이 운동은 '비판적 저항Critical Resistance' 같은 단체들, 앤절라 데이비스의 책 《교도소는 쓸모없는 것인가?Are Prisons Obsolete?》 같은 책들에 의해 주도되고 있다. 형사법체계에 대한 이러한 도전은 트레이본 마틴, 마이클 브라운, 에릭 가너, 타미르 라이스 등이 경찰에 의해 살해된 것을 계기로 확산된 *흑인의 생명도 중요하다Black Lives Matter* 운동과 함께 더욱 그 규모가 커지고 있다. 2015년 산드라 블랜드가 체포된 후 구치소에서 사망한 사건 역시 경찰의 만행과 교도소 시스템의 폭력성을 잘 보여주고 있다.[28]

좌파 쪽에서는 교도소 폐지론자들이 교도소에 대한 지역사회의 대안을 요구하고, 우파 쪽에서는 보수주의자들이 교도소 시스템이 기능하는 데 필요한 자금에 대해 추궁하고 있다. 많은 운동가들은 수감자 수를 줄인다는 더 넓은 차원에서 국가 수준의 수감률을 낮춤으로써 교도소 내 정신건강 위기에 대처하기 위해 노력하고 있다. 미국시민자유연맹ACLU과 #cut50은 모두 선고, 보석절차, 가석방, 재입감 정책 등을 개혁함으로써 향후 10년간 교도소 인구를 절반으로 줄이려고 노력하고 있다.[29] 부유하고 영향력 있는 코흐 형제(미국 제2위의 민간기업 소유주) 같은 보수주의자들도 탈감금화decarceration에 찬성하고 있다. 대규모 수감이 자유주의 원칙과 충돌하며 국가에 엄청난 경제적 부담을 준다는 것이 이들이 주로 내세우는 이유다.[30] 이런 변화의 물결들 때문에 수감자 수는 감소하기 시작했다. 실제로 35개 주는 지난 5년간 수감률을 낮췄다. 주목할 만한 사실은 수감률을 낮춘 이들 주에서 범죄율이 줄어들었다는 것이다.[31]

2030년까지 수감자 수를 절반으로 줄이라는 요구는 정신과 의사들과 활동가들이 관리형 정신건강기관이 없는 미래를 상상하던 탈수용화 초창기 시절을 떠올리게 한다. 1963년 존 F. 케네디 대통령은 사망하기 몇 주 전에 지역사회 정신건강법에 서명했다. 케네디는 의회에 보낸 특별 메시지에서 *"지금 우리가 광범위한 정신건강 프로그램을 실시한다면 10년에서 20년 안에 관리를 받는 환자 수를 50퍼센트 이상 줄일 수 있을 것"*이라고 말했다.[32] 이후 수십 년 동안 정치가, 정책입안자, 변호사, 활동가들은 보호 정신병원custodial mental hospital에 대한 정부의 의존도를 성공적으로 줄였다. 1960년대에 정신병원을 50% 줄이려는 케네디가 벌인 캠페인은 미국의 수감자 수를 줄이기 위한 오늘날의 #cut50 캠페인과 현저하게 유사하다. 《정신 요양소에서 교도소로》는 특히 오늘날 사람들이 교도소 축소를 위해 노력하고 있는 가운데 이런 탈수용화의 역사가 우리에게 주는 교훈을 공유하고자 한다. 정신병원에 입원하는 사람들의 수를 감소시키는 과정은 어떠하였는가? 탈수용화의 한계와 예상치 못한 결과는 무엇이었으며, 탈수용화는 대규모 수감의 증가에는 어떤 영향을 미쳤는가?

이 책은 탈수용화의 역사에서 우리가 무엇을 배울 수 있는지를 묻는다. 이 질문은 이 책 이전에 다른 학자들이 제기했던 질문이기도 하다. 법학자 버나드 하코트Bernard Harcourt는 탈수용화의 역사를 살펴보면 수감 혁명을 더 잘 이해할 수 있다고 주장해 왔다. 그의 주요 공헌 중 하나는 정신병원과 교도소에 대한 통계적 분석이다. 위의 그래프에서 알 수 있듯이, 20세기 동안 정신병원에 입원해 있는 사람들의 비율이 떨어졌음에도 불구하고, 교도소에 수감되어 있는 사람들의 비율은 증가했다. 하코트는 교도소 수감률 상승에만 신경 쓸 것이 아니라 수용화institionaization의 총체적 패턴에 주목해야 한다고 주장했다. 그는 또한 탈수용화 과정에서 국가가 새로운 형태의 보호공간으로 이동하는 횡수용화가 발생했다고 주장했다. 수감률 감소를 요구하는 사람들이 막으려고 하는 것이 바로 이 횡수용화다.[33]

우리 사회의 시설 이용에 관한 이러한 질문의 최전선을 연구하고 있는 리아트 벤모쉬Liat Ben-Moshe에 따르면 정신건강 시스템의 탈수용화는 일종의 탈감금화다. 활동가들은 교도소 폐지 촉구 운동을 하면서 이 사실을 알게 된다. 벤모쉬의 주장처럼, 탈수용화의 핵심 교훈은 지적·정신적 장애를 가진 사람들을 위한 시설의 폐쇄가 반드시 자유를 가져다준 것은 아니라는 사실이다. 이러한 폐쇄가 대개 긍정적인 진전이긴 했지만, 진정한 자유를 위해서는 정직하고 정의롭고 공평한 사회의 조성이 필요했다. 이러한 주장을 펴기 위해 벤모쉬는 정신병원뿐만 아니라 지적 발달장애인을 위해 만든 주립 시설에서의 자유와 감금 문제도 연구했다.[34]

《정신 요양소에서 교도소로》는 이런 변화들에 대한 더 나은 이해를 도모하기 위해 탈수용화와 교도소의 증가에 관한 역사적 과정을 탐구한 책이다. 첫째, 이 책은 대중의 분노, 직업적 이데올로기의 변화, 정치적 조직화가 어떻게 사회의 수감 의존도를 줄일 수 있는지를 보여준다. 둘째, 이 책은 현대 학자들, 대중의 구성원, 정책입안자들이 교도소를 어떻게 격리시킬 것인가에 대해 신중하게 생각하고 다른 형태의 감금을 반복하지 않는 방법으로 정신건강 관리와 서비스를 제공하도록 경고한다. 셋째, 시설에 대한 의존도를 줄이는 것이 단순히 비용 절감 전략이 아니라는 것 등 탈수용화가 우리에게 주는 교훈을 살펴본다. 마지막으로 이 책은 왜 역사적으로 사회가 사람들의 행복보다 공공안전을 우선시함으로써 사회적 일탈에 대응해 왔는지에 대해 질문한다.

이 책은 1945년에서 1985년 사이에 필라델피아와 펜실베이니아 전역에서 일어난 변화에 초점을 맞추고 있다. 반면 다른 사학자들은 연방 차원의 탈수용화 과정을 연구해 법적 사건, 의회법, 메디케이드 도입, 정신과적 개념의 변화, 새로운 치료 요법을 추적해 왔다.[35] 이 책은 정신건강 시설에서 사람들을 풀어주는 과정을 통제했던 주의 정치인, 관료, 활동가들 중심으로 연구를 전개한다. 이렇게 주 하나에 초점을 맞추는 연구가 유익한 이유 중 하나는 정신병원과 교도소에 관한 결정들은 대개 주 차원에서 중첩된다는 데 있다. 예를 들어, 1940년대 펜실베이니아 주 복지부는 주립교도소와 주립 정신병원 모두를 감독했다.

연구 대상으로 펜실베이니아 주를 선택한 데는 이유가 있다. 펜실베이니아 주는 20세기 내내 시설 수용화 비율이 높았기 때문이다. 1950년대까지 펜실베이니아 주는 미국에서 가장 큰 주의 하나로 미국 인구의 16분의 1을 차지했다. 또한 펜실베이니아 주는 미국 최대 규모의 정신건강 시스템 중 하나를 운영했으며, 펜실베이니아 주의 정신병원 입원 환자 수는 미국 전체의 정신병원 입원 환자 수의 5분의 1을 차지할 정도였다.[36] 2015년 펜실베이니아 주의 수감자 수는 미국의 주 중에서 5위를 기록했으며, 교정 감독 대상 수로는 4위를 기록했다.[37] 20세기 내내 펜실베이니아 주는 미국 전체의 시설 수용 인원의 상당히 많은 부분을 감당하고 있었다. 이런 측면에서 볼 때 펜실베이니아 주는 역사상 가장 많은 사람들을 시설에 수용한 동북부의 대표적인 주였다. 이 책은 또한 최근 미국 남부와 서남부의 교도소에 관한 연구들이 제기한 문제들에 대한 대답을 하고 있다. 텍사스 같은 주들은 특히 범죄와 처벌에 대한 징벌적 접근법을 가지고 있었는데, 이는 도시가 많은 북부가 재활에 더 많이 초점을 맞췄던 것과 비교된다. 역사학자 로버트 퍼킨슨Robert Perkinson은 이러한 징벌적 정치는 20세기 후반에 주와 지역적 수준을 뛰어넘어 미국 교도소 개혁의 본보기가 되었다고 주장한다. 그 결과 대규모 수감은 전국적으로 표준 관행이 되었고, 특히 미국 남부와 서남부에서 폭발적으로 증가했다.[38] 최근 연구들의 핵심적인 주장은 남부의 징벌적 관행이 대규모 수감 시대에 동북부로 전이됐다는 것이다. 하지만 펜실베이니아 주 정신 요양소와 교도소의 역사를 연구해보면 이 주장은 와해된다. 역사적으로 펜실베이니아는 상당히 많은 수의 개인들에 대해 본인의 의사에

반하는 정신병원 수용을 실시해왔다. 1960년대에서 1980년대까지는 펜실베이니아 주도 이런 형태의 시설 수용을 거부했지만, 수감은 적극적으로 실시했고 결국 교도소 수감자가 가장 많은 주 중 하나가 됐다. 역사학자들이 정신 요양소를 수감 국가의 중심지로 인정한다면 수감의 증가는 다르게 보인다. 펜실베이니아와 같은 북동부 주에서 대규모 수감의 증가는 조개 반쪽 위에서 탄생한 미의 여신 비너스처럼 홀연히 나타난 것이 아니다. 단지 남부 주들의 사법 제도의 영향을 받아 대규모 수감이 증가한 것이 아니라는 말이다. 교도소 수감이 확대된 것은 정신 요양소 감금에서 풀려난 사람들이 다시 교도소로 들어가게 된 상황이 반영된 결과다. 이 책은 북동부의 한 주, 즉 펜실베이니아 주의 사례 연구다. 역사적으로 많은 수의 주립 정신병원과 광범위한 복지 시스템이 있었던 특정 지역에서의 변화에 대한 연구서다.

《정신 요양소에서 교도소로》는 정치, 정책 변화, 법률 개혁을 통한 감금 장소carceral spaces의 역사에 초점을 맞추고 있으며 주지사, 정신과 의사, 정치인, 교육감, 정책입안자 등 모두가 이 이야기에서 중요한 역할을 하고 있다. 그렇지만 다른 많은 최근의 교도소, 정신병원 및 정신과 의사, 정신병원과 교도소에 살았던 사람들도 이 이야기에서 주요한 역할을 한다.[39] 나는 이 책 전체에서 탈수용화의 역사에서 흔히 볼 수 없는 대안적 관점을 제공하기 위해 노력해왔다. 예를 들어, 정신건강 시설을 개인적으로 경험한 작가들, 제2차 세계대전 동안 이런 시설에서 일했던 양심적 병역거부자들CO, 이 시설에 있었던 사람들의 가족과 친구들, 수감 환경과 관련해 편지를 쓰고 소송에 참여한 시설 수감자들, 환자와 수감자의 권리를 위한 운동가들의 관점을 모두 다뤘다. 이러한 관점들은 내가 탈수용화의 역사를 쓰는 방식에 모두 영향을 미쳤다.

메리 제인 워드Mary Jane Ward의 《뱀 구덩이snake pit(정신병원을 뜻하는 속어)》는 환자로서 정신병원에서 자신이 경험했던 것을 바탕으로, 감금 공간으로서의 이런 시설들을 비판한 바 있다. 켄 키지Ken Kesey의 《뻐꾸기 둥지 위로 날아간 새》(1962년 출간) 보다 거의 20년 앞서 발표된 반시설적anti-institutional 작품이다. 1960년대 후반에는 형법상 정신질환범죄자 전용 병원인 파뷰 주립병원 환자들을 대표해 제기된 소송으로 수백 명이 석방되었으며, 그로 인해 펜실베이니아 주 전체 정신병원에서 수천 명의 환자가 석방된 예도 있다. 필라델피아에 본부를 둔 수감자 권리협의회, 정신질환자해방을 위한 동맹과 같은 단체들은 주의 의학적·정신과적 권력남용에 대한 문제와 미국 통치에서의 감금에 대한 남용 문제 제기를 중심으로 조직되었다. 환자와 수감자 권리 운동가들은 모두 시설에 감금하는 것은 사회 정의의 문제이며 인종과 사회 경제적 불평등이 정신건강과 교정 시스템 모두에 퍼져 있다고 주장했다.

인종은 사회가 사람들의 분리 방식과 감금 조건을 형성하는 데 중심적인 역할을 했다. 진보시대로 거슬러 올라가는 장애와 범죄 사이의 생물학적 연관성에 대한 우생학적 두려움, 정신이상과 정신박약이 백인의 인종적 순수성을 위협한다는 생각 때문에 20세기 초의 정신건강 시설들은 백인을 불균형적으로 수용했다. 정신과 의사들은 백인의 인종적 순수성을 증진시키는 방법은 지적, 정신적으로 장애가 있는 개인의 생식을 제한하는 것이라고 믿었다. 정신 요양소는 여성과 남성을 분리시키면서 아이를 낳을 수 있는 능력을 제한했다. 정신과 의사들도 20세기 초 정신질환과 정신박약을 범죄와 연결시켰다. 성범죄(동성애 포함)나 사소한 범죄 등 사회적 또는 법적 위법행위로 인해 많은 사람들이 정신 요양소에 들어갔다. 이런 점에서 20세기 초 중반의 정신건강 시설들은 장애, 인종, 성별, 성적 일탈의 분류에 근거하여 특정 계층의 사람들을 사회로부터 제거해야 한다는 비슷한 논리를 교도소와 공유했다.[40]

정신병원 시스템 입원 환자 수가 최고치에 도달하자 이 시스템에 대한 사회적 비판은 탈수용화를 위한 토대를 마련하기 시작했다. 제1장에서는 정신병원이 수십만 명의 사람들을 먹이고 수용하기 위해 주에서 사용하고 있는 토지, 건물 및 인력을 사용했던 1940년대를 탐구한다. 당시는 정신병원 수용자의 수가 수감자 수보다 훨씬 많던 시대였다. 징병 대신 정신병원에서 봉사활동을 한 양심적 병역거부자들은 기자들과 협력해 정신병원의 포로수용소 같은 상황을 폭로했다. 양심적 병역거부자들과 기자들은 유전과 정신질환 사이의 우생학적 연관성에 의문을 제기하기도 했다. 정신병원 환자 경험을 가진 작가 메리 제인 워드는 1946년 <뱀 구덩이>를 통해 사람들이 정신병원에서 경험하고 있는 자유의 상실에 반대하며 그들을 교도소 수감자에 비유했다. 하지만 워드의 책과 그 책을 기초로 제작된 영화를 이용해 정책입안자들은 정신병원의 규모를 키우고 치료 기능을 강화하기 위해 더 많은 돈을 요구했다. 워드가 비판한 비자의적 입원 시스템은 그대로 유지한 채였다.

1950년대에 정신건강 시설에 있던 사람들의 수는 그 후 20세기 말까지 계속 줄어들었다. 제2장과 제3장은 보호감독 정신병원에 대한 사회의 의존도를 감소시킨 요인들을 추적하면서, 좀 복잡하긴 하지만, 중요함에도 대개 간과되는 탈수용화 운동의 성공 예들을 부각한다. 제2장에서는 정신건강 시설 내 폭동과 부당행위가 어떻게 행정적인 변화를 유도했는지 추적한다. 이와 동시에 정신과 전문가들도 정신장애를 가진 사람들에 대한 반응을 바꾸기 시작했다. 미국정신의학협회APA는 시설 중심 치료 모델에서 벗어나 주정부들과 함께 지역사회병원의 외래환자 시설과 정신과 치료를 계획하기 시작했다. 2장에서는 탈수용화의 한계와 예상치 못한 결과에 대해서도 자세히 다룬다. 1950년대에는 정신건강의 반수용화 시대가 열렸다. 하지만 이와 동시에 국가가 경찰과 법원이 명령한 재활 프로그램을 통해 사회적 일탈을 지속적으로 관리함에 따라 형사법체계는 확장됐다. 예를 들어, 펜실베이니아 주정부는 경찰관들과 법원 관계자들의 인종 차별적 관행 때문에 남성 동성애자들과 비행 청소년들(아프리카계 미국인들)이 저지르는 성범죄에 대해 감시 강도를 더 높였다. 정신과 의사들은 지역사회 정신건강을 향한 더 넓은 움직임에서 영감을 받아 소규모의 준재활성 청소년 프로그램을 고안하면서 이 움직임에 참여했다. 따라서 제2장은 1950년대에 정신건강 반수용화와 정신 요양소의 탈수용화가 어떻게 펼쳐지는지 보여주는 한편, 다른 한편으로는 그 10년 동안 형사법체계도 확장됐음을 보여준다.

제3장은 1960년대의 탈수용화를 촉진시킨 여러 요인들을 탐구한다. 1963년 미국 의회는 지역사회 정신건강센터의 설립에 자금을 지원하고 입원 및 외래 진료, 부분 입원, 응급 서비스, 공교육 모두를 제공하는 지역사회 정신건강법을 통과시켰다. 바이베리의 필라델피아 주립병원 같은 곳에서는 관리자들이 상당수의 환자를 퇴원시키기 시작했다. 동시에 메디케어 Medicare(미국 정부가 65세 이상 혹은 소정의 자격 요건을 갖춘 사람에게 제공하는 건강보험)와 메디케이드의 창설은 주정부

에서 연방정부로 기관의 자금지원 부담을 옮겼기 때문에 주정부들이 보호감독 정신병원에 대한 의존도를 줄이는 주요 촉매제가 되었다. 한편, 정신병원의 권위주의적인 행태와 주정부의 강제 입원 법을 국가 권력의 심각한 남용이라고 묘사한 켄 키지Ken Kesey의 《뻐꾸기 둥지 위로 날아간 새》 같은 작품들은 환자와 변호사들이 비자의적인 강제 입원 법에 대항한 소송에서 승소하도록 길을 열어주었다. 이 모든 추세의 정점은 시설에 수용된 사람들이 시민권과 자유를 충분히 얻게 해 정신병원의 입원자 수를 더욱 감소시키는 것이었다. 시설에 수용된 사람에게 부여된 새로운 법적 권리는 국가권력의 남용으로부터 사람들을 보호하기 위한 것이었다. 하지만 이러한 법적 변화도 궁극적으로는 지역사회에서 적절한 의료 및 사회서비스를 제공할 권리를 이 사람들에게 제공하지 못했다.

1960년대 말이 되자 반수용화 요구는 정신건강 수준을 넘어 교도소 개혁으로까지 확대됐다. 제4장은 교도소의 대안을 찾기 위한 노력의 성공과 실패를 추적한다. 1960년대 후반과 1970년대 초반 정신의학과 정치, 법의 변화는 정신건강과 교정정책 양면에서 반수용화주의 절정을 이끌었다. 정치인과 활동가들은 정신병원에 대한 대안을 모색했을 뿐만 아니라 교도소에 대한 대안도 모색했다. 제4장에서는 교정정책입안자들이 점진적으로 보호관찰, 가석방, 귀휴 등을 이용해 중간주거시설halfway house(퇴원정신질환자의 퇴원 후 사회복귀를 지원하는 주거 시설), 외부 통근 제도work release program 같은 새로운 지역사회 기반 프로그램을 만든 이 변화의 순간을 자세히 살펴본다. 그 결과로 교도소와 구치소에 있는 사람들의 수가 실제로 감소하기 시작했는데, 이는 치안 유지 강화 기간 동안에도 마찬가지였다. 정치인들이 아프리카계 미국인 사회, 도시 범죄, 시민권 시위, 사회 봉기에 대한 대중의 공포를 부채질하면서 이러한 개혁들은 다소 빠르게 공격을 받게 되었다. 보수주의자들은 교도소 재소자들을 처벌과 사회로부터의 격리가 필요한 위험한 범죄자로 묘사했다. 인종차별적 요소가 많은 법질서 정치는 탈수용화 움직임을 늦추었으며, 1970년대 중반에 이르자 펜실베이니아 주는 다른 많은 주들처럼 교도소 대안에 대한 실험에서 손을 떼고 새로운 건설에 착수했다. 교정에서의 반수용화 운동은 짧은 시간 동안만 지속되었고 더 강경한 정책과 더 많은 교도소 시설에 대한 요구로 대체되었다. 10년 이상의 쇠퇴기를 거치자 주립교도소 재소자 수는 증가하기 시작했다.

이러한 주의 교정 접근방식의 변화는 정신장애를 가진 사람들에게 파괴적인 영향을 미쳤다. 주립 정신병원에서 퇴원한 사람들이 주거와 취업을 위해 고군분투하면서 더 많은 사람들이 결국 구치소에 가게 되었다. 이렇게 체포와 수감률이 증가하자 수감자들의 권리와 환자 권리 운동가들의 조직적인 저항에도 불구하고 정신장애를 가진 사람들은 더 많은 수가 범죄인으로 전락했다.

1980년대에는 국가 정신건강 서비스가 축소되고 징벌적 관행이 늘어났다. 이 이야기는 제5장에서 다룬다. 로널드 레이건 대통령은 주정부와 연방정부 차원에서 정신과 병원의 지속적인 감축을 지지했다. 많은 병원들이 문을 닫았고, 병원을 나가는 모든 사람들을 돕기 위한 지역 기반의 정신건강 사회 서비스가 부족했기 때문에, 노숙과 빈곤은 더 즉각적인 사회적 문제가 되었다. 공화당 소속의 손버그 펜실베이니아 주지사는 특히 도시 흑인 공동체를 겨냥한 가혹한 최소 형량법minimum sentencing laws을 지지하면서 정신병원을 폐쇄하고 사회복지를 축소했다. 가장 비판받아야 할 것은 새로운 교도소 건설을 하면서 정신병원에서 나온 사람들에게 서비스를 제공할 수 있는 돈을 지역사회복지 서비스로부터 빼돌렸다는 것이다. 많은 주들이 버려진 정신병원을 교도소로 바꾼 것이 두 시스템의 연결고리를 보여주는 생생한 예라고 할 수 있다. 이러한 변화는 결국 저항에 부딪혔다. 펜실베이니아 남동부 정신건강협회와 같은 단체의 활동가들은 제한이 최소한으로 이뤄지는 환경, 적절한 의학적·정신적 건강과 시설 외부로부터의 사회봉사를 요구하며 싸웠다. 이 단체는 1980년대에 바이베리의 필라델피아 주립병원을 폐쇄하기 위해 다른 사람들과 협력했으며, 이는 탈수용화에 따른 문제들을 완화하기 위한 모델을 제공한 것이라고 할 수 있다.

나는 지금까지 정신건강, 범죄 그리고 관련 시설들에 대해 내 나름의 언어로 구체적으로 설명하려고 노력해 왔다. 역사학자로서 나는 사람들이 어떻게 정신건강, 범죄, 감금시설에 대해 토론했는지를 설명할 때 그 시대의 언어를 사용한다. 20세기 후반의 용어로는 "정신병원", "정신질환", "교도소", "교정"이라는 용어가 가장 많이 사용되었고, 대부분의 경우 나는 그 용어들이 당시 사람들이 쓰던 의미와 일치하도록 사용한다. 사람 중심 언어의 중요성에 대해서는 현 시대의 장애 연구학자, 교도소 역사학자, 정신건강 소비자, 정신과 생존자, 수감자 권리 운동가 등으로부터 배웠다. 그 결과로 나는 내 언어에서 사람들을 우선시하게 됐다. 예를 들어, 나는 '범죄자'라기보다는 특정 범죄로 유죄판결을 받은 사람으로 묘사하기로 선택했다. 과거 사람들은 '정신병자'라는 말을 자주 사용했다. 나는 그 대신에 정신병으로 진단된 몇몇 사람들이 결코 그런 식으로 자기 정체성을 밝히지 않았다는 것을 인정하기 위해, 그 사람 자신이 정신질환에 걸렸다고 인정하지 않는 한, "정신질환으로 진단 받은 사람"이라는 말을 사용하기로 선택했다. 또한 나는 '환자'보다는 '정신병원에 있는 사람', '수감자'나 '수용자'가 아닌 '교도소에 있는 사람'이라는 용어를 쓴다. 한 가지 예외는 활동가들이 자신을 죄수나 환자로 지칭했을 때이다.[41] 마지막으로, 나는 이 책을 집필하는 동안 이 용어를 사용하지 않았음에도 불구하고 때때로 "정신과적 장애"라는 용어를 사용한다. 나는 이 말을 정신의학과 정신병원의 역사를 장애 역사의 보다 넓은 맥락에 배치하는 데 사용한다. 주립 정신병원은 지적 발달장애인을 위한 정신 요양소, 청각장애인과 시각장애인을 위한 학교, 간질 환자를 위한 병원 등 다른 장애인을 위한 시설과도 연계해 운영되었기 때문이다.

《감시와 처벌》에서 미셸 푸코Michel Foucault는 "완전하고 준엄한 시설"이라는 문구는 교도소를 지칭하며, 이러한 시설들이 "자유의 박탈과 기술에 의한 개인들의 변화"를 초래한다고 쓰고 있다.[42] 나는 정신건강 및 형벌 제도주의에 대한 나의 분석에 이 생각을 배치한다. "시설institution"이라는 단어는 개인들을 그들의 지역사회에서 강제적으로 제거하고 대형 보호시설에 배치하는 것을 의미한다. 또한 이 말은 이러한 공간들이 재활에 도움이 된다는 생각을 포함하고 있으며(사실은, 도움이 된 시기도 있었고 그렇지 않은 시기도 있었다), 정신건강의 차이와 범죄 가능성 둘 다에 국가의 대한 반응을 나타낸다. '수감'이라는 용어를 사용할 때 나는 이런 공간들의 구속적인 측면에 더 초점을 맞춘다. 마지막으로, 나는 학자들이 경찰, 형사법원, 교정기관 등 법 집행기관을 묘사할 때 자주 사용하는 '수감 국가carceral state'라는 용어를 사용한다. 나는 수감 국가라는 개념이

법 집행을 넘어 정신건강기관과 같은 주정부의 다른 기관들에 침투하는 것으로 사용하고 있는데, 정신건강기관들은 다양한 형태의 감시와 주의 감독을 채택하고 사람들의 자유를 제한하는 힘을 가지고 있다.

마지막으로, 나는 이 주제와 개인적인 관계가 있다. 러시아 유대인 이민자의 자녀인 나의 대고모 루스는 심각한 신체장애와 발달장애를 가지고 있었다. 1900년대 초 인종적 순수성에 대한 우생학적 개념에 이끌려 많은 주들이 정신박약으로 진단받은 나의 대고모 같은 사람들을 수용하기 위해 시설들을 확장했다. 대고모는 1929년에 델라웨어에 있는 스토클리센터에 수용된 후 1969년에 세상을 떠날 때까지 40년 동안 그곳에서 살았다. 증조부모, 할머니, 고모들이 평생 루스를 방문했지만, 그녀는 우리 공동체의 온전한 일원으로 참여할 수 없는 시대에 살고 계셨다. 스토클리에서의 루스의 경험은 오늘날 교도소에 갇힌 사람들의 경험과는 다르지만, 대고모의 이야기는 내가 사람들을 사회에서 배제하고 그들을 보호 시설에 두는 순환을 멈추게 하도록 노력하게 되는 동기를 부여했다. 역사는 위대한 치유자가 될 수 있다. 내가 정신병원의 탈수용화와 교도소의 증가에 대해 쓰는 책을 쓰는 것은 이러한 감금의 악순환을 배워 더 포용적이고 공정한 사회를 만들기 위해서다.

제1장

정신병원과 수감 국가

아주 옛날에는 미친 사람들을 뱀 구덩이로 떨어뜨렸다. 제정신인 사람을 미치게 할 수 있는 경험은 미친 사람을 제정신으로 돌아올 수 있게 한다고 생각했기 때문이다.

- 메리 제인 워드, 《*뱀 구덩이*》, 1946년

메리 제인 워드가 쓴 《뱀 구덩이》(1946년)는 20세기 중반 정신병원에 관한 가장 유명한 이야기 중 하나가 되었다. 이 베스트셀러에서 워드는 거대한 변화를 겪고 있는 시스템에 대한 자신의 경험을 그려냈다. 당시 정신병원들이 정신의학의 최신 연구 결과들과 수술법을 수용했음에도 불구하고 워드는 특히 정신병원을 감금의 현장으로 묘사했다.

1905년 미국 인디애나 주의 백인 상류층 가정에서 태어난 워드는 통계학자 겸 극작가인 에드워드 퀘일과 결혼해 시카고, 그리니치빌리지에서 살았다. 뉴욕으로 이사한 지 얼마 되지 않아

워드는 신경쇠약에 걸렸고, 남편은 그녀를 뉴욕의 로클랜드 주립병원에 입원시켰다.[1] 1년 동안 병원에 있다 퇴원한 그녀는 자신의 정신질환 경험을 소설로 썼다. "대부분의 사람들이 기피하는" 주제였다.[2]

《뱀 구덩이》는 이름 모를 정신질환에 걸린 중산층 백인 주부 버지니아 커닝엄의 1년 동안의 투병 경험을 묘사한 책이다. 이 책은 버지니아가 정신병원에 감금된 직후의 시점에서 시작한다. 의식의 흐름 속에서 버지니아는 자신의 주변 환경과 자신을 혼란과 괴로움의 상태로 이르게 한 사건들을 이해하려고 노력한다. 처음에 버지니아는 병원의 "동물원 냄새"에 집중을 하는데 이 냄새는 매일 똑같은 옷을 입는 여성들로부터 뿜어져 나오는 영구적인 냄새이다. 그녀는 그곳을 동물원이라고 생각하다 곧 교도소라고 생각을 바꾼다. 그녀가 병원을 교도소에 비유한 것은 병원의 잠긴 문, 자유를 잃은 그곳의 사람들, 그리고 "여성들을 범죄자처럼 취급하는" 감독관들 때문이었다.[3]

워드는 정신의학에서 주요한 변화가 일어나고 있던 중에 이 책을 썼다. 의사들이 정신질환자에게 정신외과 수술법, 충격요법 등 새로운 치료법을 사용하기 시작할 때였다. 정신과 의사들은 열악한 환경과 부족한 지원으로 관심을 끌기 시작하던 주립 정신병원에서 이런 요법들을 주로 시도했다. 정신병원의 이런 안타까운 상황에 대해 먼저 목소리를 낸 사람들 중에는 양심적 병역거부자들이 있었다. 법원이 조지 엘지에게 바이베리 병원 입원을 명령할 당시 양심적 병역거부자들 대부분은 징병 대신 이런 기관에서 직원으로 일을 했다. 이들은 전국적으로 연대해 기자들에게 정신병원의 실태에 관한 이야기와 사진을 전했다. 이런 보도가 이뤄진 후 메리 제인 워드의 책이 나왔고, 이 책은 미국과 전 세계의 정신건강 시설들에 대한 비난을 이끌었다.《뱀 구덩이》와 양심적 병역거부자들의 이야기 모두에서 정신병원은 교도소와 같은 환경으로 묘사됐으며, 때로는 강제 수용소에 비교되기도 했다. 이런 부정적인 인식은 정신건강 입안자들과 개혁 기관들이 병상을 늘리고 기관에서 시행되는 정신과적 진료를 더 확장하는 데 예산을 더 투자하게 만들었다. 워드와 양심적 병역거부자들이 이 병원들을 비인간적인 장소라고 비난했음에도 불구하고 (이는 정신건강 시스템 전체에 대해 의문을 제기했다) 이 시기에는 가부장적 수용주의paternal institutionalism 문화가 정신건강 분야를 지배했다. 워드 같은 사람들이 정신병원 시스템 내에서 자유가 없음을 분명히 얘기했음에도 불구하고 정신병원에 입원한 사람들의 시민권은 사람들의 관심 밖에 계속 머물렀다. 정치인들, 정책입안자들 그리고 정신건강 지지자들은 이 시대에 환자들의 민권 문제를 대부분 무시했다. 오히려 그들은 강압적인 절차를 개선하고 확대하는 데 집중했다. 이렇게 정신건강과 사회복지는 20세기 중반 미국에서 정신병원이 수감 국가를 형성하는 데 중심적인 역할을 하게 되면서 자유를 잃었다.

세계 2차 대전과 정신병원

제2차 세계대전 몇 년 전부터 전쟁이 진행되는 동안 인슐린 혼수 치료법, 충격요법 그리고 정신외과 수술 같은 시술이 등장하면서 정신과는 전환점을 맞이했다. 1934년 만프레드 자켈(Manfred Sakel) 박사는 정신분열증을 진단받은 사람의 증상을 치료하기 위해 인슐린 주사를 통해 혼수상태를 유도했다. 자켈의 시술을 받은 사람들은 혼수상태가 될 때까지 매일 인슐린 주사를 맞았다. 그 후 의사들은 환자를 설탕 용액으로 의식을 차리게 했다. 자켈 박사는 인슐린 혼수 치료법이 큰 위험과 해로운 부작용, 심지어 사망을 유발할 수 있음에도 불구하고 많은 사례에서 환자들이 또렷한 의식을 찾았으며 정신분열증 증상도 완화되는 것을 발견했다. 이런 위험에도 불구하고 자켈은 이 요법이 효과가 있다고 주장했고, 이 시술 방법은 유럽과 미국에서 확산됐다. 당시에 정신과 의사들은 조현병이나 우울증과 같은 심각한 정신질환에 대응할 물리적인 방법을 확보하게 됐다

고 생각했다. 다른 새로운 기술들이 많이 등장할 조짐이었다.[4]

충격요법이 등장한 것은 그 후다. 라디슬라우스 메두나Ladislas Meduna는 메트라졸Metrazol 요법을 도입했다. 메트라졸은 장뇌camphor에 필적하는 약으로 간질발작처럼 사람에게 의도적으로 발작을 유발하는 약물이다. 충격요법은 유럽 의사들이 제일 먼저 사용했지만, 제2차 세계대전 중에는 미국의 주립병원들이 충격요법 실험을 가장 많이 시행했다.[5] 1940년대가 되자 경련을 유도하기 위한 전기 사용이 확산됐으며, 전기충격요법ECT이 메트라졸 투약을 앞질렀다. ECT는 이탈리아 로마에서 우고 체를레티Ugo Cerletti 박사에 의해 처음 시행됐다. 로마 경찰이 정신분열 증세를 보여 체포된 정비사 엔리코 X에게 시행하도록 한 것이었다. 여러 차례의 ECT 시행으로 엔리코의 정신분열증 증상은 상당 부분 완화됐고, 엔리코는 집으로 돌아가 직장 생활을 할 수 있었다. 체를레티 박사는 다른 의사들에게 ECT 시술이 어떻게 엔리코의 환각을 완화시키고 그를 진정시키는지 보여주기 위해 로마 소재 왕립의학아카데미에서 엔리코에게 시술을 했다. 엔리코의 증상은 2년 뒤에 재발하긴 했지만, 이 시술의 효과에 관한 이야기는 정신과 전문의들 사이에서 들불처럼 번졌다.[6]

ECT의 도입 직후 유럽과 미국의 정신병원 정신과 의사들은 이를 중증 우울증과 조울증 질환 치료에 사용하기 시작했다. 그러나 ECT는 논란도 불러왔으며 정신분석학자들과 일부 정신과 의사들은 이 시술이 사람에게 해를 끼칠 수 있을 가능성, 무분별한 사용 그리고 정신질환의 신체적 측면에 지나치게 초점을 맞추고 있다고 비난했다. 하지만 반대에도 불구하고 많은 의사들은 ECT가 사람들의 행동을 변화시킨다는 것을 발견했다. 이들은 ECT를 의사들이 과거에 치료할 수 없다고 생각했던 수천 명의 사람들에 대한 치료법으로 보았고, ECT는 제2차 세계대전 때와 그 이후에 널리 시행됐다.[7] 전체적으로 보면 충격 요법, 인슐린 혼수 치료법 그리고 정신외과 수술은 정신과 의사들 사이에서 두뇌를 변화시킴으로써 정신질환을 치료할 수 있다는 낙관론을 불러일으켰다.

새로운 형태의 수술인 정신외과 수술은 존 풀턴John Fulton과 에가스 모니즈Egas Moniz 박사의 노력으로 1930년대에 빠르게 발달했다. 풀턴 박사는 침팬지들에게 시술을 했고, 모니즈 박사는 1935년에 인간 전두엽의 연결 부분들을 잘라냈다. 모니즈는 뇌엽 절제술(전두엽 절제술)로 알려지게 된 이 수술이 우울증을 앓고 있는 사람들의 증상을 완화시켜준다는 것을 알게 됐다. 이 새로운 정신외과 수술 방법에 대해 알게 된 미국의 정신과 의사 월터 프리먼Walter Freeman 박사는 미국과 전 세계에서 이 기술을 시도해보는 데 앞장섰다. 프리먼은 이 수술이 뇌의 기능적 배선을 바꾼다는 것을 발견하고, 글과 사진을 통해 자신이 치료한 사람들의 행동이 이 수술을 통해 어떻게 변화했는지, 예를 들어 불안, 불면증, 신경 긴장 등이 어떻게 완화됐는지를 기록했다. 프리먼은 자신의 발견을 전국에 공유했고, 프리먼의 이런 노력에 힘입어 이 수술 방법은 그 후 20년 동안 널리 퍼졌다. 하지만 이 정신외과 수술도 논란을 피해갈 수는 없었다. 지지자들은 이 수술이 극단적인 정신질환 증상을 완화시켰다고 주장했고, 반대자들은 이 시술이 사람들의 판단력과 사회성을 약화시켰다고 주장했다. 그럼에도 불구하고 이 치료법은 널리 퍼졌고 1951년까지 의사들은 1만 8608번의 뇌엽 절제술을 시행했다.[8]

이 시대에 이뤄진 마지막이자 가장 중요한 정신과적 발전은 1944년에 일어났다. 미국 연구원들이 페니실린이 매독이 치료되지 않았을 때 발생하는 신경계 감염인 신경매독neurosyphilis을 치료한다는 사실을 발견한 것이다. 정신병원에 입원해 있는 사람들의 상당수가 이 질환을 앓고 있었기 때문에 이 발견은 정신질환 분야에서 중요한 돌파구를 마련했다. 정신질환을 치료하기 위해 페니실린을 사용하는 것은 의학적 절차들이 정신질환을 치료할 수 있다는 더 많은 근거를 제공하였다.[9] 비록 일부에서 새로운 절차의 빈번한 사용에 대한 윤리적 우려를 제기했음에도 불구하고 정신과 의사들은 정신질환을 치료하는 의학의 힘을 낙관적으로 바라보며 이러한 방식들을 지속적으로 사용했다.

역사적으로 정신과 의사들은 정신질환이 유전적 문제라고 생각했다. 이런 생각은 인종이나 민족에 대한 생각과 연결된 것이었다. 또한 역사적으로 정신과 의사들은 정신 이상과 우생학을 연결시켰다. 19세기 후반에 시작된 우생학은 백인종의 순수성 창조를 위한 학문 분야로, 주로 백인들 사이에서 지적장애와 정신질환을 제거한다는 목적을 가지고 있었다. 우생학을 지지하는 사람들은 정신질환이 있는 사람들의 이민 제한 그리고 그들이 자손을 낳는 것을 제한하기 위한 불임시술을 시행하는 법률을 지지했다.[10]

정신과 분야의 새로운 생물학적 방법들은 이런 우생학 개념을 약화시켰다. 세계대전 경험은 정신질환을 유전적 요인과 엮어 생각하는 것을 약화시켰는데, 이는 의사들이 정신질환이 환경적 요인으로부터 야기되는 것을 많이 보게 되었기 때문이다. 제1차 세계대전 동안 많은 군인들이 포탄 쇼크와 정신분열증을 경험했는데, 그에 따라 의사들은 제2차 세계대전 중에는 징집 시에 이런 정신질환에 취약한 사람들을 걸러냄으로써 이러한 장애를 예방하려고 노력했다. 미국 선발징병청Selective Service도 동성애자들을 걸러내려고 했다. 군 지도부는 이들이 정서적으로 부적합하며 군대의 힘을 약화시킨다고 생각했기 때문이다. 정신과 의사들은 정신질환과 동성애를 설문지와 시험지를 통해 가려

낼 수 있는 특성으로 보았다.[11] 제2차 세계대전 기간 동안 정신과 의사들은 징집된 군인들의 상당 부분을 이런 식으로 걸러냈다. 이 간단한 시험들이 별 효과가 없다는 것이 입증됐음에도 불구하고, 이런 시험들 자체는 정신질환과 성적 일탈이 생물학적이고 유전적인 속성을 갖는다는 오래된 믿음을 드러낸 것이라고 볼 수 있다. 하지만 제2차 세계대전 기간 동안 정상이라고 진단 받은 많은 사람들도 전쟁터에서 정신질환을 앓았다. 제정신인 사람들을 미치게 만드는 전쟁의 능력은 정신과 의사들로 하여금 정신건강에 있어 환경의 중요성을 이해할 수 있게 해주었고, 이는 정신질환의 유전적 개념과 인종적 열등감에 대한 우생학적 개념을 훼손한 새로운 틀이 되었다.

미국 내에서는 정신과 의사들이 정신질환에 걸린 사람들을 기관에 위탁할 수 있었지만, 유럽과 태평양 지역의 전쟁터에서는 그런 선택권이 없었다. 대신 정신과 의사들은 병사들에게 휴식, 심리치료 그리고 순한 진정제를 처방해 전투 피로감을 치료한 뒤 다시 전쟁터로 내보냈다. 전시의 정신과 의사들은 기관에 수용하지 않는 치료법이 증상을 현저하게 감소시킨다는 것을 알아냈다. 이는 현지 환경에 있는 사람들에게 도움이 될 수 있는 치료 모델에 있을 수 있다는 증거를 제공했다. 이 기간 동안에는 심리학도 빠르게 발전했다. 이는 군 관계자들이 심리전, 수용소 통제, 국민 사기 등 전시의 문제에 심리학의 개념을 적용하면서부터였다. 결국 정신분석은 전쟁 중 그리고 전쟁 이후에 미국에서 널리 퍼지게 됐는데, 이는 시설 밖에서 치료를 했기 때문이었다. 정신과 의사들과 정신 분석가들은 지역사회와 가정환경에서 발생한 정신질환에 대해 더 관심을 가지기 시작했다. 또한 정부 고위 관계자들이 정신과적 그리고 심리학적 방법을 정신질환, 빈곤, 범죄와 같은 사회문제에 적용함에 따라 20세기 후반에는 치료법의 발전도 크게 촉진됐다.[12]

이렇게 정신과 분야에서 새로운 시대가 열렸음에도 불구하고 정신병원은 여전히 국가 정신건강 서비스의 대다수를 제공했으며 국가 예산의 상당 부분을 가져갔다. 하지만 이런 정신병원 중심주의는 대가를 치러야 했고, 주정부는 제2차 세계대전 기간 동안 주립 정신병원 유지에 드는 막대한 비용에 대해 면밀한 조사를 벌였다. 펜실베이니아 주에서는 1943년에 취임한 공화당 소속 주지사 에드워드 마틴이 비용 절감을 위해 주립 정신병원들을 감사했다. 마틴은 세금 인하, 전쟁 지지, 반 뉴딜 정책을 내세워 주지사에 당선된 사람이었다. 당선된 후 그는 주의 지출과 주정부 예산의 비효율성을 줄이는 데 초점을 맞췄다. 그는 *"전쟁을 위해 마지막 한 푼이라도 돈을 써야하는 시기에 우리의 사회적 실험은 계속된다."*라고 공개적으로 이야기했다.[13] 1943년과 1944년 마틴은 대대적인 세금 감축을 했다. 그는 복지부와 복지부의 가장 큰 지출 대상인 주립교도소와 정신병원에 대한 지출을 대폭 줄였다. 당시 복지부는 이 두 유형의 시설을 모두 총괄하고 있었다. 마틴은 교도소와 정신병원을 낭비적인 사회 프로그램으로 간주하고, 이 시설들에 들어가는 엄청난 예산을 줄이기 위해 감사를 하라고 명령했다.[14]

1940년대까지 펜실베이니아 주의 주립병원들은 관심의 대상이 아니었다.[15] 때문에 마틴은 펜실베이니아 주 공공 정신병원과 교도소에 대해 연구할 위원회를 설립했다. 위원장의 이름을 따서 페트리 위원회Petry Committee로 명명된 이 정신병원 연구 위원회의 위원들은 병원장들을 조사한 뒤 각 기관을 방문해 직접 둘러보았다.[16] 페트리 위원회는 초만원인 정신병원들이 지하실, 복도 그리고 다락방에 사람들을 수용하고 있다는 것을 발견했다. 건물들도 노후화돼 환자들은 화재나 하수 위험에 노출되기 쉬웠다.[17] 교도소를 연구하는 애시 위원회Ashe Committee도 주립 교정시설들에서 비슷한 문제점을 발견했는데, 이 교정시설들의 대다수는 100년이 넘은 시설들이었다.[18] 당시 미국 전역의 시설들은 과잉수용 문제와 대기 시간 문제를 겪고 있었고, 다른 주들도 조사절차에 착수했다. 예를 들어, 뉴욕 주는 정신병원 조사 위원회를 구성해 주의 정신병원들의 상태가 펜실베이니아 주의 병원들만큼 열악하다는 것을 알아냈다.[19]

정신병원을 연구한 페트리 위원회는 복지부에 산하 시설들을 당장 보수할 것, 병원의 정신과 프로그램을 개선할 것, 수천 개의 병상을 새로 지을 대규모 건설 계획을 제출할 것을 권고했다. 또한 주지사는 애시 위원회로부터 노후화된 동부 교도소와 서부 교도소를 폐쇄하고 중간 보안 수준의 교도소를 두 곳 건설해야 한다는 요청을 받았다.[20] 이 위원회들이 제안한 개혁안에는 높은 가격표가 붙었고, 경제적으로 보수적인 주지사는 충격을 받았다. 그는 복지부 장관에게 *"우리 시설들을 살고 싶은 곳으로 만들고 싶지는 않습니다. 제 말은 그 시설들이 교정 시설이어야 한다는 뜻입니다."*라고 사적으로 편지를 썼다.[21] 마틴 주지사는 사람들이 치료를 받고 평생 병원에서 살기보다 이후 집에 돌아가서 일상적인 삶을 찾을 수 있는 치료 환경을 지칭하기 위해 "교정"이라는 단어를 사용했다. 그의 핵심은 사람들이 시설에 머무는 기간을 줄이고 기본적인 수준의 치료를 제공하는 데 중점을 두자는 것이었다. 위원회의 더 많은 자금 요구는 비용 절감이라는 주지사의 목표에 정면으로 배치되는 것이었다. 결국 주지사와 주의회는 페트리 위원회와 애시 위원회의 제안을 거부했다. 궁극적으로 주는 위원회들이 정신병원과 교도소 건설 프로젝트에 권고했던 예산 중 극히 일부만 승인했다.[22] 1944년에는 펜실베이니아 주 정신병원들에 돈을 투자하려는 시도가 있었지만 실패했다. 이는 병원은 최후의 수단이며 주의 대규모 지원을 받을 가치가 없다는 통념이 반영된 결과다. 수백만 달러의 흑자를 낸 전쟁 후 호황 속에서 마틴 주지사 행정부는 다른 프로젝트에 예산을 투자했다. 이 예산에는 고속도로 개선을 위한 3억 4500만 달러가 포함됐지만, 정신병원 건설을 위한 예산은 1640만 달러에 불과했다.[23]

주 관료들과 정치인들이 시설 관련 지출에 대해 토론하는 동안 수천 명의 양심적 병역거부자들은 직원 신분으로 전국의 정신병원에 들어갔다. 제1차 세계대전 중에는 많은 양심적 병역거부자들이 교도소에서 복역했다. 하지만 제2차 세계대전 기간 동안 정부는 다른 접근법을 취했다. 정부가 조지 엘더 같은 일부 양심적 병역거부자들을 정신병원과 교도소에 수감하는 동안, 나머지 양심적 병역거부자의 대부분은 산불 진압, 의료 실험 참여, 나무 심기, 정신병원 근무 등에 투입됐다. 전쟁 기간 동안 시민공공서비스Civilian Public Service는 미 전역에 걸쳐 약 3000명의 양심적 병역거부자들을 지적 발달 장애인을 위한 정신병원 및 주립학교에서 근무하도록 배치했다. 남성 양심적 병역거부자들은 다수의 여성 자원봉사자들과 함께 전국 43개 주립 정신병원에서 훈련되지 않은 보조 인력으로서 사람들을 감독하고 돌보는 역할을 맡았다. 바이베리 주립병원은 양심적 병역거부자 직원이 가장 많았던 3개 병원 중 하나였다.[24] 시민공공서비스The Civilian Public Service는 이들을 의도적으로 눈과 마음에서 먼 곳으로 배치했지만 그들은 그곳에 오래 머물지 않았다.

감금 공간으로서의 정신병원,
치료 공간으로서의 정신병원

정신건강기관에서 일했던 많은 양심적 병역거부자들은 자신들이 목격한 일들의 영향을 받아 정신병원 개혁을 위해 투쟁하는 활동가로 변신했다. 이들의 초기 활동은 인종차별에 대한 저항의 형태를 취했다. 주에서는 1940년대에 인종적으로 대부분의 정신병원을 분리시켰고 대부분의 경우 흑인 조무사를 고용하지 않았다. 그럼에도 불구하고 시민공공서비스는 흑인과 백인 양심적 병역거부자 모두에게 조무사 일을 배정했고, 이로 인해 이들은 주립병원 직원들의 최초의 인종 간 통합의 예가 됐다. 여러 인종이 섞인 양심적 병역거부자 조무사들은 처음부터 확실하게 활동가 기질을 보였다. 또한 평화주의자 조무사들은 정신병원에서의 인종차별 폐지에 도움을 주었다.

더 넓게 보면 이들의 투쟁 목표는 더 인도적인 대우였다. 병원은 다수의 양심적 병역거부자들을 병원 직원 한두 명 정도만 붙여서 250~300명을 수용하는 병동에 배치했다. 양심적 병역거부자들은 대부분 병동에 처음 걸어 들어갔을 때 났던 악취에 대해 얘기를 했는데, 이 악취의 첫 경험은 그들이 두고두고 기억할 강렬한 경험이었다. 그들이 목격한 치료 방법은 대부분 그들의 가치관과 충돌했는데, 이는 많은 양심적 병역거부자들이

타인에 대한 모든 형태의 폭력, 힘, 강요에 반대했기 때문이다. 따라서 그들은 혼란스러운 병동의 질서유지를 위해서 비폭력적이고 인도주의적인 방법을 사용하려고 시도했다.[25] 몇몇 양심적 병역거부자는 폭력적인 상황에 항의하기 위해 오하이오 주 클리블랜드, 아이오와 주의 마운트플레즌트 등의 지역 언론에 제보를 하기도 했다.[26]

오하이오 주와 아이오와 주 지역 언론사의 폭로 기사는 전국적인 화제를 불러일으키지는 않았지만, 미국 최대 정신병원 중 하나였던 바이베리 소재 필라델피아 주립병원의 양심적 병역거부자들에게는 영감을 주었다. 실제로 1946년 바이베리의 양심적 병역거부자 4명은 국민정신건강재단National Mental Health Foundation, NMHF을 설립해 바이베리 병원의 상황을 개선하기 위해 조직적인 노력을 했다.[27] 이들은 자신들의 연구결과를 《미국의 정신질환자The Mentally Ill in America》를 쓴 앨버트 도이치 기자, <라이프> 잡지에서 일하던 앨버트 Q 메즐 기자에게 보냈다. 이 두 기자는 각각 이들이 보낸 내용을 추려 1946년 5월 좌파 잡지인 <PM>, <라이프>에 실어 수백만 명의 독자들에게 현실을 알렸다.[28] 이 기사들의 주요 배경은 펜실베이니아 주였으며, 이 기자들은 바이베리 병원을 미국 최악의 병원 중 하나로 꼽았다. 이 양심적 병역거부자들이 노출한 끔찍한 상황과 주립병원들의 재정적 방치는 전국적인 물의를 일으켰다.

도이치와 메즐은 이 병원들의 비인간적인 상황을 강조하기 위해 이 병원들을 교도소에 비유했다. 도이치의 기사 중 하나는 창문에 견고한 철장이 달려 있는 어둡고 험악한 벽돌 건물 사진으로 시작하는데, 이는 교도소 환경을 연상시키는 것이었다. 메즐은 "정신병원 1946년"이라는 제목의 기사를 *"바이베리로 알려진 황폐하고, 과밀하고, 인력이 부족한 정신 '병원'이 있다. '지하 감옥'으로 불리는 것이 이상하지 않은 이 병원 지하 병동의 돌담에는 '조지는 1937년 여기서 살해당했다.'라는 말이 새겨져 있다."* 라는 문장으로 시작했다.[29] 메즐은 이 조지라는 신원불명의 남자의 죽음처럼 구타에 의한 살인이 자주 발생한다고 보도했다. 이런 상황은 *"180곳이 넘는 미 전역의 주립 정신병원에 수용된 40만의 죄 없는 환자이자 죄수들 대부분에게 우리가 가한 수모 중"* 한 예에 불과했다. 이 기자들은 또한 수천 명이 가죽 수갑을 차고 텐트용 거친 천으로 만든 옷을 입은 상태에서 긴 시간을 보내는 상황을 묘사하면서 이들의 물리적인 구속 상태를 비판했다. 메즐은 백인 여성이 구속복을 입고 소매를 몸 뒤로 묶은 채 방치돼 있는 사진을 기사에 넣기도 했다.[30] 전국의 교도소와 정신병원 직원들은 사람들을 통제하기 위해 구속 장치를 사용했으며, 1940년대에는 기관에 수용된 사람들이 자신을 보호할 수 있는 방법이 거의 없었다.

기자들은 정신병원에 있는 사람들에 대한 처우를 홀로코스트 당시의 잔혹행위에 비유해 대중의 분노를 더욱 자극했다. 당시는 제2차 세계대전의 여파가 그대로 남아있던 때였고, 사람들이 시체, 강제 수용소, 뼈만 남은 생존자들을 담은 수많은 흑백사진을 통해 나치의 집단 감금, 강제 불임수술, 유대인, 동성애자, 정신병 환자 또는 지체 장애인으로 분류된 사람들을 대상으로 한 대학살에 대해 알게 돼 경악하고 있을 때였다. 이러던 1946년에 이 기자들은 홀로코스트에 대해 언급함으로써 1945년 종전 때의 생생한 자유의 기억을 불러일으켰다. 도이치는 기사에서 *"바이베리 병원과 미국의 수많은 다른 주립 정신병원들은 나치의 강제수용소와 다르지 않다."*라고 썼다.[31] 메즐은 이 정신병원들 사진을 범주별로 분류해 기사에 집어넣으면서 1945년의 자유의 이미지를 상기시켰다. "나체"라는 범주에는 바이베리 병원 근처를 배회하는 남자들이 옷도 입지 않고 오물 사이에서 살고 있는 사진들이, "게으름"이라는 범주에는 알몸의 앙상한 남자들이 쓰레기로 가득 찬 바닥에 머리를 손으로 받치고 앉아있는 사진들이 배치됐다. 병원 직원들은 이들을 죽도록 그냥 방치하는 것으로 보였다. "절망"이라는 범주에는 옷을 입지 않은 여성이 나무 의자에 앉아 있는 사진들이 배치됐는데, 이 사진 속 여성은 고개를 숙인 채 부풀어 오른 배와 수척해진 팔다리, 쪼그라든 가슴을 노출하고 있었다.[32]

메즐은 <라이프> 잡지 기사에서 *"대중의 무관심과 의회의 인*

사진1. "절망", <라이프>, 1946년 5월 6일 자. 제리 쿡 촬영.(제리 쿡 아카이브 제공)

*색함 때문에 주정부들은 정신질환자 치료와 돌봄을 위한 시설들을 나치의 강제수용소 수준으로 전락하도록 방치했다."*라고 주장했다.[33] 그는 *"상황이 이렇다는 것을 알게 된다면 어떤 주의 주민들이라도 병원을 가장한 강제수용소를 폐지하고 정신 치료 기관의 목표를 감금에서 치료로 바꾸기 위해 결집할 것이다."*라는 말로 기사를 끝맺음했다.[34] 이 기자들은 정신질환을 진단받은 사람

을 나치 같은 정책을 적용해 감금하는 주정부의 책임을 물었다.

역사적으로 공공 담론은 정신질환을 진단받은 사람들을 위협적이고 위험한 범죄 행위와 연관시켜왔다. 하지만 이 기자들은 그들을 이런 방식으로 묘사하지 않았다. 대신 그들은 사람들을 아프다고 묘사하였으며 "환자", "정신적으로 아픈"이라는 단어를 사용해 설명했다.[35] "미친"이라는 단어보다 "정신적으로 아픈"이라는 표현을 사용하면서 기자들은 정신 장애가 위협이나 위험을 암시하는 사회 일탈적 행동이 아니라 합법적인 의학적 상태라는 것을 강조했다.

메즐과 도이치는 기사에서 폭력이나 위법 행위에 대한 언급은 하지 않았다. 하지만 1940년대에는 대부분의 주가 소위 형법상 정신질환자나 결함 때문에 범죄 성향을 보이는 사람들을 위한 정신병원이나 정신병동을 운영하고 있었다. 이 용어들은 위의 사람들이 정신과적 진단을 받았고 범죄를 저질렀거나, 의사들이 그들을 위험하다고 간주했다는 것을 의미한다. 이런 병원 중에는 바이베리 병원보다 더 많은 문제가 있는 곳도 많았지만 언론은 이 문제를 다루지 않았다. 또한 도이치나 메즐은 조지 엘더처럼 사소한 법 위반으로 병원에 입원하게 된 사람들에 대해서는 언급하지 않았지만, 그 대신 이 기자들은 자신의 기사에 등장하는 사람들을 사회에 전혀 위험이 되지 않는 무고한 희생자로 묘사하는 데 집중했다.

이 두 기자는 또한 정신병과 인종 사이의 그 어떤 연관도 존재하지 않는다고 생각했다. 나치의 "최종 해결책Final Solution"의 여파로 정신의학은 인종, 계급, 생물학적 계층과 관련된 언어와는 거리를 두고 있는 상태였다. 마찬가지로 메즐과 도이치도 기사에서 인종이나 우생학에 대해서 언급하지 않았고, 아프리카계 미국인들이나 장애인들의 이야기를 기사에 연결시키지도 않았다. 아프리카계 미국인들은 정신병원에 거주하고 있던 것은 사실이지만, <라이프>나 <PM>의 기사에 실린 사진을 봐서는 이들이 아프리카계 미국인인지 조지 엘더 같은 사람인지 전혀 알 수가 없었다. 또한 아프리카계 미국인들은 대개 격리 정신 요양소 또는 정신 문제나 범죄 이력이 있는 사람들을 위한 장소에 수용됐다.[36] 그러나 이런 장소들은 언론의 관심을 많이 받지 못했고, 폭로 기사에서도 주변부 이야기처럼 다뤄졌다. 양심적 병역거부자들과 기자들은 정신병원의 백인들에게 주로 집중했으며, 그 백인들을 더 나은 치료를 받을 자격이 있는 사람들로 환자들을 묘사하기 위해 그들을 방치된 희생자와 보살핌이 필요한 사람들로 다뤘다.

행동을 촉구하는 기자들의 활동은 생물학적 인종주의, 우생학, 홀로코스트의 잔혹함을 거부한 이 시대에 가장 활발하게 이뤄졌다. 제2차 세계대전 이후 미국인들의 자유 개념은 관용과 동화를 미국의 미덕으로 발전시켜 미국 사회를 보다 다원주의적으로 만드는 데 기여했으며, 자유의 언어는 인종 차별, 직업 차별, 정부의 혜택 제공 거부에 대항하는 초기 시민권 운동을 촉진시켰다.[37] 정신건강 개혁은 바로 이런 사회 정의의 틀 안에서 활발하게 이뤄졌다. NMHF와 기자들은 우생학의 언어를 기피하고 정신건강 시스템에서의 인종적 불평등을 거부했으며, 이들의 요구는 제2차 세계대전 이후에 설득력을 얻었다.

기자들은 주립 정신병원들이 사람들을 치료하지 않으면서도 수용했으며, 이는 수감에 해당하는 주정부 제재의 일종이라고 주장했다. 메즐은 *"일부 병원에서는 직원은 부족하고 환자는 넘쳐나 의사들이 환자들을 치료하는 시늉조차 하기 힘든 정도였다."* 라고 썼다.[38] 그는 미국 내 정신병원 환자 중에서 퇴원할 수 있을 정도로 상태가 호전된 사람은 12%에 불과했다고도 썼다. 또한 그는 특히 남부와 서부의 정신병원들의 경우 전기충격요법, 물 요법, 심리요법을 포함한 정신과 의사들의 8가지 "특수 요법"을 시행하지 않았다고도 썼다.[39]

"정신병원 1946년" 기사에서 메즐은 정신과 치료를 늘리면 사람들이 시설 밖에서 더 잘 살고 더 잘 정착하는 데 도움을 줄 수 있을 것이라고 주장했다. 메즐은 정신과 치료에 투자를 함으로써 *"주는 유용한 경제적 활동을 하는 인구를 늘릴 수 있다. 반면 똑같은 환자들을 시설 외부에서 정신과 치료를 하지 않고 수용하고 있는 보호감독 시설들은 말도 안 되는 적은 유지비를 쓰면서*

도 환자 한 명당 정신과 치료와 같거나 더 많은 비용을 지출하게 되고, 결국에는 이 환자들 대부분을 사회로 복귀시키지 못하게 된다."라고 썼다.[40] 병원에 더 많은 예산을 들였다면 주는 이런 곳들을 더 인도적인 곳으로 만들 수 있었을 것이다. 메즐에 따르면, 새로운 정신과 치료법은 병원들의 운영비를 줄일 수 있었다. 더 많은 사람을 재활시켜 사회로 돌려보낼 수 있기 때문이다.

메즐과 도이치의 기사는 미국 대중의 마음을 움직였다. 펜실베이니아 주지사 사무실은 시민들이 보낸 편지로 북새통을 이뤘다.[41] 한 남성은 다음과 같은 내용의 편지를 보냈다. "*정신적으로 온전하지 않고 혼란한 사람들이 열악한 콘크리트 방에 갇혀 악취와 배설물과 함께 섞여 살도록 방치돼 있다면 우리는 어떻게 독일의 강제수용소를 비판할 수 있는가? 그곳에서는 최소한 죽음으로 해방을 맞을 희망은 있었으니, 그 누가 독일인들의 안사술mercy-death(자비로운 살인, 편안하게 죽도록 하는 행위)이 바이베리 병원에서의 삶보다 더 자비롭지 않다고 말할 수 있겠는가? 우리가 독일 시민들을 비난하는 이유는 그들이 다하우Dachau 강제수용소의 참상에 대해 알면서도 본인의 일로 생각하지 않고 항의하지 않았다는 데 있다. 우리는 알고 있다. 따라서 우리는 이에 맞서야 한다.*"[42] 이 남성은 주지사와 주의회에 새로운 건물을 짓고 현대식 장비를 구비할 것과 훈련된 직원들을 채용해 정신병원의 치료 기능을 강화할 것을 요구했다. 그는 "*이렇게 되기 전까*

지는 다른 공공사업도 고려하지 말아야 한다."라고 썼다.[43] 다른 여성은 "*나는 시설이 정신질환이 있는 사람들을 위한 곳이라고 생각했습니다. 환자들을 이런 곳에 두어서는 결코 안 된다고 생각합니다.*"라고 쓰기도 했다.[44]

기자들과 양심적 병역거부자들의 폭로는 시민들과 정치인들이 정신병원개혁을 위해 모이도록 유도했다. 전쟁 중이었다면 정치인들은 이런 상황을 외면할 수 있었겠지만, 전쟁이 끝난 후에 표출된 대중의 분노는 정치인들이 더 이상 이 상황을 못 본 척할 수 없게 만들었다.

치료 효과가 없는 뱀 구덩이

1940년대에 정신병원에 관한 글을 썼던 사람은 양심적 병역거부자들과 기자들에 국한되지 않는다. 정신병원 입원 경험을 가진 사람들도 자전적, 반자전적 이야기를 쓰면서 정신건강 시설을 비판했다. 1940년 마거릿 윌슨Margaret Wilson은 《접경지대 사람들Borderland minds》을 출간했다. 1931년부터 1937년까지 남부의 정신병원에 감금됐던 자신의 이야기를 쓴 책이었다. 1947년 출간된 르노어 맥콜 맥클레이시Lenore McCall MacLeish의 《우리와 어둠 사이Between Us and the Dark》는 병원에서 작가가 경험했던 인슐린 기반 치료법이 작가를 자살 충동에서 벗어나게 했는지 설명한 덜 비판적인 책이다. 같은 해에 워커 윈슬로Walker Winslow는 《사람이 미친다면If a Man Be Mad》이라는 책을 해럴드 메인이라는 필명으로 출간했다. 윈슬로는 자신을 구치소, 그 다음에는 뉴욕의 벨뷰 정신병원에 갇히게 했던 알코올 중독에서 벗어나기 위한 자신과의 싸움을 묘사했다. 결국 윈슬로는 정신병원 조무사로 취직해 스스로를 치료하기로 했다. 그는 그곳에서 치료를 받지는 못했지만 좋은 이야깃거리는 얻었다. 그의 책은 재향군인 관리시설에 있는 주민들을 포함해 정신병원에 있는 사람들의 불합리한 세상을 묘사했다.[45] 이 책들은 작가들이 직접 입원을 경험했기 때문에 양심적 병역거부자들과 기자들의 이야기와는 다른 관점을 제공했다.

메리 제인 워드의 《뱀 구덩이》는 이런 책들이 나오던 즈음인 1946년에 나왔다. 작가 워드는 《뱀 구덩이》를 쓰면서 확실한 믿음을 가지고 대담한 시도를 했다. 상류사회 여성이었던 워드는 자신의 정신질환을 공개함으로써 잃을 것이 많았다. 그럼에도 불구하고 그녀는 자신의 이름으로 책을 출판했고, 책의 자전적 성격도 인정했다.[46] 그녀의 이런 용기는 《뱀 구덩이》가 당시의 반수용화 추세를 이끄는 텍스트로 자리 잡으면서 빛을 발했다. 정신병원에 대한 워드의 비판은 양심적 병역거부자들과 기자들의 비판과 궤를 같이 했지만, 그녀는 강압적인 정신과 치료와 치료 절차를 주로 문제 삼아 주정부가 행사하는 정신의학 관련 권력 자체를 비판했다. 이는 <라이프>나 <PM>의 기사와는 상당히 다른 관점을 보인 것이었다.

워드는 정신병원에 대해 설명하면서 자유와 시민의 자유에 대한 문제를 중심적으로 서술했다. 당시는 비자의적인 입원(강제 입원)이 수없이 실시되던 시기였다. 주마다 강제 입원 법은 달랐지만, 주로 친구, 가족 또는 복지부 공무원 등이 미쳤다고 생각하는 사람들이 대상이 됐다. 이런 판단이 이뤄진 후에는 정신과 의사들이 이 사람들을 진찰하고 정신이상 확인서에 서명을 했다. 주 법원 또는 정신이상 위원회와 같은 주 위원회는 청문회를 열어 정신병원 입원 명령을 내릴 수 있었다. 그 다음에는 병원 감독관이나 이사회가 석방 일자나 가석방 일자를 결정했다. 가석방은 일단 귀가시킨 후 경과를 지켜보기 위한 것이었다. 이 과정에서 시설에 있는 사람들은 법적 법정 대리인이 없는 경우가 많았고, 재판을 통해 자유를 찾을 수 있는 기회도 거의 가지지 못했다.[47] 예를 들어, 1947년 한 백인 목사가 조지 엘더의 석방을 위해 노력했지만 실패했으며, 1962년까지 아무도 엘더의 석방을 검토하지 않았다. 엘더는 법정에 가지도 않았고, 변호사를 만날 기회도 가지지 못했다. 석방 대상과 시점은 병원 경영진에 의해서만 정해졌다.[48] 주정부의 통제를 받는 정신병원에 대해 묘사하면서 《뱀 구덩이》는 미국의 민주주의와 전체주의 사이의 경계를 흐리는 이런 비자의적인 감금에 집중했다. 당사자의 동의 없는 입원에 관한 워드의 책은 국제 관계에서 파시즘과 공산주의가 무대의 중심을 차지하던 시기에 등장해 반향을 불러 일으켰다. 워드는 정신병원을 교도소에 비유했다. 책의 말미에서 정신과 의사가 주인공 버지니아 커닝엄의 석방 서류를 들고 있을 때 주인공은 퇴원을 할 수 있을 정도로 제정신으로 보이기 위해 한마디 한마디를 조심한다. 주인공의 멀쩡한 정신은 말 그대로 그리고 비유적으로도 그녀의 자유의 열쇠가 된다.[49]

또한 워드는 당시 정신과 전문의들에게 자주 이용하던 새로운 전기충격요법, 인슐린 혼수 치료법 등의 정신과적 절차도 맹렬히 비난했다.[50] 정신과 의사들은 사람들의 동의 없이 치료를 진행할 때가 많았고, 사람들은 의사들의 명령을 거부할 권리가 없었다. 워드를 비롯한 작가들은 이런 비자의적인 입원, 병원의 정신과적 절차 그리고 심지어는 정신의학 자체에 의문을 제기했다.《뱀 구덩이》의 주인공 버지니아는 사람은 좋지만 둔감한 킥 박사(로클랜드 주립병원에서 일했던 정신분석학자 게라르트 크르자보프스키가 모델이었다)에게 치료를 받는다. 이 책에서 킥 박사는 상급자에게도 근거 없어 보일만한 진단을 자주 내린다. 현실에서 이 책의 작가 워드는 한 정신과 의사로부터는 정신분열증이라는 오진을 받았고, 나중에 다른 의사로부터는 양극성 장애 진단을 받았다. 작가는 책 첫 부분에서 이런 불일치에 대해 다음과 같이 묘사했다. *한 의사가 버지니아에게 "목소리가 들립니까?"라고 물었다. 그녀는 "제가 귀가 먹었다고 생각하나요? 당연히 들리지요."라고 대답했다. 예의를 지키기는 쉽지 않았다. 그녀는 지쳐있었고, 의사는 몇날 며칠을 이런 단순한 질문을 해오고 있었다.*[51]

버지니아가 치료를 받는 장면들은 책에서 가장 충격적인 장면들이다. 예를 들어, 물 요법을 받을 때 조무사들은 그녀를 이불에 단단히 말아 속박한 뒤 욕조에 강제로 가둔다. 몹시 괴로웠던 버지니아는 엉뚱한 상상 속에서 위안을 찾는다.[52] 또한 작가는 버지니아의 관점을 통해 당시의 가장 최첨단 치료인 충격요법을 받은 경험을 다음과 같이 묘사한다. "*그 여자가 지금도 내 당신의 관자놀이에 역겨운 냄새가 나는 차가운 풀을 바르고 있다. 내가 무슨 짓을 했다고 이러는 걸까? 사람을 죽이려고 한 적도 없는데 내가 무슨 죄를 지었다고 이런 심한 벌을 받는 걸까? 사회주의자에게 투표했다고 전기고문하는 걸까? 이 나라가 이런 고문을 하는 독재국가가 되고 있다는 말은 들었지만 실제로 이 정도라는 것은 사람들이 모르겠지? 어떻게 재판도 하지 않고 날 죽인다는 거지? 당장 변호사를 불러주세요. 의사들은 계속 내게 목소리가 들리는지 묻지만, 내 말은 듣지 않아요.*"[53] 버지니아는 이런 혼란스러운 의식의 흐름 속에서 어떤 범죄가 이러한 처벌을 받는

지, 그녀가 사회주의적이고 평화주의적인 대통령 후보인 노먼 토머스에 투표한 좌익적 관점 때문에 병원에 수감된 건지 궁금해 한다. 나치가 권력을 잡은 이후 정치적 견해로 인한 투옥에 대한 두려움이 크게 늘어났고, 버지니아는 병원이 충분히 그럴 수 있다고 생각했다. 당시 교도소와 정신건강 시설에 있는 많은 소외된 사람들이 동의 없이 치료를 받고, 이들 스스로를 보호하기 위한 법적 보호 장치가 없었기 때문에 버지니아의 두려움은 충분한 근거가 있는 것이었다.[54] 워드가 보기에는, 당시에 널리 시행되던 정신과적 치료는 정신병 진단받은 사람들을 치료해 주는 것이 아니라 국가권력의 과잉으로 오히려 두려움과 혼란을 초래했다.

워드의 이야기는 제목이 보여주듯, 메즐과 도이치의 기사들보다 정신병원 시스템에 대해 더 심한 비판을 했다. 워드는 책 제목을 전해 내려오는 이야기에서 착안했다. 워드의 책에도 소개된 그 이야기는 다음과 같은 내용이다. *"먼 옛날 사람들은 정신이 나간 사람들을 뱀 구덩이로 몰아넣었다. 사람들은 정신이 멀쩡한 사람을 미치게 할 수 있는 경험이라면 미친 사람을 제정신으로 돌아오게 할 수 있다고 믿었던 것이다."* 워드는 계획적인 것인지 우연에 의한 것인지는 모르겠지만 훨씬 더 현대적인 최근 사람들이 버지니아 커닝엄에게 훨씬 더 강력한 충격요법을 실시했으며, 그 충격요법은 킥 박사가 외과용 집게와 절제기구,

조무사들을 동원해 시행한 시술보다 훨씬 더 끔찍한 것이었다. 그들은 버지니아를 뱀 구덩이에 밀어 넣었고, 그녀는 그 충격으로 자신이 나을 것이라고 알게 됐다.[55] 버지니아가 병원에서 경험한 충격은 회복에 도움이 되긴 했다. 하지만 새로운 치료법이 아니라 직접적으로 충격을 주는 방법을 통해 그렇게 된 것이었다. 병동의 전체적인 환경이 이렇게 끔찍했기 때문에 버지니아는 호전돼 퇴원을 할 수 있었다. 버지니아가 회복된 것은 의사들 덕분이 아니었다.

워드는 허구의 병원 간호사를 통해 치료와 개혁에 대한 자신의 상반된 입장들을 드러내기도 했다. 간호사는 정신건강관리의 변화를 주장하는 온정적인 인물이다. 《뱀 구덩이》에서 이 간호사는 영웅적인 면모를 보여주지 않는다. 대신 그녀는 결국 병원에 입원하고 만다. 이런 방식으로 워드의 작품은 1960년대 미국 정신과의 권위에 대한 심각한 비판을 한 켄 키지의 《뻐꾸기 둥지 위로 날아간 새》, 토머스 사스Thomas Szasz의 《정신질환의 신화The Myth of Mental Illness》에 앞서 초기 반수용화주의를 주장한 글로 자리매김하고 있다.

책 《뱀 구덩이》는 1940년대의 정신병원을 정신질환이 고쳐지지 않는 곳이라고 진단을 내렸지만, 영화로 만들어진 작품은 매우 다른 메시지를 담고 있다. 메리 제인 워드의 《뱀 구덩이》는 "이달의 책"이자 전국적인 베스트셀러로 관심을 받았고, 이는 한 할리우드 감독의 눈길을 사로잡았다. 러시아 출신 망명자인 아나톨레 리트바크Anatole Litvak는 이 책의 영화 판권을 구입해 여러 영화사에 제작 여부를 타진했다. 대부분의 할리우드 제작자들은 이 주제가 너무 암울하다고 생각했고, 관객들이 이 주제에 대해 보고 싶지 않을 것이라고 생각했다. 하지만 리트바크는 그렇게 생각하지 않았으며, 대중은 현대 사회 이슈에 관련된 영화에 갈증을 느끼고 있다고 주장했다.[56] 결국 20세기폭스 영화사가 위험을 감수하고 영화의 제작을 맡기로 결정했다. 리트바크는 올리비아 메리 드 하빌랜드Olivia Mary de Havilland에게 주인공 버지니아 커닝엄 역할을 맡겼고, 영화 제작팀은 이 주제에 대해 더 잘 이해하기 위해 정신병원을 여러 차례 방문하기도 했다.

이 영화는 미국과 전 세계에서 유명해졌으며, 여러 개의 상을 수상했다.[57] 원작자인 워드 자신도 영화의 인기에 놀라움을 표현했는데, 이는 워드 자신이 《뱀 구덩이》가 "어떠한 구성도, 사랑 이야기도 없었으며 대부분의 사람들이 불편하게 여기는 주제에 관한 것"이라고 생각했기 때문이다.[58] 하지만 많은 사람들이 본 이 영화는 원작과는 상당히 차이가 있는 작품이었다. 워드는 책에서는 킥 박사를 무능력한 의사로, 병원 관리자들을 나중에 켄 키지가 《뻐꾸기 둥지 위로 날아간 새》에서 묘사한 래치드 간호사처럼 통제의 주체로 주로 묘사했다. 그러나 영화에서는 킥 박사 캐릭터가 완전히 바뀐다. 영화에서 킥 박사는 주인공 버지니아와 사랑에 빠지는 역할로 나오는데, 그로 인해 이 캐릭터는 더 호의적으로 묘사된다. 영화에서 버지니아는 킥 박사를 구세주, 즉 자신을 치유하고 정신병원으로부터 탈출시켜 줄 사람으로 본다.[59]

가련한 여성 환자와 이를 구해주는 남성의 서사는 영화에서 킥 박사가 버지니아를 치료하는 장면에서 드러난다. 이 영화의 "최종 분석" 부분에서 킥 박사는 정신분석을 이용해 버지니아의 정신분열증(조현병)을 치료한다. 1940년대 후반의 미국 전역의 정신과 의사들은 정신분석을 점점 더 많이 사용하게 된 상태였다. 정신분석은 무의식의 힘을 중시하고 유아기의 경험을 정신질환의 주요 원인으로 생각하는 접근방법이다. 또한 정신분석은 더 넓은 범위의 미국 문화 속으로 녹아 들어갔고, 20세기 중반의 관객들은 이에 대해 어느 정도 알고 있는 상태였다. 킥 박사는 버지니아가 약혼자의 죽음을 기억해 내게 만들었다. 킥 박사는 약혼자의 죽음 때문에 버지니아가 아내, 어머니 역할을 하면서 안정적으로 결혼 생활을 하지 못했다는 것을 밝혀낸다. 킥 박사는 여기서 더 들어가 버지니아의 정신분열증이 어머니로부터의 사랑을 받지 못한 것과 관련이 있다는 것도 알아낸다. 영화에서 버지니아는 이 발견에 의해 도움을 받고, 나중에는 킥 박사에게 "이제 당신을 사랑하지 않아요."라고 말한다.[60] 이런 진단에 이은 치료에 힘입어 버지니아는 호전되고 결국 집으로 돌아갈 수 있게 된다. 속임수를 써서가 아니라 킥 박사의 치료 덕분이다.

책을 영화화하면서 리트바크는 더 많은 관객을 끌어 모으기 위해 여성성과 성역할에 대한 당시의 생각을 충분히 반영했다. 또한 리트바크의 영화는 주립 정신병원에 있는 사람들을 치료할 수 있는 수단으로서의 정신분석의 가능성을 널리 알렸다. 이런 변화는 적은 규모의 수정 정도가 아니었다. 영화는 책의 의미를 근본적으로 바꿔 병원을 감금의 장소 아니라 치료의 장소로 묘사했다. 영화는 주정부가 더 많은 예산을 투자하고 킥 박사가 제공한 것처럼 효과적인 치료법을 제공한다면 병원은 치료의 장소가 될 수 있다는 메시지를 담고 있었다.

리트바크, 메즐, 도이치, 양심적 병역거부자들은 병원을 살릴 가치가 있다고 여겼지만, 워드를 포함한 다른 작가들은 낙관적이지 않았다. 또한 정신건강의 역사에서 학자들은 양심적 병역거부자들과 기자들의 개혁 요구, 워드가 《뱀 구덩이》를 통해서 한 급진적인 비판을 동일시할 때가 많았다.[61] 하지만 이 학자들은 모두 주립병원들을 신랄하게 비판했다는 점에서는 같지만, 주정부가 어떻게 대응해야 하는지에 대해서는 각기 다른 생각을 가지고 있었다. 워드는 병원들을 국가 예산이 더 필요한 곳으로 묘사하지 않았다. 그녀는 병원이 사람들에게 다시 정신적인 피해를 입히는 수용 시스템의 일부로 묘사했다. 워드를 비롯해 입원을 경험한 다른 사람들의 글은 시설에 수용된 사람들과 정신과 의사들 사이의 힘의 불균형에 초점을 맞췄다. 이런 면에서 이들은 리트바크, 양심적 병역거부자, 기자들과 현저히 달랐다.

이들의 비판은 정신병원이 수감 공간으로 기능한다는 점을 겨냥하고 있었다. 당시의 정신병원들은 정신질환을 진단받은 사람들만 수용하는 곳이 아니었다. 주의 정신과 의사들, 가족, 법원이 동성애자 또는 사회 규범을 어긴 사람들, 법을 위반한 사람들을 보낸 장소이기도 했다. 조지 엘더의 강제 입원 사례는 정신질환 개념과 사회 부적응 개념 사이의 경계가 모호하다는 것을 보여줬다. 엘더의 평화주의 신념은 제1차 세계대전 기간 동안 미국의 애국주의와 정면으로 부딪쳤으며, 미국 원주민들에게 정부가 배상하라는 그의 요청은 주류 밖에 있었다. 엘더의 급진적인 사상은 편집증적 정신분열을 진단받는 데 한몫했다. 또 다른 유명한 부적응자의 이야기는 1940년대 위법과 정신병원의 연관성을 자세히 설명한다. 1949년 경찰은 청년 앨런 긴즈버그Allen Ginsberg를 경찰과의 추격전과 교통사고를 일으킨 혐의로 체포했다. 긴즈버그는 구치소에 수감되지 않는 대신 정신병원 입원에 동의했다. 긴즈버그와 엘더의 입원 사례는 1940년대 경찰과의 충돌로 교도소 대신 어떻게 정신병원 입원으로 이어질 수 있는지를 보여준다.[62] 정신병원에 수감된 사람들 모두가 법을 위반하거나 정신적 장애를 경험한 것은 아니었다. 그러나 20세기 중반의 정신병원은 오늘날의 정신병원보다 훨씬 넓은 범위를 가지고 있었고 사회 부적응적인 행동을 보이는 많은 사람들이 교도소가 아닌 병원에 감금되는 상황이 초래되었다는 것을 기억하는 것이 중요하다.

또한 이러한 시설들은 대규모로 운영됐다. 제2차 세계대전이 끝날 무렵 미 전역 190개 정신병원에 수용된 사람의 수는 53만 8629명이었다. 당시 미국은 국가의료 시스템이 없었기 때문에 이런 시설들은 대부분 주 복지부의 재정 지원을 받아 운영됐다. 전국 190개의 주립 정신병원을 운영하는 데 매년 약 2억 달러가 들어갔다. 민간이 운영하는 정신병원은 극소수였고, 이런 정신병원 입원은 환자 본인과 가족들에게 막대한 금전적 부담이었다.[63]

정신병원은 그 안에 있는 사람들에게 부속 농장, 부엌, 세탁소, 공방에서 일을 하도록 하면서 그들의 노력으로 시설을 유지했다. 그 결과로 이 시설들은 지역사회에 경제적인 기여를 하게 됐다. 주립병원들 대부분에는 이렇게 노동인력이 많았으며, 이런 노동인력들은 대개 노동조합을 결성했다. 농촌 지역 사람들은 이런 시설들이 제공하는 일에 의존했다. 이 시설들의 인프라는 교도소 산업단지Prison Industrial Complex와 유사한 시스템을 형성했다. 교도소 산업단지라는 말은 대규모 수감의 정치적·경제적 인프라를 뜻하며 앤절라 데이비스Angela Davis가 만든 용어다. 이 인프라는 사람들의 감금, 노동력 착취, 기업과 지역사회를 위한 수익 창출에 의존했다.[64] 주립 정신병원은 드러내놓고 사업을 하지는 않았지만 비자의적인 감금을 하고, 지역사회에 경제적인 이득을 주고, 정신병원 수용자들의 노동을 이용한다는 점, 주정부가 정신병원의 땅을 상당 부분을 소유하고 있다는 점, 건물의 구조, 노동력 등의 여러 부분에서 교도소 산업단지와 매우 유사했다.

20세기 중반 주립 정신병원들의 인프라는 주립교도소의 규모를 작게 보이게 할 정도였다. 1944년 펜실베이니아 주는 공공 정신병원 18곳과 간질 환자 및 "정신박약" 진단 환자를 위한 시설 4곳을 운영하고 있었다. "정신박약"이라는 말은 오늘날 지적 발달장애와 대략 비슷한 상태를 묘사하기 위해 과거에 쓰던 용어다. 반면, 펜실베이니아 주가 운영하는 교도소는 5곳, 소년원은 1곳에 불과했다.[65] 병원의 규모 또한 교도소를 뛰어넘었다. 예를 들어, 1946년 당시 바이베리 병원의 수용자는 6100명에 달했다. 이는 펜실베이니아 주 전체 교도소 수감자와 맞먹는 숫자다.[66]

하지만 바이베리 병원만 이렇게 많은 수의 사람을 수용한 것은 아니었다. 다른 주에서도 이렇게 수천 명을 수용한 병원이 많았다. 예를 들어, 뉴욕 주의 센트럴 이슬립 병원과 필그림 주립병원은 각각 7,000명과 10,000명의 사람들을 수용했다.[67] 1940년대 뉴잉글랜드 지역, 중부 대서양 주들, 중서부 주들에서는 미국 최대 규모의 주립병원·정신건강 시스템이 운영됐으며, 이 지역에서 정신병원에 수감된 사람의 비율은 미국 내 다른 주들에서 정신병원에 수감된 사람의 비율보다 더 높았다.[68]

정신건강 시설 수용화의 마지막 정점

뱀 구덩이나 강제수용소로 묘사되는 열악한 조건에 대한 반발이 이어지자 정책입안자들은 전후 주립병원의 문제를 해결하기 시작했다. 1946년 펜실베이니아 주 복지부는 이런 반발에 대응해 사진이 실린 자체 보고서를 발표했다. 복지부는 일부 시설이 과밀하고, 특히 바이베리 병원의 경우 인력이 부족하다는 것을 인정했지만, 보도된 최악의 병동들이 주의 모든 정신병원을 대표하지 않는다는 입장을 유지했다. 하지만 복지부는 이러한 부정적인 여론을 지역사회의 참여를 촉구하는 데 사용했다. 이런 급박한 상황 때문에 마틴 주지사와 주의회가 몇 년 전 거부했던 자금지원에 대한 필요성도 다시 부각될 수 있었다.[69]

NMHF는 공공 정신병원 개선을 위한 정부 지출을 적극 지지했다. 이들은 공공 교육 소책자 <그래서 우리는 말한다>를 찍

어냈다. 이 소책자는 "예산과 인력이 부족한" 공공 정신병원들의 강제수용소 같은 상황을 비난하며 "정신병원의 관리 수준과 치료 수준을 높일 것"을 요구했다.[70] 펜실베이니아 주 시민협회, 여성유권자연맹 등 다른 조직들도 이런 노력에 동참했다. 이 조직들은 NMHF와 함께 1947년부터 1949년까지 정신질환자, 정신장애자, 간질환자로 진단된 사람들을 위한 복지부 예산을 50% 늘릴 것을 요구했다.[71] 이 예산은 병상 수를 늘려 과밀화를 완화하기 위한 대규모의 제도적 확장을 지원하는 데 사용될 것이었다. 이런 조직들의 노력은 뉴딜 이념을 반영한 것이었으며, 도움이 필요한 사람들을 돕는 데 주정부가 더 많은 예산을 지출하도록 촉진했다. 이 조직들은 정신병원의 열악한 환경이 마틴 주지사 같은 보수 정치인들에 의해 야기됐다고 생각했다. 마틴 주지사가 정신병원에 예산을 집행하지 않음으로써 양심적 병역거부자들이 목격한 환자들의 고통을 발생시켰다고 생각한 것이다.

NMHF는 펜실베이니아 주뿐만 아니라 전국적인 변화를 촉구했다. 이들은 목표 달성을 위해 유명인사들과 연대하기도 했다. 2년도 되지 않은 단체로서는 이례적이지만 전략적인 움직임이었다. 이들은 연예인들이 소외된 주제와 많은 사람들이 비애국적이라고 여기던 양심적 병역거부자들에게 정당성을 확보해줄 것이라는 희망을 가지고 있었다. NMHF는 또한 오언 로버츠Owen Roberts 대법관이라는 중요한 동맹자를 찾았다. 로버츠는 펜실베이니아 주 출신으로 1945년에 고향으로 은퇴한 사람이다. 로버츠는 경제에 대해서는 다소 보수적인 입장을 취하고 있었지만, 시민권과 시민의 자유에 대해서는 더 자유로운 입장을 가지고 있었다. 그는 제2차 세계대전 중 일본계 미국인의 수용을 격렬하게 반대했으며, 가난한 사람들의 권리, 언론의 자유, 종교의 자유를 주장한 사람이었다.[72]

바이베리 병원에 관한 기사가 여러 신문에 실리자 로버츠 대법관은 정신건강의 수호자가 되기로 결심했고, 결국 NMHF의 후원회장이 됐다.[73] 로버츠 대법관의 지지를 받아 전 영부인 엘리너 루스벨트Eleanor Roosebelt도 NMHF 이사를 맡기로 결정했다. 루스벨트는 얼마 후 유엔 인권위원회 위원장이 된다. 루스벨트는 역시 일본계 미국인들의 수용에 반대해 왔으며, 복지를 지지하는 인물이었다.[74] 시민 자유주의자인 로저 볼드윈Roger Baldwin도 이사회에 합류했는데, 이는 양심적 병역거부자로서의 자신의 과거와 시민권에 대한 관심 때문이었다. 이러한 주요 인물들의 참여는 제2차 세계대전 이후 인권선언의 시대에서 인권이 어떻게 미국 정신병원 개혁 투쟁의 중심 근거가 되었는지를 보여준다.[75]

미국 정신병원에 대한 폭로는 미국의 민주주의 정신과 약자 돌봄에 대한 당파를 초월한 움직임에 불을 붙였다. 전후 미국은 경제적 번영과 자유주의적 통치를 경험했고, 주정부와 연방정부는 국내 사회 보장제도를 확대했다. 이 기간 동안 많은 단체들이 인종과 종교의 관용, 반전체주의, 다원주의를 중심으로 정치적 공감대를 형성하기 위해 노력했다. 전후 시대의 이러한 합의와 다원주의적 태도는 정신건강개혁에도 스며들었다.[76] 전미자동차노조United Auto Workers 대표 월터 루서스와 영부인 베스 트루먼 같은 민주당 지도자들은 NMHF 후원자 명단에 이름을 올림으로써 진보적 기득권층으로 지지를 확인시켰다. <라이프> 잡지의 소유주 겸 반공산주의자로 유명한 헨리 루스Henry Luce 같은 공화당원들도 동참했다.[77] 그들 생각으로도 미국은 "뱀 구덩이" 같은 정신병원의 상황을 개선해야만 했던 것이다. 고위층 후원자들의 참여는 NMHF가 정신병원에 있는 사람들에 대한 대중의 개념을, 단순히 보호감독을 해야 하는 사람들에서 보살핌을 받을 자격이 있는 사람들로 바꾸는 데 도움을 주었다. 고위층 후원자들 입장에서 보면, 정신질환 진단을 받은 사람들은 관용을 베풀어야 하는 사람들이었고 이런 생각은 정부 관료들 사이에서도 서서히 받아들여졌다.

정신병원 해체가 아닌 개혁에 대한 추진 동기는 자유주의적 이념과 제2차 세계대전 이후 과학, 의학, 정신의학 분야에서의 낙관론에 의해 발생했다. 전쟁이 끝난 후 10년 동안 의료계와 대중은 인간의 몸을 재활시키는 의학적인 방법들에 열광했다.

장애 퇴역군인들은 새로 개발된 의수와 의족, 성형수술 방법들을 홍보했고, 호르몬 치료와 성전환 수술은 전국적인 뉴스가 됐다.[78] 1940년대 연방정부는 신체적, 지적장애를 가진 사람들을 위한 고용 기회와 직업 재활 프로그램을 크게 확대했다. 정신과 의사들과 정책입안자들도 지적장애를 가진 사람들을 정신적 결함과 범죄성에 대한 우생학적 관념과 연관시키지 않게 됐다.[79] 사회의학에서는 낙관론이 지배적이었으며, 사회의학 자체도 단지 장애인을 위한 양육권을 제공하는 것이 아니라 치료를 제공하는 것에 초점을 맞췄다. 이런 분위기는 정치개혁을 유도했으며, 강압적인 치료와 국가의 정신의학 권위에 대한 메리 제인 워드의 비판을 묻히게 만들었다.

펜실베이니아 주에서는 새로운 공화당 주지사인 제임스 H 더프James H. Duff가 전임 주지사인 마틴보다 더 요란하게 사회복지사업을 지원했다. 더프도 경제규제와 노동조합에 반대했지만, 사회복지사업을 지지하는 방식에 있어서는 마틴과 차이가 있었다. 피츠버그에 본부를 둔 공화당 성향의 기업이익 단체인 펜실베이니아경제연맹The Pennsylvania Economy League 또한 *"정부의 효율성을 높이고 낭비적인 지출을 없애야 한다."*는 요구와 함께 정신건강 정책 변화를 촉구했다.[80] 이 단체는 정신건강을 개혁한다고 주장하면서 다음과 같은 생산성 논리를 내세웠다. "환자는 퇴원하는 순간 주정부의 보호 대상이 아니게 된다.

환자는 일자리를 구해 경제의 생산적인 일원이 되고 자기 몫의 세금을 내기 때문이다."[81]

경제 보수주의자들은 세금과 주 예산이 늘어날 수 있는 가능성 때문에 정신건강 법률에 관심을 가지게 됐다.[82] 펜실베이니아경제연맹은 "치료 프로그램 계획"의 중요성을 강조하면서 주지사의 병원 건립 프로그램을 지지했다.[83] NMHF, 펜실베이니아 주 시민협회 같은 진보적 단체와 공화당, 펜실베이니아경제연맹 같은 보수적인 단체들이 연대하면서 정부 지출을 늘려 정신병원을 개혁하기 위한 초당파적인 노력이 시작됐다.

이러한 정치적 개혁은 시설 건물, 노동력 그리고 치료 지침을 개선하는 데 집중됐다. 1947년 펜실베이니아 주의회는 주정부가 새로운 정신병원 건립에 8200만 달러를 사용할 수 있도록 허용하는 법안을 통과시켰다. 이는 복지부가 받은 역대 최대 예산 중 하나로, 기존의 지출액을 모두 합친 것보다 많았다.[84] 바이베리 병원에서는 이 예산을 받아 주방과 욕실을 현대화하고, 차고와 저장 시설을 새로 지었으며, 건물 아홉 채를 개조할 수 있었다.[85]

정신병원의 이러한 변화들은 여러 가지 결과들을 낳았다. 정신병원에 있는 사람들의 가족과 친구들은 이런 개선된 것에 대해 깊은 감사를 표했다. 예를 들어, 한 여성은 주립병원에 있는 그녀의 친구가 정책 개혁 후에 더 깨끗하고 더 좋은 옷을 입은 것처럼 보인다고 썼다.[86] 다른 이들은 사랑하는 사람들을 더 잘 돌보려는 정부의 노력에 감사한다고 썼다. 한편, 건설 사업은 정신건강기관의 병상 수를 늘려 병원 입원 인원을 늘렸다.[87] 미국 전체의 정신병원 입원자 수가 늘어났으며, 강제 입원자 수도 미국 역사상 가장 최고점에 도달했다. 제2차 세계대전을 통해 정신과 의사들은 지역사회 돌봄의 가치를 배우게 됐지만, 정치인과 정책입안자들은 여전히 보호감독 시설을 개혁하는 것이 가장 중요하다는 생각을 유지했다.

이와 함께 주정부는 정신과 인력을 보강하고 뇌엽절제술, 전기충격요법 같은 시술을 지원하기 위해 자금 지원을 늘렸다. 의사들은 이러한 방법들이 사람들을 치료한다고 믿었고, 정책입안자들은 이런 방법이 재정적으로 효율적이라고 생각했다. 1947년 펜실베이니아 주 복지부 장관 찰리 바버는 더 나은 치료 프로그램을 도입하면 최고의 주립 정신병원들이 노인들을 제외한 70%의 사람들을 1년 안에 지역사회에 복귀시킬 수 있을 것이라고 낙관적으로 추정했다. 노인들이 제외된 이유는 정신질환의 경우처럼 재활치료를 할 수 있는 새로운 치료법이 없다는 것이었다.[88] 워드가 비판했던 바로 그 치료법들이 확장되기 시작한 것이 이 시기였다.

논란이 가라앉은 1951년 앨버트 메즐은 다시 펜을 들어 "정신병원 1946년" 기사 이후 정신건강의 변화에 대해 썼다. 이 기사를 준비하면서 메즐은 전국 30개의 병원을 찾았다. 펜실베이니아 주를 비롯해 캘리포니아 주, 캔자스 주, 미네소타 주 등은 정신병원에 대한 지출을 늘리고 개혁을 시작했다. 많은 주들이 직원들의 임금을 인상했고, 조무사, 간호사, 의사, 심리학자의 고용을 늘렸다. 또한 이 주들은 수백만 달러 상당의 채권을 발행해 조지아 주 밀레지빌, 미시선 주 노스빌 같이 외딴 곳에서까지 병원 건물을 새로 짓고 개조했다.[89]

메즐은 오하이오 주 영스타운 주립병원 같은 새로운 시설들에 대해 찬사를 보냈다. 이 주립병원은 일반 정신병원보다 1인당 비용이 더 많이 들지만 퇴원율이 더 높았다. 메즐에 따르면 이런 소규모 시설들이야말로 미래의 물결이었다. 그는 오하이오 주지사가 1949년 핼러윈 때 찍은 사진으로 기사를 마무리했다. 미네소타 아노카 주립병원에서 구속복, 수갑, 벙어리장갑들을 쌓아놓고 불을 지르는 장면을 담은 사진이었다. 이 사진은 교도소 같았던 과거의 정신병원과의 단절을 상징적으로 보여주는 것이었다.[90]

1940년대 후반에서 1950년대까지 주립병원에서 이뤄지는 정신과 치료의 대부분은 사람들의 동의나 의사의 동의 없이, 치료의 비자발적인 성격에 대한 어떠한 논의도 없이 이뤄졌다. 정신병원에 있는 사람들과 그들의 지지자들이 보낸 편지를 보면 1940년대 후반의 점진적인 개혁에 대한 사람들의 복잡한 생각을 알 수 있다. 입원 경험자 한 명은 더프 주지사에게 정신병원을 서둘러 건설하는 것에 대한 우려를 편지에 담았다. 그녀는 1944년부터 1945년까지 댄빌 주립병원에서 살았고, 그녀의 남편은 그녀의 동의 없이 그녀를 입원시켰다. 그녀는 댄빌의 환경이 적절하지 않았다고 썼지만 병동 건설 프로그램에 대해서는 의문을 제기했다. 그녀는 *"좌절하고 고통 받는 사람들을 위해 점점 더 큰 건물을 더 많이 짓는 것은 정신병원에 있는 사람들에게 도움이 되지 않을 것"*이라고 주장했다.[91] 다른 남성 한 명은 더 강력한 어조로 말했다. 그는 정신병원에 대한 예산 책정은 주정부의 강압적인 침입이라고 주장하면서 *"정신병원에 100만 명의 노예가 있다는 것을 아십니까? 그건 자유 민주주의 국가에서 그들을 다시 재활시켜 살게 만들 수 있는 법이 없기 때문에 그런 겁니다. 지금 우리는 이 사람들의 자유를 위해 인권위원회를 구성하고 있습니다. 이 사람들은 자신의 권리에 대해 무지하며 그들에게 무슨 일이 일어나는지 알지 못합니다."*라고 썼다.[92]

메리 제인 워드와 다른 작가들의 글 그리고 이런 반대 목소리는 정책 논쟁에서 중심적인 위치를 차지하지는 못했다. 주류에 의한 정치개혁은 저자들이 글에서 분명히 밝혔던 자유의 결핍과 지나친 의학적 권위라는 요소를 무시했다. 정치인들, 정책입안자들, 정신건강 활동가들 중에서 비자의적인 강제 입원 법을 개정하거나 사람들에게 더 많은 법적 보호책을 제공하기 위해 노력한 사람은 거의 없었다. 가부장적인 수용화 정책은 변하지 않았다. 이러한 비판과 요구는 1960년에 들어 켄 키지, 어빙 고프먼, 토머스 사스, 미셸 푸코의 저작들을 통해 환자들의 권리를 위한 더 넓은 범위의 운동이 전개될 때까지 주목받지 못했다. 1940년대 정신병원에 관한 공공 담론과 정책 개혁에도 불구하고 이 시설들은 계속 감금 장소로 남아 있었다. 정신건강 치료를 받으려면 자유를 잃어야 했고, 병원들은 수감 국가의 가장 중요한 시설로 기능했다.

동북부와 중서부에서 어떤 방식으로 대규모 수감이 그렇게 빨리 일어났는지는 복잡한 문제이다. 이들 지역은 1960년대 이전부터 소규모 교정 시스템과 강력한 사회복지 전통을 가지고 있었는데, 이는 남부의 징벌적인 사법제도와는 극명하게 비교되는 것이었다.[93] 20세기 중반 정신병원의 역사는 복지국가에서 어떻게 구속과 강요가 이뤄졌는지 새롭게 비춰준다. 정신병원들은 감금 장소의 역할을 했으며 20세기 중반의 상당 부분 동안 그랬다. 사람들의 감금을 요구한 1960년대 법질서 운동 그리고 그 이후의 움직임은 새로운 것이 아니었다. 감금 관행은 미국의 통치에 있어, 특히 북동부와 중서부에서 오랫동안 이어져 왔다. 이런 보호감독의 전통은 20세기 후반에 대규모 수감을 부채질했다. 감금이 한 형태에서 다른 형태로 바뀐 것이다.

제2장

빗장을 풀다

그들을 묶었던 족쇄들로 만들어진 이 종이 정신질환자에게 우리가 가지는 희망과 정신질환에서의 승리를 널리 알리게 되기를.
- 1953년 주조된 미국 정신건강의 종Mental Health America Bell에 새겨진 문구.

1953년 전미정신건강협회는 전국 병원 원장들에게 연락해 입원했던 사람들에게 병원이 과거에 사용했던 족쇄나 쇠사슬을 보낼 것을 요청했다.[1] 많은 병원들이 이에 응했고 그 해 4월 협회는 볼티모어 소재 맥셰인 종 제작공장에서 행사를 개최했다. 정치인, 사교계 명사, 종교인들이 이 행사에 참석했다. 협회는 감금과 물리적 속박이라는 비인도적인 시대의 종말을 상징하는 의미에서 쇠사슬을 녹였다. 그들은 족쇄와 쇠사슬을 녹여 무게 136 킬로그램의 미국 정신건강의 종으로 만들었다. 불행했던 과거의 유물들을 희망의 상징으로 만든 것이다.[2] 하지만 이

종의 의미는 구속의 종말에 국한되지 않았다. 이 종은 1950년대에 일어난 더 넓은 의미의 변화들을 나타내기도 했다. 수감 공간으로서의 정신병원을 거부하는 광범위한 움직임을 반영한 것이었다.

1955년 정신병원 입원 인구 비율은 성인 10만 명당 500명에 달했다. 이는 20세기 들어 가장 높은 수치 중 하나였다. 그 후 25년 동안 정신병원 인구는 절반 이상 감소했고, 그 감소는 21세기까지 계속됐다.[3] 이런 변화는 정신질환에 대한 사회의 인식이 근본적으로 변화했음을 반영하는 것이었다. 정치인, 정책입안자, 활동가들은 수용화 모델에서 벗어나 지역사회 대안으로 나아갔다. 미국 정신건강의 종은 정신병원들의 규모가 축소되기 시작한 바로 순간에 탄생했다.

하지만 정신건강에서 이러한 탈감금화 움직임이 일어나고 있음에도 불구하고 미국에서 감금은 사라지지 않았다. 오히려 그 반대였다. 대신, 치안유지 활동, 교도소, 형사법체계 등은 1950년대부터 21세기 초까지 확대됐다. 정신건강 담당공무원들이 정신병원에 대한 대안을 모색하는 동안 주정부는 새로운 교정시설을 건설했다. 교도소, 진단센터, 그리고 숲 캠프와 같은 치료 프로그램이 그 예다. 정신병원이 감금의 역할을 축소하는 그 순간에 형사법체계가 성장하기 시작했던 것이다.

사진2. 1953년 메릴랜드 주지사 시어도어 A 맥켈딘과 펠릭스 뒤퐁 여사가 미국 정신건강의 종 주조에 참여하고 있다.(국립정신건강협회 제공)

1950년대에는 교도소, 복합 교정 정신건강센터, 특히 주정부의 방치와 자금 부족으로 악화됐던 교도소들이 혼란에 빠졌다. 1952년, 1953년에는 폭동으로 교도소들이 대혼란을 겪었고, 내부고발자들은 정신건강과 교정 목적을 겸비한 시설의 열악하고 폭력적인 상황을 폭로했다. 이런 사건들은 범죄, 비행, 냉전시대의 사회적 무질서에 대한 우려와 함께 주정부들의 교정 제도 개혁을 이끌었다.

정신병원들도 1940년대 개혁의 여파로 어려움을 겪고 있었고, 정신과 정책입안자들은 병원의 대안으로 지역사회 정신건강센터 설립 계획을 세우기 시작했고, 새로운 정신과적 접근 방법은 정신병원에서 멀어지는 이런 흐름을 가속시켰다. 정신분석의 인기는 절정에 달했고, 치료와 자조self-help 문화는 미국 문화 전반에 급속도로 퍼져 나갔다. 제약회사들은 신경안정제와 진정제 신상품을 출시했고, 전국에 있는 정신병원 의사들은 환자들에게 항정신병 약물인 소라진Thorazine(클로르프로마진)을 주로 처방했다. 의사들은 이 약물이 증상 개선과 조기 퇴원에 도움이 된다고 말했다.[4] 이 새로운 약물요법은 정신병원의 정신과 치료를 변화시켰지만, 정책입안자들은 이 요법이 쓸모없다고 생각하기 시작했다. 1940년대가 정신건강에 있어서 감금의 절정을 가져왔다면 1950년대는 새로운 반수용화주의를 예고했다. 펜실베이니아 주는 이런 변화의 선두에 서서 1950년대 내내 정신병원 인구를 줄여나갔다.[5]

펜실베이니아 주와 다른 주들이 구금 형태의 정신병원모델을 배척하기 시작하면서 형사법체계는 확대됐고, 교도소들도 그들만의 변화를 겪었다. 제2차 세계대전 이후 약물규제가 시작되면서 재활에 중점을 둔 자유주의적 행형liberal penology이 주목을 받았다.[6] 이 시기의 특징은 재활, 범죄에 대한 정신의학적 대응, 지역사회 기반의 교정 방법이 다시 주목을 받았다는 데 있다. 이러한 변화들은 사회학자 데이비드 갈런드David

Garland의 "'행형 복지' 구조" 개념의 부활과 관련이 있었다. 행형 복지 구조란 범죄에 대한 징벌적, 무력적인 접근보다는 치료에 더 초점을 맞춘 것이었다.[7] 1950년대의 전국의 주들은 징벌적 교도소 제도를 유지하면서도 보호관찰, 가석방, 그리고 귀휴(일시적 출소) 제도를 점점 늘려갔다. 주들은 또한 낮에는 지역사회에서 일하다가 밤에 교도소로 복귀하는 외부 통근 제도와 청소년들을 위한 숲 캠프도 만들었다.[8] 펜실베이니아 주에서는 주 공무원들이 이러한 개혁을 요구했는데, 그들은 이런 제도를 "수용자 외출" 프로그램이라고 불렀다. 정신병원 외래진료와 비슷한 개념이었다. 그렇다고 해서 교도소 자체가 치료의 공간이 되었다는 뜻은 아니다. 교도소들은 여전히 보안과 사회적 통제를 강조했다. 하지만 정치인과 정책입안자들은 체포와 감금, 특히 아프리카계 미국인들의 체포와 감금을 합리화하기 위한 주요 명분으로 재활을 내세웠다. 이러한 변화와 개혁은 20세기의 마지막 25년 동안 진행될 감금의 토대를 마련했다.

하지만 형사법체계의 발전은 독립적으로 일어난 것이 아니다. 형사법체계의 발전은 심리학과 정신건강의 변화와 맞물려 일어났다. 재활과 치료가 강조되자 정신건강과 교정 방식이 모두 개혁됐지만, 다른 효과도 불러일으켰다. 정신건강에서는 정책입안자들이 정신병원 이외에 다른 대안을 찾도록 유도하였고, 교정 분야에서는 이들이 재활의 역할을 할 수 있는 시설로 교도소를 확장하도록 유도했다. 이러한 두 가지 발전은 사회가 수용화에 대한 접근 방법을 어떻게 바꿨는지 보여주었다. 이 두 가지 발전으로 사회는 정신질환 진단을 받은 사람들의 수용은 거부하고 법위반에 대한 대처 방안으로서 수용을 점점 더 많이 인정하는 방향으로 변한 것이다.

전미정신건강협회NAMH가 정신병원의 족쇄를 녹였을 때, 이는 수감 국가의 일부로서의 정신병원의 약화를 상징했다. 하지만 이 협회가 족쇄를 녹이고 있을 때 주정부는 수감 국가의 또 다른 한 축을 세우고 있었다. 바로 교정시설이다. 이런 변화의 중심에는 인종, 성별, 성 정체성이 있었다. 이는 역사적으로 정신병원들은 주로 백인들을 수용해 왔으며, 여성 환자들이 높은 비율을 차지했기 때문이다. 정신병원들이 문을 닫고 교정시설이 늘어나자 더 많은 아프리카계 미국인들이 이 수감 시설에 들어가게 됐다. 민권의 시대, 인종차별 철폐의 시대에 일어난 가슴 아픈 변화였다.

심판대에 오른 시설들

1940년대 메리 제인 워드 같은 작가들은 필라델피아 바이베리 정신병원 같은 전통적인 정신병원을 집중적으로 조명했다. 하지만 이런 활동가들은 교도소, 정신박약자 수용시설, 소년원, 형법상 정신질환범죄자 전용 병원에는 주의를 기울이지 않았다. 펜실베이니아 주에서 활동가들의 관심과 개혁의 대부분은 시민 정신병원에 초점이 맞춰져 있었다. 교정시설 개선 계획은 "다른 사회복지, 건강 관련 요구와의 경쟁에서 밀려" 보류됐다. 정신병원 개혁에 밀렸다는 뜻이다.[9] 하지만 1952년을 기점으로 이 교정기관들은 주목을 받게 되었고, 주정부의 주장대로 이 시설들이 재활 기능을 가지는지에 대한 의문이 제기됐다. 교정기관의 부패와 학대가 폭로되면서 정책입안자들은 이런 곳을 운영할 새로운 방식을 모색하게 됐다.

이전 10년 동안 교정시설들은 정신병원만큼 관심을 받지 못했기 때문에 퇴보했으며, 이내 위기를 자초했다. 하지만 1950년대에 들어서 일탈과 비행에 대응한 치안유지에 대한 관심이 높아지면서 교정기관들은 더 많은 관심을 받았다. 공산주의자에 대한 마녀사냥과 감시가 이뤄지던 이 시기에 펜실베이니아 주는 성인 포르노 문학을 금지하고 만화책에서 마약, 폭력, 저속한 행위를 묘사하는 것을 규제하는 법을 통과시켰다. 감시해야 할 범죄가 많아지면서 경찰이 더 필요했다. 주정부는 주 경찰 인력을 늘리고 허시 타운에 경찰학교를 새로 세웠다.[10] 범죄에 대한 관심이 고조되고 사회적 일탈이 우려되는 이런 환경에서 교도소와 정신건강기관은 훨씬 더 많은 대중의 관심을 끌었다.

1952년에서 1953년 사이에 전국의 교도소에서 40건의 폭동이 일어났다. 1953년 발생한 서부 주립교도소 폭동을 포함해 이런 추세는 펜실베이니아 주뿐만 아니라 국가 전체의 교정 시스템의 불안정성을 드러내는 것이었다. 서부 주립교도소 수감자들은 가석방 위원회 개최, 적절한 의료 서비스 실시, 법률 서적 열람 권리, 법원에 청원할 자유, 대배심이 월 1회 교도소로 방문해 수감된 사람들과 대화할 수 있는 권리 등을 요구했다. 며칠 후 로크뷰 교소도 수감자 수백 명은 교도소에 항의하기 위해 인질을 잡았다. 이틀간의 대치 끝에 주정부는 전투기 2대와 무장병력을 현장으로 불러들여 폭동을 종식시켰다. 하지만 이런 사건들 때문에 주정부는 주립교도소의 상황을 면밀하게 조사하기 시작했으며, 감사 결과 펜실베이니아 주 교도소 개혁을 제안하는 입법 보고서가 나왔다. 이 보고서에는 서부 주립교도소의 수용인원 감축, 독방 감금 중단, 직원들의 임금 인상, 교도소 내 직업교육 확대 등의 개혁 내용이 포함됐다.

펜실베이니아 주에서 실시된 가장 큰 개혁은 교정시설을 복지부 관할에서 법무부 관할로 이관한 조치일 것이다. 존 파인 주지사가 교정시설 조사를 위해 구성한 위원회는 1953년 보고서에서 *"'복지'라는 용어는 건강, 행복 그리고 문명화된 집단 내에서 개인들의 행복한 관계에 대한 관심이라는 뜻이다. 그리고 일반적인 모범 사례에서, 처벌·교정 활동의 재활적 요소들은 사회 진*

보를 담당하는 부서에 의해 관리돼야 한다. 하지만 우리는 숙의 과정에서 현재 우리 주가 처한 실지적 상황에 끌려 다녔었다."라고 썼다.[11]

불미스러운 사건은 복지부가 운영하는 여러 기관 중 교정과 정신건강 기능을 함께 수행하는 시설들에서도 발생했다. 형법상 정신질환범죄자 전용병원인 파뷰 주립병원, 정신박약 진단을 받은 여성을 수용하는 로럴튼 주립 정신 요양소, 복지부가 운영한 청소년 시설인 모 펜실베이니아 주 모간자 훈련센터 등이 그 예다.

형법상 정신질환범죄자 전용 파뷰 주립병원에서 발생한 끔찍한 사건에 관한 뉴스 보도는 해당 기관의 정신과적 권한에 대해 의문을 불러일으켰다. 파뷰 병원은 형법상 정신질환범죄자로 분류된 사람들을 위한 주 최초이자 유일무이한 병원으로 1912년 문을 열었다.[12] 1950년대 중반까지 파뷰 병원 수감자들 대부분은 법정에서 곧바로 수감된 사람들이 아니었다. 대신 이들은 자신을 형법상 정신질환범죄자로 간주한 교도소에서 왔거나, 정신과 의사의 소견으로 강제로 입원됐거나, "직원이 다루기에 너무 폭력적이고 문제를 많이 일으키는 것으로 판명"됐다고 간주한 다른 병원으로부터 왔다.[13] 대부분 교도소들은 이들이 교도소에서 문제를 일으켜 "불편함"을 야기했기 때문에 파뷰 병원같은 정신병원으로 보냈다.[14] 펜실베이니아 주 파뷰 병원에 있던 사람들은 형사 처분이 만료된 상황에서 사법 조치나 검토 없이 수용된 사람들이었다. 법원은 입원 결정에 관여하지 않았으며, 퇴원 결정은 병원 직원들에 의해 이뤄졌다.[15]

여러 가지 면에서 파뷰 병원은 정신병원과 유사했다. 개인들의 입원 기간은 거의 무기한이었고 직원들이 완치 판단을 해야 퇴원이 가능했다. 파뷰 병원은 교도소처럼 운영되기도 했다. 자신의 어린 아들을 살해한 랠프 호지라는 파뷰 병원 수감자의 예를 들어보자. 그는 자신이 미쳤다는 법원 판결에 항소해 가석방 가능성이 더 높은 서부 주립교도소로 이감됐다. 파뷰 병원에 계속 있었다면 그는 석방되지 못했을 것이었다. 수감 규칙에 따라 석방될 수 있는 사람은 거의 없었기 때문이다. 실제 감옥으로 돌아가고 싶은 호지의 욕망은 파뷰 병원이 얼마나 교도소와 비슷한 상태인지 잘 보여준다.[16] 파뷰 병원의 문제적인 수감 시스템은 "웃는 뱀장어"로 알려진 루이 헨리 로스의 사례로 주목을 받았다. 피해자들을 강탈한 후 미친 듯이 웃는 습관 때문에 이 별명을 얻은 그는 경찰을 교묘하게 따돌리는 묘한 능력도 가지고 있었다. 1920년대에 여러 건의 강도 사건을 저지른 후 그는 6년에서 10년의 징역형을 받았다. 하지만 로스가 미쳤다고 판단한 판사는 그를 교도소가 아닌 파뷰 병원으로 보냈다. 이렇게 파뷰 병원에 수용된 로스에게는 6~10년 징역형이 아무 의미가 없었다. 그는 그 후 30년을 파뷰 병원에서 살다 탈출을 시도했지만 결국 실패했다. 로스를 체포한 경찰은 그를 재판에 넘겼고, 판사는 로스가 20년 가까이 더 복역했기 때문에 "1943년부터는 제정신이었을 것"이라는 판결을 내렸다.[17] 마침내 로스는 자유인으로 파뷰 병원을 나왔다. 웃는 뱀장어의 이야기는 전국의 언론을 통해 캘리포니아주 롱비치에서 메릴랜드 주 헤이거스타운까지 퍼졌다. 언론이 점점 더 큰 관심을 기울이게 되면서 파뷰 병원은 "돌아올 수 없는 길"로 알려지게 됐다.[18] 웃는 뱀장어의 이야기는 파뷰 병원 수감이 평생 동안의 감금을 의미한다는 사실을 드러냈고, 정신건강 시스템이 실패했을 때 얼마나 부당한 일이 발생하는지 보여주었다.[19]

파뷰 병원 스캔들 직후 피츠버그 외곽 펜실베이니아 모간자 훈련센터에서 발생한 청소년 사망 사건으로 대중은 이런 시설들이 안전하지 않다는 비판을 또 다시 제기하기 시작했다. 모간자 훈련센터는 비행으로 유죄 판결을 받은 소년들을 위한 훈련학교로 주정부가 설립했으며, 1950년대에는 정신질환을 진단받은 청소년을 창살이 없는 오두막 식 기숙사에 수용했다.[20] 하지만 이곳의 전체적인 문제가 노출된 것은 제임스 오델의 이야기가 폭로되면서였다. 오델은 다른 청소년들과 함께 주유소를 털다 체포돼 모간자 훈련센터로 보내졌다. 그곳에서 8개월을 보낸 후 그는 머리를 다쳐 사망했다. 감독관은 그가 폐렴으로 죽었다고 주장했지만, 검시관은 그의 죽음이 파이프로 맞아서 발생한 것이라는 것을 알아냈다.[21] 며칠 뒤 15세 소녀 주디 워드는 병원 조무사가 허리띠로 자신을 때렸다는 이유로 모간자 훈련센터에서 도망쳤다. 주정부 관리들은 그녀의 온몸에서 멍과 긁힌 자국을 발견했고, 이는 그곳 직원들이 그녀와 다른 젊은이들을 정기적으로 구타했다는 혐의에 신빙성을 부여했다.[22]

이러한 이야기들 때문에 펜실베이니아 주의회는 청문회를 열고 그 상황들을 조사했다. 증언 중에 시설 직원들은 물리적 처벌이 있었다는 사실과 격리 감방에 대해 인정했다. 아프리카계 미국인 여성청소년 4명도 시설 보안요원들의 구타에 대해 증언했다.[23] 이 청문회 조사가 진행되는 동안 스스로 문제를 해결하려 한 청소년들도 많았다. 10대 소녀 15명은 청바지와 흰색 줄무늬가 있는 청색 재킷을 입은 채 시설 창문을 통해 도망쳤다. 이는 몇 년 만에 시설에서 발생한 가장 대규모 큰 탈출이었고, 감금에 대한 청소년들의 저항을 보여주는 것이었다.[24] 이러한 조사들은 복지부 산하 시설들에서의 기본적인 안전 문제와 시설의 존재 이유에 대한 의문을 불러일으켰다. 세 번째 큰 위기는 로럴튼 주립 정신 요양소에서 발생했다. 로럴튼 정신 요양소는 1913년 주정부가 정신박약 여성을 위한 정신 요양소라는 이름으로 설립된 한 시설로, "정신박약 가임기 여성들이 자신의 정신적 결함을 지역사회에서 아이에게 물려주지 않도록 분리하고 돌보기 위한" 시설이었다.[25] 로럴튼 정신 요양소는 다른 많은 정신건강 시설처럼 가임기 여성들과 남성을 분리했는데 이는 이들이 아이를 갖지 못하게 하기 위함이었다. 이 규칙 때문에 로럴튼 정신 요양소에 수용된 여성들은 평균 29년을 그곳에서 머물렀고, 대부분은 종종 폐경이 된 후에야 풀려났다. 복지부는 로럴튼 정신 요양소를 감금 병동을 갖춘 "폐쇄 시설"로 간주했으며, 1953년 주정부는 로럴튼 정신 요양소에 최고 보안 시설을 세우기까지 했다. 당시 로럴튼 정신 요양소가 비행을 저지른 여성들을 수용했기 때문이다.[26] 당시 복지부 장관 해리 샤피로는 로럴튼 정신 요양소에 관심을 가지고 그곳의 환경들을 점검했다. 그는 여성 수용자들이 하루에 한 번만 물을 사용할 수 있었고, 직원들이 여성 수용자들을 제지하고 구타했으며, 심지어는 여성들의 머리채를 잡아끌고 다니기까지 했다는 사실을 알아냈다. 그는 최고 수준 보안 시설에서의 이런 가학적인 행동들이 "중세를 떠올리게 한다."라고 언론에 밝혔다.[27] 이러한 보고들을 받은 샤피로 장관은 당시 주지사 조지 리더의 지원을 요청했고, 장관과 주지사는 힘을 합쳐 로럴튼 정신 요양소의 상황을 조사하도록 입법부를 압박했다. 그 결과 로럴튼 정신 요양소는 커다란 변화를 맞게 됐다.[28]

서부 주립교도소, 로크뷰, 파뷰, 마간자, 로럴튼 같은 시설에서 발생한 위기들은 정신과 의사들과 국가 공무원들이 개혁을 모색하도록 만들었다. 하지만 이런 일련의 움직임들이 이런 시설들이 제공하는 치료와 재활의 질에 대한 의문을 불러일으켰음에도 불구하고 주정부 관료들이 이런 문제를 해결하기 위해 여전히 재활치료에 의존했다는 것은 아이러니한 일이었다.

외래환자 법안

2009년 역사학자 케네스 월런스키는 1950년대 펜실베이니아 주지사를 지낸 조지 리더를 인터뷰했다. 월런스키는 리더에게 20세기 중반의 주정부의 정신건강 프로그램에 대해서 물어보았고, 리더는 *"당시 펜실베이니아 주의 정신병원들은 끔찍한 곳이었습니다. 중세를 연상시키는 곳이었지요. 우리 주의 정신병원 수용자는 3만 9000명이 넘었습니다. 게다가 그 숫자는 매년 계속 늘어나고 있었지요. 그렇게 늘어나는 사람들을 수용하기 위해 시설들을 계속 짓는 것은 거의 불가능했습니다. 현재의 교도소 시스템이 그런 것처럼 말입니다."*라고 말했다.[29] 리더 전 주지사가 1950년대의 정신병원을 21세기 초의 교도소에 비유했다는 것은 자신이 주지사였을 때 주의 정신건강 시설들이 얼마나 과밀하고, 감독기능이 강했고, 치료에 무관심했으며, 위기일발 상태였는지 잘 보여준다. 교정기관들이 스캔들로 위기를 겪고 있었듯이, 주정부가 운영하는 정신병원들도 정부가 제2차 세계대전 이후에 돈을 쏟아 부었음에도 불구하고 어려움을 겪고 있었다.

1950년대 미국의 주들의 정신건강 서비스를 비교할 때 펜실베이니아 주는 중간 또는 뒤쪽에 위치했다. 당시 키스톤 주립병원은 퇴원자 수에서 45위를 차지했는데, 이는 펜실베이니아 주의 시설들이 사람들을 "창고에 가둔다"는 인상을 주는 통계로 해석이 돼 미국 전역에서 펜실베이니아 주를 최악의 주 중 하나로 인식하게 되게 만들었다. 또한 펜실베이니아 주는 다른 주에 비해 정신병원 수용자 1인당 비용을 적게 할당했다. 이런 문제들은 많은 사람에게 영향을 미쳤는데, 이는 펜실베이니아 주가 1955년 당시 미국 전역의 정신병원 수용자의 15분의 1이나 되는 사람들을 수용하고 있었기 때문이다.[30] 펜실베이니아 주의 어려움은 몇 가지 요인에서 비롯되었다. 첫째, 펜실베이니아 주는 정신건강 시스템 예산을 반복적으로 삭감했다. 둘째, 펜실베이니아 주는 외래 진료소, 직업 및 재활 시설, 병원에서 퇴원한 사람들을 위한 중간 주거 시설 같은 지역사회 서비스에 많은 돈을 투자하지 않았다. 마지막으로, 펜실베이니아 주정부는 그때까지도 임명직 공무원이 대부분의 주립 시설 직원 채용을 결정할 수 있도록 하고 있었기 때문에 시설 직원들은 주립 시설에서 장기근무를 하는 것을 선호하지 않았다.[31]

이런 정신건강의 위기 속에서 많은 주들은 보호감호 시설을 대체할 기관들을 모색했고, 이는 정신과 정책 수립의 새로운 시대의 시작을 알렸다. 연방정부도 전미정신건강협회의 설립과 함께 지역 사회의 정신건강에 조금씩 기여해왔지만, 변화는 주로 주 차원에서 일어났다. 1950년대는 연방정부가 정신건강 분야에 미치는 영향이 아직 상당히 제한적인 시대였다. 반면 주지사와 복지 공무원들은 막강한 권력을 행사했다.[32] 1954년에 디트로이트에서 열린 정신건강 관련 주지사 회의가 대표적인 예라고 할 수 있다. 이 회의가 열리기 몇 년 전부터, 주들은 정신건강 시스템에 돈을 쏟아 부었고 주립병원을 세웠다. 그럼에도 불구하고 주정부들은 여전히 병원 부족에 시달렸고, 회의 참석자들은 이 병원들이 여전히 "뱀 구덩이"와 유사하다고 느꼈다. 그때까지도 여전히 정신건강 시스템은 많은 문제를 안고 있었기 때문에 이 회의에 참석한 주지사들과 주의회 의원들은 정신건강 관리 비용과 누가 그 비용을 부담해야 하는지 토론하면서 대부분의 시간을 보냈다.[33]

정신과 치료를 받기 위해 일반 종합병원에 입원을 하거나 개인 병원에서 치료를 받을 경우 사람들은 본인 주머니를 털어 돈을 내야 했다. 몇몇 민간 보험 회사가 존재했지만, 이 회사들은 대부분 정신건강 치료비는 보험료 지급대상에 포함시키지 않았다. 정신질환을 진단받고 장기치료가 필요한 사람들은 주로 군(카운티)이나 주정부에서 자금을 받아 운영하는 정신병원에 수감됐다. 연방정부나 개인 및 그 가족이 일부 비용을 부담했지만 대부분은 주정부와 지방정부가 부담했다. 주지사 회의에 참석한 발표자들은 이러한 병원 입원에 하루 300만 달러의 세금을 사용하고 있으며 정신병원에 사용되는 세금만 6억 3500만 달러에 달한다고 추정했다.[34]

많은 비용과 병원에서 지속적으로 발생되는 문제들 때문에 회의 참석자들은 정신질환을 예방하는 방법, 정신병원 퇴원율을 높이는 방법 그리고 정신병원 모델에서 벗어나는 방법을 중심으로 토론했다. 미네소타 주 전직 주지사인 루서 영달 판사도 이 회의에서 *"민간단체든 공공단체든 모든 단체는 이런 병원들이 희망의 장소가 될 때까지, 소위 소모품들을 수용하는 보호감독 시설 수준에서 벗어날 때까지 정신병원 운동에 참여해야 한다."*라고 말했다.[35]

몇몇 주는 정신병원의 대안을 만들기 위한 탐색에서 주도적 역할을 하기도 했다. 미시건 주는 외래 진료소 네 곳을 만들었는데, 이는 급성 정신질환 초기에 있는 환자들이 집에서 생활하며 낮에 병원에서 집중적인 치료를 받을 수 있는 시설이었다. 예를 들어, 보스턴 정신병원이 이런 진료소를 만들었는데, 1954년 이 병원은 정신병원에 들어갈 사람 175명을 구제할 수 있었다. 주정부들은 종합병원 내에 작은 정신과 병동을 만들기도 했다. 힐 버튼 법은 이런 시설들에 부분적으로 자금을 지원해 병원들의 건설과 현대화를 위한 예산을 제공했다. 예를 들어, 서조지아주 서배나에 있는 세인트 조지프 병원은 13병상 규모의 정신과 병동을 만들었고, 그 결과 이 지역의 정신병원 입원율이 58%나 낮아졌다. 많은 주에서 이러한 대체 프로그램을 만들었고, 1954년 무렵에는 전국적으로 1234개의 지역 진료소가 운영됐다.[36] 주지사 회의에 참석한 사람들은 지역 진료소가 주립병원보다 비용이 적게 든다고 주장하며 지역 진료소를 비용 절감 방안으로 제시했다.[37] 뉴욕 주는 지역사회 정신건강 서비스 법을 제정해 외래 환자들에게 자금을 지원했고, 캘리포니아 주는 지자체들이 외래환자 진료소, 종합병원의 정신과 병동, 진료소, 병원 그리고 센터 안에 지역사회 재활 프로그램을 만들 수 있도록 국비를 지원하는 쇼트 도일 법을 통과시켰다.[38] 정신건강 시스템의 개혁에 앞장선 많은 주들은 대규모 정신건강 시스템을 구축하고, 정신과 의사들을 대폭 늘렸으며, 사회복지 시설로의 위탁을 장려했다.[39]

펜실베이니아 주의 정신병원과 교정시설들이 재앙에 직면하자 주정부는 지역 사회에 기반을 둔 정신건강의 개혁을 모색했다. 1954년에 취임한 리더 주지사는 젊은 민주당원으로서 주정부에 새로운 에너지를 불어넣으면서 이러한 노력을 주도했다. 리더는 농촌 지역인 요크 카운티의 양계 농장에서 자랐으며, 제2차 세계대전에 참전했으며, 펜실베이니아 대학 펠스 지방자치

대학원에서 공부를 한 사람이었다. 군 복무와 학업을 마친 리더는 아버지의 뒤를 이어 주의회 의원을 역임했으며 주지사 당선을 목표로 설정했다. 리더는 농부들과 노동조합의 지지를 얻어 주지사에 당선됐다. 20세기 들어 역대 펜실베이니아 주지사 중 민주당원은 조지 얼 외에는 없었던 상태였다.

리더는 펜실베이니아 주에서 선출된 주지사들 중에서 가장 진보적인 사람 중 한 명이었다. 그는 사회복지제도의 개선, 민원제도 현대화, 그리고 일자리 창출과 제조업을 지원하는 펜실베이니아 산업발전 당국 설립 등을 위해 과감한 행보를 보였다. 또한 리더는 공정고용관행위원회를 설치해 재산 소유에 관한 여성 권리 확대 법안을 통과시키는 데 도움을 주었다.[40] 그는 주정부가 더 나은 주거 환경을 만들고, 정신질환을 치료하고, 청소년들의 위법 행위를 예방할 수 있는 능력이 있다고 생각했다. 프로그램만 잘 만들면 된다는 것이 그의 생각이었다. 리더는 국민의 경제적·사회적 복지를 증진할 수 있는 사회적 프로그램과 시민권 정책을 통해 나라를 부강하게 할 수 있다는 자유주의적 이상을 추구한 사람이었다.[41] 리더가 이끈 주정부는 사회복지와 재활에 높은 가치를 두었으며 정신건강은 바로 이 영역에 포함돼 있었다.

리더가 시행한 프로그램의 핵심은 장애를 가진 개인들을 재활시키는 것이었다. 예를 들어, 그는 펜실베이니아 주 존스타운에 신체장애를 가진 사람들을 위한 직업훈련 시설 건설을 지휘했다. 이 시설은 같은 종류의 프로그램 중에서 전국에서 가장 규모가 크고 가장 많은 자금이 지원된 시설이었다. 또한 리더 주지사는 장애를 가진 아이들이 공립학교에서 공부할 수 있도록 기금을 책정했으며, 시각장애가 있는 사람들에게 각종 세금과 규제를 면제해 주었다. 이런 정책들은 장애가 있는 사람들을 더 생산적인 시민들로 만들기 위한 재활을 목표로 했다.[42] 이 모델은 주정부가 지역사회 환경에서 시민들을 위한 재활 및 사회복지를 제공하는 데 일차적인 책임을 가지는 모델이었다.

주지사의 이런 자유주의적 열정은 주의 뿌리 깊은 정신건강 시스템의 문제들과 맞물려 양심적 병역거부자들과 《뱀 구덩이》 이후 10년 만에 또 다시 개혁에 불을 지폈다. 민주당 해리 샤피로 주 상원의원은 복지부 수장으로서 리더의 주요 파트너가 됐다. 그는 시설들의 여건 개선을 위해 리더 주지사와 협력했다. 리더는 이후 《빗장을 풀다Unlocking the Doors》라는 책을 샤피로와 공동 집필했다. 이 시기 동안 정신건강 시스템을 더 치유적로 만들고, 감금은 줄이며 더 지역사회 지향적으로 만들기 위해 노력했던 것들을 담은 책이다.[43]

정신의학 계열 종사자들의 변화는 샤피로 같은 공무원들이 정신건강 시설들의 이면을 보도록 만들었다. 1950년대 무렵 대부분의 정신과 의사들은 정신건강 시설 밖에서 일했는데, 이는 대부분이 기관 안에서 일하던 세기 초와는 전혀 다른 모습이었다. 20세기 중반의 정신의학은 먼 정신병원에 있는 정신과 의사에서 벗어나 집으로 더 가까이 다가왔다.[44] 실제로, 1950년대 중반이 되자 진료실과 지역사회 정신건강 진료소에서 정신분석 방법이 더 널리 사용되면서 미국 문화 전반에 스며들었다.

20세기 중반에는 프로이트 정신분석이 정신건강 장애에 대한 새로운 접근법을 제공하게 됐다. 많은 정신과 의사들은 자신을 정신분석학자라고 밝히지는 않았지만, 정신분석학적 접근 방법을 사용했으며, 어린 시절의 경험을 정신질환의 핵심 요인으로 꼽았다. 정신건강 분야에 대한 관심 고조를 반영해 <라이프> 잡지는 1957년에 "심리학의 시대The Age of Psychology"라는 시리즈 기사를 내보냈다. 작가 어니스트 헤이브먼Ernest Havemann은 *"세계 곳곳에서 (심리학 및 정신분석학psychology and psychoanalysis)에 대한 모든 지식은 여전히 대학 강의실이나 진료실에 머물러 있다. 하지만 (미국)에서는 긍정적으로든 부정적으로든 화학의 시대, 원자폭탄의 시대처럼 심리학과 정신분석의 시대가 열리고 있다."*라고 말했다.[45] 정신분석은 성, 가족구조, 갈등, 신경증 등과 관련된 사회적 장애와 인간의 본성에 대한 정신과 의사들과 일반 대중의 이해에 스며들었고, 결과적으로 미국은 전 세계 정신분석의 중심지가 됐다.[46] 정신분석이 이렇게 널리 퍼지자 보호감독 정신병원에 의한 수용은 더 줄어들었다. 우선,

정신분석은 정신건강장애가 정신질환을 진단받은 사람들 사이에서만 발생하는 것이 아니라 국민 전체에서 발생할 수 있다는 생각을 퍼뜨렸다. 둘째, 치료 방법으로서의 정신분석학은 시설에 국한되지 않고 어느 곳에서든 제공될 수 있었다.

재활치료, 정신분석과 함께 처방약들의 급격한 성장은 대규모 보호감독 정신병원이 없는 사회가 가능할 수 있다는 새로운 비전을 제공했다. 1950년대에 정신분석학과 함께 정신약리학도 두각을 나타내기 시작했다. 페니실린과 소아마비 백신을 포함한 제2차 세계대전 때 발전한 의학과 함께 연구자들은 사람들의 행동과 정신 상태를 극적으로 변화시키는 새로운 약들을 신속하게 찾아냈다. 1955년과 1965년 사이에 수천만 명의 미국인들이 항불안, 항정신병, 그리고 항우울제를 사용하기 시작했다.[47] 일반 개업의들도 밀타운Miltown, 에퀴닐Equanil 같은 신약을 처방했다. 정신과 의사들은 주요 신경안정제인 리서핀reserpine과 클로르프로마진(제품명 소라진)을 대부분 정신병원에서 사용했다. 이런 강력한 약들은 환자들을 진정시킴으로써 섬망을 완화시킬 수 있었지만, 황달, 떨림, 자살 충동과 같은 심각한 부작용을 일으키기도 했다. 다른 심각한 부작용은 지발성 운동장애였다. 지발성 운동장애란 전신에서 일어나는 의도하지 않은 반복적인 움직임과 함께 얼굴을 찡그리거나, 잡아당기거나 쥐어짜는 동작들이 나타나는 상태를 말한다. 그럼에도 불구하고 1955년 한 해만 해도 소라진Thorazin 제조사는 1955년 한 해에만 이 약을 미국에서 7500만 달러어치나 팔았다. 정신병원 소속 정신과 의사들은 이러한 강력한 약을 정신과 개업의보다 훨씬 더 많이 처방했다. 메리 제인 워드가 《뱀 구덩이》에서 다룬 로클랜드 주립병원에서는 환자의 거의 80%가 이 약을 복용했다. 정신병원 내에서 이런 강력한 신경안정제의 사용이 확산되자 많은 사람들은 이를 정신과 의사들이 다루기 힘든 환자들에게 사용하는 "화학적 구속복"이라고 비판했다.

소라진을 비롯한 신경안정제들은 정신병원에서의 정신치료 관행을 변화시켰다. 많은 사람들을 진정시키는 약의 힘은 정신과 의사들을 정신질환 치료에 훨씬 더 낙관적으로 만들었다. 이런 약의 출현은 또한 정신병원들이 사람들에게 적절한 처방을 내리고 사회로 돌아갈 수 있는 새로운 비전을 제시했으며, 신경안정제의 도입은 정책 결정자들의 상상력을 자극해 정신건강 시설이 필요 없어지는 미래를 생각할 수 있도록 만들었다.[48]

이런 치료적 추세는 정신건강 개혁을 부추기기도 했다. 사회학자 필립 리프Philip Rieff는 《치료의 승리The Triumph of the Therapeutic》에서 1950년대 미국 사회가 개인의 성취와 변화에 집중하기 위해 종교적 신념을 배제했다고 썼다. 정신건강 복지에 대중이 점점 더 많은 관심을 가지던 시대였다.[49] 정신의학의 이러한 치료적 이상은 미국 문화와 정책 입안에도 스며들었다.

그 후 20년 동안 복지 프로그램들은 수혜자들의 재활을 도와 결국 재정적으로 독립할 수 있도록 도울 수 있는 소득 보조와 사회 프로그램을 제공했다. 주정부들은 자본주의 시장에서 신체적 장애를 가진 개인들을 더 생산적으로 만들기 위해 새로운 직업 프로그램을 확대했다. 지적장애의 경우 정신지체자로 분류된 자들의 가족이 더 좋은 제도적 환경, 지역 사회 직업 프로그램, 공립학교에 대한 접근성이 증대되는 것에 옹호하는 움직임이 나타났다.[50] 1950년대는 개인들을 치료해 사회의 문제들을 해결한다는 재활 치료의 이상이 자유주의 국가 프로그램의 핵심을 차지하던 시대였다.

정신분석, 정신의학 약물 그리고 주정부가 후원하는 재활 프로그램의 위력에 관한 새로운 낙관주의는 사람들이 집에서 치료를 받거나 더 짧은 시간 동안 병원에 머물 수 있다는 생각을 유도했다. 해리 샤피로 복지부 장관은 이런 새로운 생각들을 "잊히고, 방치되고, 잔혹한 처벌에 시달리고, 물리적으로 구속되고, 끔찍하게 긴 시간 동안 독방에 갇혀 있는" 펜실베이니아 주의 5만 명을 위해 사용하고 싶어 했다.[51] 샤피로에게 이런 사람들은 "양심 없는 정치인들의 인질이자 정신병은 치유될 수 없다는 근거 없는 믿음의 희생자들"이었다.[52] 복지부의 <정신건강 복지의 조용한 혁명The Quiet Revolution in Mental Health and Welfare> 이라는 보고서는 정신질환을 진단 받은 사람들을

"온전한 사람, 다른 사람들처럼 복잡한 삶을 사는 사람"으로 간주해야 하며 *"이들은 정신이상자, 정신지체인, 정서장애자, 의존적이고 비행을 저지르는 사람이라고 단순하게 정의될 수 있는 사람들이 아니다."*라고 주장했다.[53]

샤피로는 정신건강 개혁을 위해 "벽돌이 아니라 뇌"라는 접근 방법을 시도했다. 복지부는 시설을 계속 확장할 것이 아니라 인력과 행정을 개선해야 한다는 뜻이었다. 샤피로가 이끄는 복지부는 시설 개선과 건설뿐만 아니라 재활과 석방에 훨씬 더 집중했다. 리더 주지사의 뇌 우선 정책을 구현하면서 복지부는 미국 최대 정신건강 단체인 미국정신의학협회APA와 협력해 상황을 파악하고 권고 조치를 내렸다. APA는 펜실베이니아 주가 접근하기 전에 이미 루이지애나 주, 아칸소 주, 켄터키 주, 인디애나 주, 코스타리카에서 조사를 마친 상태였다. 펜실베이니아 주 복지부는 조사를 진행했고, 공공자선단체협회Public Charities Association에서 분리된 펜실베이니아 정신건강협회(PMH)도 조사를 진행했다. 1955년 당시 펜실베이니아 정신건강협회는 매우 활발한 활동을 펼치고 있었으며, APA가 펜실베이니아 주와 협력하도록 만든 것은 정신건강 시스템을 변화시키겠다는 이 협회의 결연한 의지 덕분이었다.[54]

1956년 APA는 주정부의 시스템을 평가해 개선 권고안을 여러 차례 내놨다. 특히 APA는 주정부가 일반 종합병원에 정신과 병동을 만들 것을 제안했다. 이 제안에 따라 리더 주지사는 힐버튼 기금을 지출해 필라델피아의 31개 종합병원에 정신과 병상을 새로 만들었다.[55] APA는 또한 필라델피아 주립 정신건강센터 같은 지역사회 정신건강센터들을 세울 것도 권고했다. 이 센터는 진단과 다른 기관으로의 의뢰를 위한 24시간 접수센터, 일반 종합병원, 진료소를 포함하고 있어 "입원의 필요성을 없애줄 수 있는" 센터였다.[56]

정신의학과에 대한 자신감과 낙관론을 반영해 APA는 환자들이 주중에 8~10시간 동안 갈 수 있는 낮 병원의 설립을 주정부에 촉구했다. 또한 APA는 환자가 인슐린이나 전기충격요법, 약물요법, 정신치료를 받을 수 있는 야간병원 조성을 독려하고, 개인이 겪고 있는 구체적인 문제를 파악하기 위한 진단 및 분류센터를 신설할 것을 제안했다. 마지막으로, APA는 주정부가 신체장애를 가진 사람들을 위한 위탁가정, 중간 주거 시설, 장애가 있는 사람들을 채용하는 보호 작업장 그리고 재활센터 등의 소규모 시설들을 건립할 것을 권고했다. 이 보고서는 이런 장소들이 정신질환 진단을 받은 사람들을 위한 것이 아니라 장애인을 위한 것이라고 인정했지만, 이런 장소들이 새롭고 훌륭한 대안이라는 점을 강조했다.[57]

APA의 이런 움직임은 정신건강에 대한 미국인들의 태도 변화를 반영한 것이었다. 미국 국립정신건강연구소The National

Institute of Mental Health는 치료, 재활 그리고 재건에 관한 프로젝트, 설문 그리고 회의에 자금을 지원했다. 이와 동시에 미 연방의회는 1955년 정신건강연구법Mental Health Study Act을 통과시켰는데, 이 법에 따라 정신질환공동위원회가 설립됐다. 이 위원회는 지역사회 정신건강을 증진시키는 데 원동력을 제공했으며, 학술연구와 다양한 활동을 통해 1963년 지역사회 정신건강법을 제정하도록 만들었다.[58]

펜실베이니아 주 복지부는 APA의 제안들을 상당 부분 현실화했으며, 특히 정신병원들의 치료 기능을 높이고 지역사회에 정신건강 서비스를 시행했다. 주정부는 특히 지역 진료소들에 투자했고 이들을 위한 지출을 늘렸다. 1955년이 되자 펜실베이니아 주의 지역 진료소는 도시 지역을 중심으로 83개로 늘어났다. 필라델피아에만 종합병원, 의과대학, 재향군인 관리국, 기타 주립병원 및 개인 병원에 27개의 진료소가 있었다. 이 시설들은 몇 가지 면에서 정신병원과는 달랐다. 진료소들은 모두 외래 환자의 진료만 보았기 때문에 입원은 할 수 없었다. 또한 지역센터에서는 진단, 치료, 공교육 등을 제공하였는데, 이는 중증 진단을 받은 사람들에게 병원이 제공하는 집중적인 입원 시스템과는 거리가 멀었다.

정신병원에서 퇴원한 환자에게 외래 진료 서비스를 제공한 것은 필라델피아 주립병원과 필라델피아 종합병원 두 곳뿐이었다. 이 기간 동안 나타난 또 다른 중요한 상황은 정신질환으로 펜실베이니아 종합병원에 입원한 사람이 늘어났다는 것이다. 주에서 44개 병원이 정신과 환자를 받아들였지만 돌봄 수준은 서로 차이가 많았다. 병원들 중 독립된 공간이나 정신과 치료 전용 병동을 가진 곳은 절반에 불과했다.[59]

이런 새로운 프로그램들은 지역사회 기반 접근 방식의 문제들을 반영한 것이었다. 정신의학 종사자들은 이런 지역사회 진료소들이 병원을 보강해야 하는지 아니면 완전히 대체해야 하는지에 대해 확실한 입장을 표현하지 않았다. 진료소들은 정신병원에 입원했던 사람들의 수만큼 수용할 수 없었고, 이러한 프로그램들이 중증 정신질환으로 진단 받은 개인들을 효율적으로 치료할 수 있는 것에 대해 모두가 동의한 것은 아니었기 때문이다. 마지막으로, 일부에서는 진료소들이 입원을 막는다고 주장했지만, 이 주장을 입증할만한 증거는 많지 않았다. 예를 들어, 어떤 연구는 지역사회 진료소가 더 심각한 정신질환을 가지고 있는 사람들에게 유의미한 치료를 제공하지 않는다는 것을 발견했다.[60]

주는 지역사회 정신과 서비스를 늘림과 동시에 정신병원의 개혁도 추진했다. 그렇게 함으로써 주정부는 "벽돌이 아니라 뇌"라는 사고방식을 따랐다. 펜실베이니아 주는 정신건강 위원과 자문위원회를 만든 법안을 통과시킬 때 뉴욕 주와 캘리포니아 주의 선례를 따랐다. 또한 주는 주립병원에서 정치적으로 임명된 이사회의 행정권을 박탈하고 복지부에게 힘을 실어주었다. 주의회도 복지부의 증액된 예산을 승인했다. 복지부는 정신병원 입원자 1명당 이전보다 더 많은 돈을 주었고, 이는 펜실베이니아 주의 재정 지원율을 전국 평균으로 끌어올렸다.[61]

펜실베이니아 주는 개혁에 상당한 장애가 됐던 인사 관행도 개선했다. 당시 정치인들은 성과가 아니라 집권당과의 연계를 바탕으로 누가 일자리를 얻을지 결정하는 경우가 많았다. 펜실베이니아 정신건강협회는 *"직원 규모와 일자리의 수 측면에서 정신병원들은 매관매직이 이뤄질 수 있는 적당한 조건을 갖춘 곳이었다."*라는 말로 이 같은 비리를 꼬집었다.[62] 그 결과 "한 병원에서 다른 병원으로 옮겨 다니는 무능력한 정신병원 직원들"은 정신병원 직원들이 자주 바뀌는 결과를 낳았다.[63] 정신병원의 치료 기능을 강화하기 위해 펜실베이니아 정신건강협회와 복지부는 "미스터 클린Mr. Clean"으로 알려진 주지사 리더와 함께 정신건강 종사자들을 실적제로 평가하는 법안을 통과시키기 위해 노력했다. 복지부는 당파 정치를 금하고 국가 시설을 '정치적으로' 이용하고 있는 사람들을 해임했다.[64] 또한 복지부는 공무원 자리 2000개를 확대하고 더 좋은 자격을 갖춘 직원들을 정신건강 시스템에 끌어들이기 위해 더 높은 임금 등을 제안하는 채용 캠페인인 '기회 프로젝트'를 시작했으며 이는 펜실베이니아 주를 다른 주에 뒤지지 않게 만들었다.[65] 1956년이 되자 복지부는 정치인들이 더 이상 정신병원 직원들의 고용을 통제하지 않는다고 발표했다. 정신병원 직원들은 이제 정치인들이 아닌 병원 사람들을 위해 일하게 됐다. 주정부는 정치인들에 의한 임명과는 단절된 새로운 공공 서비스 영역을 만들어 낸 것이다.

또한 복지부는 사설 자체를 지역사회로 통합하기 위해 노력했다. 엠브리빌 소재 주립병원은 이런 변화를 보여주는 모범 기관이 되었다. 이 병원은 더 실력 있는 직원들을 고용했으며, 직업 치료요법, 레크리에이션 요법, 산업치료(병원에서 실제적인 경험을 하는 치료방법)를 늘렸다.[66] 복지부는 *"허물어져 가는 건물들이 수리됐다. 환자들의 라운지는 편안함을 주도록 밝게 꾸며졌으며 텔레비전도 갖추었다. 환자복은 없어졌고 개인의 정체성과 존엄성을 존중하기 위한 다양한 옷 스타일이 도입됐다. 또한 환자와 종업원 모두에게 제공되는 단일 메뉴가 마련됐다."*라고 보고했다.[67] 새로운 약물의 도입은 정신병원의 변화에 대해 발표한 보고서에는 한 문장도 안 되게 짧게 언급됐다. 약을 복용하는 사람들에게 나타나는 극적인 효과를 폭로하는 것에 대한 복지부의 불편한 심기를 반영됐기 때문일 것이다. 대신 복지부는 개방 정책을 내세웠다. 병원 관리자들은 문에서 자물쇠를 없애고 병원에 있는 많은 사람들이 집으로 돌아갈 수 있도록 했다. 조사를 받았던 로럴튼 정신 요양소에서도 1956년에 병동 자물쇠가 사라졌다. 복지부는 최고 보안 시설을 개인 공간을 갖춘 "개방형 시설"로 바꿨다. 또한 로럴튼 정신 요양소는 많은 여성들을 사회로 돌려보냈고, 평균 체류 기간은 1955년에는 29년이었던 것이 10년 뒤에는 4년으로 떨어졌다.[68]

주정부는 이러한 개혁을 정신건강 시설들을 필요 없게 만드는 승리의 시작이라고 발표했다. 복지부는 이러한 변화를 "조용한 혁명"이라고 불렀다. 복지부는 *"1956년 펜실베이니아 주는 정신병원의 환자 수가 감소한 몇 안 되는 주 중 하나가 됐다. 17개 중 12개 병원은 과밀 비율이 감소했다. 1955년에는 주립 정신병원에 남녀환자 4만 920명이 있었지만, 현재는 3만 8700명으로 줄었다. 2220명 감소가 숫자로는 엄청나 보이지 않을 수 있지만, 이 숫자가 제정신으로 회복된 2220명의 사람들을 대표한다고 생각하면 본인과 그의 가족들에게는 인상적인 수치다."*라고 밝혔다.[69] 시설 수용 인원만 줄어든 것이 아니었다. 정신병원의 개념도 달라졌다. 펜실베이니아 정신건강협회는 *"병원이 정신과 치료의 유일한 장소, 혹은 심지어 가장 중요한 장소라는 생각은 과거의 생각이다. 지역사회에서 일하고 있는 다른 세력들의 기능이 두드러지고 있다. 이들의 역할은 정신질환을 예방하는 것, 즉 환자들을 병원으로 보낼 필요성을 제거하는 것이다."*라고 썼다.[70]

1958년 펜실베이니아 산업단체협회Pennsylvania Congress for

Industrial Organizations 회장 해리 보이어는 이런 진보를 돌아보며 *"행복 추구권이 확실하게 있는 수많은 사람을 멀리 떨어진 시설에 감금함으로써 방치하는 것은 그들의 생명과 자유를 확실히 해친 일이었다. 펜실베이니아 주 역사상 최초로 주립 시설에 있는 환자들의 인간적 존엄이 회복됐다. 이들 중 많은 사람들이 집으로 돌아갔으며, 이제 이들은 행복 추구권을 누릴 수 있게 됐다. 모든 종류의 구속이 중지됐다. 주의 많은 시설에서 병동의 문이 열렸고, 자물쇠가 제거됐으며, 많은 환자들이 병원과 병원 구내에서 자유를 즐기고 있다."*라고 말했다.[71] 보이어의 이런 낙관론은 오랜 기간 동안 사람들을 시설에 수용하는 관행에서 멀어지는 문화적 변화를 반영한 것이었다.

이러한 변화들은 감금을 목적으로 한 정신건강 기관들을 줄이려는 광범위한 노력이 반영된 것이었다. 엠브리빌 병원에서 환자복이 없어진 것과 음식 메뉴의 변화는 정신병원에 입원한 사람들을 수감자에서 개인에 더 가깝게 처우하는 모습을 반영했다. 문에서 자물쇠를 제거함으로써 정신병원은 덜 교도소처럼 덜 보이게끔 변했다. 정신건강 분야 수용주의의 절정이 지나간 것이다. 정신병원에 입원한 사람들의 수도 줄어들었다. 이런 추세는 20세기 내내 계속됐다.

정신병원에서 지역사회 돌봄으로 담론의 중심이 전환되면서 펜실베이니아 주 복지부는 <정신건강 복지의 조용한 혁명>

보고서에서 인종, 계급 그리고 성별에 대해 명시적으로 언급하지 않았다. 여전히 백인 중산층 여성과 어린이, 그리고 노인들이 가장 돌봄을 필요로 하는 사람들로 보고서 사진에 등장했다. 보고서는 두 개의 사진으로 시작했다. 백인 소녀의 발목과 신발 사진 한 장과 고개를 숙인 백인 소년의 어깨를 결혼반지를 낀 백인의 손이 토닥이는 사진 한 장이었다. 어린이와 청소년 관련 부분에는 백인 10대 소녀와 소년이 옷을 잘 차려 입고 행복하게 길을 걸어가는 모습이 담긴 사진이 실렸다. 노년층을 다룬 부분에는 나이든 백인 여성이 중산층 가정으로 추정되는 집에서 자수 식탁보 위에 도자기 접시가 놓인 식탁에 손을 짚고 있는 사진이 실렸다.

보고서는 고급 승용차를 탄 백인 중산층 가족의 사진으로 마무리됐다. 아버지는 운전석에, 어머니는 그 옆에 앉아 있었고, 아이 두 명은 멀어지는 차에 손을 흔들고 있는 사진이었다.[72] 자동차가 등장한 이 이미지를 빼면 보고서에는 남성이 등장하지 않았고, 다른 문헌들에도 남성은 자주 등장하지 않았다. 예를 들어, 공공자선단체협회의 출판물에서 남성들은 정신건강 분야에 등장하지 않고 오히려 범죄와 비행 부분에 등장했다. 또한 아프리카계 미국인들은 복지부로부터 정신건강 서비스를 받았음에도 불구하고 이러한 출판물에 등장하지 않았다.[73] 따라서 보고서 본문에는 인종과 성별이 거의 언급되지 않았음에도 불구하고, 무고한 사람들의 이미지는 고도로 인종차별적이고 성차별적이라고 볼 수 있다. 이 보고서는 백인들에게 유리한 암묵적인 편견을 반영했는데, 이는 정신건강과 교정에 대해 주 공무원들의 눈을 멀게 했고 아프리카계 미국인들의 교정의 필요성을 더 커보이게 하는 렌즈를 씌웠다. 또한 이 사진들은 1950년대 정신병원 환자들이 대부분 백인이었다는 현실을 반영했다. 1950년 펜실베이니아 주 인구 조사에 따르면 정신병원 환자의 92.6%가 백인이었다.[74]

형사법체계의 확장

정신건강에 대해 글을 써왔던 앨버트 도이치는 1950년부터 형사법체계로 관심을 옮겼다. 그 해 그는 소년원을 비판한 《거부당한 우리의 아이들Our Rejected Children》이라는 책을 출판했고, 1955년에는 《경찰과의 마찰The Trouble with Cops》이라는 책을 출판했다. 이 책들을 마지막으로 내고 1961년 세상을 떠났지만 그는 이 책들에서 사회복지 개혁이라는 새로운 물결이 오고 있음을 분명히 했다.[75] 정신건강에서 형사법체계로의 도이치의 관심 이동은 국가적 관심이 그 방향으로 이동하고 있다는 것을 보여줬다.

청소년 비행은 1950년대 범죄와 사회적 일탈에 대한 공개적 논의의 집중적인 공격 대상이 됐다. 청소년 비행은 18세 미만 청소년이 무단결석을 하는 등 미성년자가 불법으로 간주되는 행위를 범하거나 법을 어길 때 사용하는 용어였다. 청소년들은 미성년자였기 때문에 법원은 이들의 법 위반을 범죄로 간주하지 않았다. 이들이 일으킨 사건은 주로 복지기관에서 처리했다. 제2차 세계대전 전후로 몇 년 동안 미국의 청소년 범죄율은 두 번의 전쟁과 대공황으로 야기된 사회적 격변으로 인해 증가했다. 1917년부터 1960년까지 성인 대부분은 청소년층이 통제 불능이라고 생각했고, 청소년 범죄는 정치 및 미국 문화의 중심으로 자리 잡았다.[76]

청소년 비행은 도시 지역에서 일어났지만 농촌 지역에서도 심각한 위협이 됐고, 이런 상황은 남녀 청소년 모두에게 영향을 미쳤다. 문제가 심각하다는 인식이 퍼지자 1953년 미국 연방 상원은 필라델피아를 비롯한 많은 도시에서 청소년 비행 관련 소위원회를 설치했고, 이로 인해 필라델피아를 포함한 수많은 도시에서 청문회가 열렸다. 영화 산업 또한 청소년 비행을 미국에서 걱정거리로 만들었다. 1955년 개봉한 영화 <이유 없는 반항>에서 제임스 딘은 칼싸움을 하고 자동차 폭주를 즐기는 반항적인 아웃사이더 역할을 맡았다. 같은 해 영화 <폭력 교실>은 폭력이 난무하는 학교에서 교사로 일하는 한 참전 용사의 투쟁을 보여줬다. 이런 영화들과 의회의 행동은 냉전 시대의 청소년과 사회적 장애에 대한 사회적 불안감을 반영한 것이었다.[77]

청소년 비행도 사회복지, 교정, 심리학이 교차되는 지점에 있었다. 새로운 치료 추세도 재활과 치료 개념이 소년 사법 정책과 교정 분야에서 점점 더 지배적이게 되면서 형사법체계의 변화를 일으켰다.

청소년 사법개혁에서 재활이 어떻게 원동력을 제공했는지 탐구하기 위해서는 먼저 1950년대 사회에서 인종이 가졌던 중요성에 대해 이해해야 한다. 아프리카계 미국인들은 펜실베이니아 주 정신병원에서 차지하는 비율은 극히 낮았지만, 주립교도소에서는 상당한 부분을 차지했다. 1950년 인구 조사에 따르면 주 전체 수감자 중에서 백인이 아닌 사람은 거의 40%였다. 이는 정신건강 시설 내 백인이 아닌 수용자의 숫자보다 상당히 많은 숫자였다.[78] 복지부와 사회과학자들이 도시 청소년 비행으로 관심을 쏟고 인종과 사회계층에 근거해 청소년 범죄 행동을 정의하면서 인종 문제는 청소년 범죄에 관한 논의에 포함될 수밖에 없었다. 예를 들어, 범죄학자들은 필라델피아에 사는 (1953년에 8살이 된) 1945년생 소년 1만 명의 비행 행동에 대한 연구를 실시했다. 연구자들은 사회경제적 지위가 높은 소년들보다 노동계급 청소년에 "비행 청소년"이라는 꼬리표가 붙을 가능성이 더 높기 때문에 사회경제적 지위가 부분적으로 비행을 형성한다는 것을 발견했다. 이 연구자들은 인종통계학적 연구를 통해 *"하지만 이런 차이는 백인과 유색인종 간의 차이만큼 뚜렷하진 않다."*라고 보고했다. 또한 연구자들은 조사 대상이었던 아프리카계 미국인 청소년들의 절반이 경찰에 체포된 경험이 있다는 사실도 발견했다.[79]

이와 비교해, 이 범죄학자들이 연구한 백인 소년들은 3분의 1도 경찰에 의해 구금되지 않았다. 상습범, 즉 꾸준히 체포되는 청소년들은 아프리카계가 훨씬 더 많았다. 연구자들은 지적장애를 범죄행위와 엮기도 했다. 연구자들은 만성적인 범죄자들이 더 낮은 지능지수를 가지고 있고, 정신지체율이 더 높으며, 성취율이 더 낮다는 것을 발견했고, 이러한 경향은 아프리카계 미국 청소년들 사이에서 더 뚜렷하다고 주장했다. 범죄학자들은 지능과 인종을 범죄를 저지를 가능성과 연관시켰는데, 이는 미국의 진보시대로 거슬러 올라가는 사고방식이었다.[80] 인종과 지적 능력이 중대한 영향을 미친 이유는 지적장애와 범죄 경력이 있는 청소년들을 위한 시설이 아프리카계 미국인들을 비정상적으로 많이 수용했기 때문이었다.

범죄학자들은 또한 법원이 청소년 범죄로 기소된 아프리카계 미국인들을 백인보다 훨씬 더 가혹하게 다룬다는 것을 발견했다. 출생 코호트 분석 결과, 백인 청소년들은 흑인 청소년들보다 범죄로 체포될 가능성이 절반 정도였다. 흑인 청소년들은 또한 더 긴 보호관찰과 수감기간 등 더 가혹한 징계를 받았다.[81] 아프리카계 미국인들의 더 높은 체포율은 청소년 비행과 관련해 유색인종 청소년들이 더 많은 국가의 관리를 필요로 한다는 경찰과 법원의 관점이 반영된 결과였다. 이러한 결정들은 1920년대와 1930년대의 사회학 연구를 반영했는데, 당시 시민권 단체들은 정책입안자들과 대중이 같은 범죄를 저지른 백인들보다 흑인들에게 어떻게 더 가혹하게 반응하는지를 추적했다.[82] 형사법체계는 인종편향의 오랜 역사를 가지고 있었는데, 이는 1950년대의 청소년 사법제도 개혁안에 영향을 미쳤다.

청소년 비행에 대해 주정부는 청소년 개인들의 행동을 변화시키는 방법을 사용했다. 1930년대와 1940년대에 펜실베이니아 주는 청소년 범법자, 소아성애자, 동성애자, 강간범으로 간주되는 청소년과 성인들을 해당 기관에 수감했는데, 이는 그들을 갱생시키고 더 이상의 범죄활동을 막기 위함이었다.[83] 대공황과 제2차 세계대전 기간 동안 감금과 구류는 이러한 형태의 사회적 일탈에 대한 주된 대응 방법으로 자리 잡았다. 그러나 심리학의 시대인 1950년대에는 치료와 재활이 수감의 정당한 사유로 더 많이 이용됐다.[84] 이 시스템에는 전문가가 넘쳐났고, 캘리포니아 주 샌 틴 교도소 같은 곳에서는 재활이 표어가 될 정도였다. 1950년대 중반에는 "교정"이라는 용어가 교도관들 사이에서도 널리 쓰이게 되었다. 미국교도소협회American Prison Association는 이름을 미국교정협회American Correctional Association로 바꾸고 공무원들에게 "교정 기관"과 "교정 공무원"이라는 말을 쓸 것을 촉구했다. 1950년대는 심리학적 치료 모델이 지배적이고 심리학계에 교도소의 대안들이 넘쳐난 시기와는 분명히 다르다.[85] 정신건강 공무원들은 정신병원을 더 재활 위주로 만들려고 했고, 교도관들도 그렇게 하려고 했다.

청소년 범죄의 증가에 대응해 정책입안자들은 새로운 재활 및 지역 사회 기반 프로그램의 창설을 주장했다. 예를 들어, 펜실베이니아 주 교정국은 20여년 만에 처음으로 교도소를 건설한 반면, 1956년 주의회는 펜실베이니아 주 댈러스에 지능이 정상 이하인 비행 청소년을 위한 교정시설 건설에 예산을 지출했다. 댈러스 교정시설은 정신적 결함과 범죄 성향이 있는 사람들을 수용하는 복합 정신건강·교정시설이 됐다.[86] "지능이 정상 이하인 비행 청소년"으로 간주된 청소년들은 상당 부분 아프리카계 미국인이었으며, 댈러스 교정시설은 펜실베이니아 주 인구 중 아프리카계 미국인 수를 계산했을 때의 아프리카계 비행 청소년 숫자보다 훨씬 더 많은 수의 아프리카계 미국인 청소년을 수용했다.[87] 펜실베이니아 주는 댈러스 교정시설에 투자하고 지능이 정상 이하인 비행 청소년에 집중해 지적장애를 치료함으로써 청소년 범죄를 억제하려고 했다. 이 시설의 건설은 위법 행위, 특히 아프리카계 미국 청소년들의 위법행위에 대해 주정부의 관심이 높아졌다는 것과 범죄 퇴치 방안에 정신건강이 포함돼 있다는 것을 보여주었다.

펜실베이니아 주에서는 약 2500명의 어린이들이 시설에 수용됐다. 이들은 *"이 어린이들이 생산적인 시민이 되도록 구조할 수 있다."*라고 선언한 리더 주지사의 지원을 받은 소년 법원이 매년 시설 수용 선고를 했기 때문이다.[88] 개혁된 모간자 훈련센터가 정밀하게 검토되자 주지사는 "어린이들을 불구로 만들고 가정생활을 파괴하며, 미래의 정신병원, 성인 교도소 수용자를 위한 요람인 청소년 범죄 문제"를 해결하기 위해 주정부가 지역사회에 지휘권을 부여할 것을 요구했다.[89] 모간자 훈련센터는 불미스러운 사건들로 시설의 재활 기능이 의심을 받은 후에도 여전히 소년 교정시설의 정신과적 개혁의 모범 사례였다. 복지부는 모간자 훈련센터에 새로운 치료 프로그램들을 도입했는데, 대부분 카운티나 개인이 소유한 이 프로그램들은 청소년 시설에서 사용할 표준 기법을 개발하기 위한 것이었다.[90]

펜실베이니아 주는 정신건강 시스템을 위해 그랬던 것처럼 청소년 범죄에 대처하기 위해 새로운 지역사회 서비스를 실험했다. 1957년 <정신건강 복지의 조용한 혁명> 보고서에서 복지부는 *"비행 청소년을 위한 이 시설들은 주로 수감을 위한 것이었다. 그 시설들로 보내진다는 것은 그 다음에 바로 정신병원이나*

교도소로 보내진다는 것을 의미할 때가 대부분이었다."라고 밝혔다.[91] 복지부는 청소년재활과를 신설해 새로운 프로그램을 시행하고 입양, 양육, 보호서비스, 육아 등에 대해 지역 기관과 협의토록 했다.[92] 리더 주지사는 이런 변화에 대해 "*이제 이렇게 많은 아이들을 시설로 보내 가족과 분리할 필요가 없어졌다. 적절한 인력 통제 시설이 충분히 마련된다면 많은 청소년들은 집과 지역사회에서 충분히 재활할 수 있다.*"라고 요약했다.[93] 그는 주정부가 "비행 사례들을 미리 확인하고 이에 맞춰 충분히 일찍 치료를 한다면" 청소년 비행을 치유할 수 있다고 믿었다.[94]

1960년대 초에 주정부는 청소년 범죄로 유죄판결을 받은 청소년들을 위한 소규모 시설들을 새로 만드는 데 수백만 달러를 지출했다. 그중 가장 인기 있는 아이디어는 15세에서 18세 사이의 청소년들을 위한 숲 캠프였는데, 10대들은 대규모 시설이 아니라 야외의 소규모 환경에서 일했다. 주정부는 카운티 내 청소년 시설에 대한 지원을 늘리고, 주립 범죄통제 시설을 설립했으며, 청소년들과 협력하고 범죄 조직 문제를 해결하고자 하는 보호관찰관과 경찰 전문가들을 위한 보조금을 신설했다. 이런 프로젝트에 투자함으로써 복지부는 "*1970년까지 이 시스템이 1700명의 아이들을 추가로 지원해야 한다.*"라고 밝히면서, 청소년 제도의 위축이 아닌 성장을 예상했다.[95] 1955년부터 1965년까지는 청소년 사법제도에서 재활 중심 프로그램과 시설의 수가 증가했다. 하지만 이런 성장은 대부분 새로운 시설을 건설하면서 청소년 교정 시스템을 확대하면서 이뤄진 것이다.

청소년 사법제도의 이러한 지역사회 기반 개혁은 성인 교정제도의 변화를 예고했다. 그전까지는 청소년 시설과 관련 프로그램 감독은 복지부의 책임이었고, 교도소 감독 책임은 복지부에서 법무부 교정국으로 이관된지 얼마 안 된 상태였다. 교정국은 청소년 사법제도에 대한 복지부의 노력을 거울삼아 1950년대 교정시설의 재활 프로그램을 늘리기 위해 노력했다.

그러나 이 과정에서의 교정국의 노력은 복지부의 정신병원 개혁과 많은 차이를 보였다. 복지부 공무원들은 수용화 중심의 정신건강 모델에서 벗어나려고 했던 반면, 법무부 교정국은 교도소와 구치소에 재활 프로그램을 구축했다. 교정국은 교도소에 들어오는 사람들을 직원이 인터뷰를 하고 이를 바탕으로 각 사람의 감금 수준을 평가하는 두 개의 분류센터를 신설했다. 교정국은 또한 그레이터포드 교도소와 벨폰트 교도소를 독립형으로 전환했다(이전에는 위성시설로 운영되던 곳이다). 교도소 관계자들은 교도소 산업을 키우기 위해서도 노력했다. 예를 들어, 수감자들은 제본, 타자기 수리, 콘크리트 생산과 같은 일을 하게 됐다. 교도소는 이런 수감자 노동을 통해 수익을 얻었고, 교도소 주장에 따르면 이런 노동으로 인해 교도소는 최소 400만 달러의 수익을 올렸으며 향후에는 더 많은 수익을 예상할 수 있었다. 교도소 측은 노동을 통해 수감자들이 직업훈련을 받을 수 있기 때문에 수감자에게 이익이 된다고도 주장했다.[96]

분류센터의 창설과 교도소 사업에 대한 집중은 재활이라는 명목하에서 이뤄졌다. 교정국은 이런 재활 노력이 자유주의적 개혁이라고 선전했다. 재활에 대한 강조는 감금에 대한 지속적인 의존을 정당화했다. 예를 들어, 동부 주립교도소는 필라델피아 지역지 *이브닝 불레틴*에 교도소 내 미술 클럽을 홍보하기도 했다. 이 미술 클럽의 사진에는 교도소 수감복을 입은 사람들이 황량한 19세기 교도소 벽에 기댄 이젤에 그림을 그리고 있는 모습이 담겨 있다. 여기서 주목해야 할 것은 사진 속에는 흑인과 백인이 모두 있지만, 그림을 그리고 있는 사람들은 모두 백인이라는 점이다. 이 사진은 인종차별적인 시설들에 갇혀 있는 사람들이 개성과 창조적 표현을 추구하기 위해 재활 활동을 한다는 것이 얼마나 모순적이었는지 보여준다.[97]

이러한 모순에도 불구하고 교정국은 계속해서 재활적인 변화와 교정의 확장을 시도했다. 1960년 펜실베이니아 주 검찰총장 앤 X 앨펀은 여성 최초로 법무부 수장을 맡게 됐다. 앨펀은 당시 주 교도소의 폭동에 대응해 동부 주립교도소 폐쇄를 제안하고, 다른 주립교도소들에서는 "수용자 외출 프로그램"을 만들었다. 언론 보도에 따르면 *"앨펀 장관은 자신의 제안을 당시의 정신병원 외래진료 프로그램에 비유했다. 외래진료 프로그램은*

미 전역에서 정신병원 수용자 수를 줄인 프로그램이다.”[98] 이 제안에 따르면 수감자들은 “외래진료 환자처럼” 상담과 외래 교육을 받게 될 것이었다.[99] 하지만 결국 교정국은 앨펀 장관의 “수용자 외출 프로그램”을 시행하지 않았다. 그럼에도 불구하고 청소년 사법 제도의 성장과 교도소에서의 새로운 재활 프로그램은 1960년대에 더 인기를 끌게 된 새로운 지역사회 기반의 교정 프로그램들을 위한 토대가 되었다.

이런 개혁에도 불구하고 교도소 시스템은 여전히 폭력과 학대로 얼룩져 있었다. 펜실베이니아 주 교도소에서 복역한 경험이 있는 한 남자의 얘기를 들어보자. 아프리카계 미국인 로니 패트릭 주니어는 신경과민증과 정신 장애를 진단 받았다. 그는 한국전쟁에 참전 용사였기 때문에 피츠버그 소재 리치팜 재향군인 관리 병원에 수용됐다. 법원은 그를 강도, 폭행, 구타, 강간 미수 등의 혐의로 기소했다. 변호사의 조언에 따라 가석방될 것이라고 예상한 그는 유죄를 인정했다. 그러나 그의 변호사는 그가 정신병을 진단받았다는 증거를 숨겼다. 패트릭은 감옥에 갔고, 그곳에서 심한 구타와 독방 감금을 경험했다. 1959년 인권 변호사인 하이먼 슐레징어는 패트릭 대신 그의 혐의들을 조사하기 위해 주정부 관리들에게 편지를 썼다. 주정부는 특별 조사에 착수했고 혐의의 근거를 찾지 못했다.[100] 교도소에서는 자유주의적인 변화가 일어났지만, 폭력, 독방 감금, 적법 절차의 결

사진3. 동부 주립교도소의 미술 클럽. 사진 촬영 도미니크 리가토. 필라델피아 이브닝 불레틴 1960년 5월 9일 자에 실린 사진.(특별 소장 연구센터, 템플대 도서관)

여라는 기본적인 문제들은 그대로였다.

주정부는 정신건강 시스템의 감금 의존도를 낮추고 수용 시설로부터 멀어지면서 새로운 청소년 비행 프로그램, 분류센터, 그리고 보다 중앙 집중된 감옥 시스템으로 교정 시스템을 성장시키기 위해 재활을 이용했다. 1950년대에는 정신질환과 범죄

행위에 대한 심리학적 대응이 사회 전반에 퍼졌다. 미국 정신건강의 종은 정신건강에 있어 큰 보호기관을 거부하는 이념으로 새로운 시대를 상징했다. 주정부 관리들은 일반 병원과 지역 진료소에서 이용할 수 있는 정신과 서비스를 늘렸고, 정신질환을 진단받은 사람들을 위해 (백인 수혜자들을 중심으로) 더 많은 서비스를 지역 사회에서 제공했다. 한편, 주정부는 법을 어긴 사람들을 수용하기 위해 새로운 교정 치료 프로그램과 교도소를 신설했는데, 이는 정신의학적 개념을 기반으로 사람들의 행동을 변화시키려는 주정부 후원의 형태를 띠었다. 그 결과, 1955년부터 1965년까지 형사사법체계는 대규모 수용 기관으로부터 멀어져 갔음에도 불구하고 급속도로 성장하였다.

로니 패트릭 주니어의 이야기는 이 모델의 문제점을 드러낸다. 그는 비교적 개방되어 있는 리치팜 재향군인 관리 병원으로부터 벗어나는 데 성공했지만, 법원으로부터 새로운 혐의를 받자 그의 정신과적 진단은 더 이상 그의 형량에 반영되지 않았다. 대신 그는 교도소로 가서 학대를 당하고 독방에 수감됐다. 교정기관이 사회에 긍정적인 영향을 미칠 수 있는지 의문을 제기하는 추문들이 발생했음에도 불구하고 주정부는 끈질기게 형사법체계를 구축해 나갔다. 복지국가 자유주의의 시대에 이러한 변화는 미국의 통치 방식을 다시 보게 했다. 교정시설에서 재활에 초점을 맞추게 되면서 궁극적으로 형사법체계가 확장하고 정신건강 시스템의 일부 기능을 흡수하기 시작하는 것이 쉬워졌다. 수감 형태의 정신병원이 줄어들자 교도소에서 이러한 형태가 늘어났다.

제3장

뻐꾸기 둥지 위로 날아간 새

문에서 자물쇠를 떼어내라!

문설주에서 아예 문을 떼어내라!

- 앨런 긴즈버그, 《울부짖음》

켄 키지의 《뻐꾸기 둥지 위로 날아간 새》는 20세기 정신병원에 관한 가장 가슴 아픈 책들 중 하나이다. 정신과 병동에서 일어나는 억압과 투쟁의 이야기인 이 책은 브롬덴 추장(이 소설의 화자)이 뇌엽절제술을 받은 자신의 친구 랜들 맥머피를 질식사 시키기로 결정을 하면서 끝이 난다. 그 후 브롬덴 추장은 유리창 밖으로 뭔가를 던져 깬 다음 병원을 탈출해 고속도로로 달려간다. *"날아가는 기분이었다. 자유다!"*[1]

키지의 책에 등장하는 병원은 비인간적인 교도소와 닮아있었다. 병원의 치료 체계는 환자들을 무력하게 만들었으며, 병원은 강제적인 약물 주입, 격리, 전기충격 요법, 전두엽 절제술, 그리고 래치드 간호사가 이끄는 무자비한 직원들을 통해서 환자들의 행동을 통제했다. 죄수이자 병원 내란의 주동자로 등장하는 랜들 P 맥머피는 법원으로부터 사이코패스 판정 받은 사람이다. 법원은 판정에 따라 그를 교도소 교화농장에서 정신병원으로 옮겼다. 맥머피는 병원이 시간을 보내기에 더 쉬운 곳이 될 것이라고 생각했다. 하지만 그 생각은 옳지 않았다. 그는 치료감옥에 저항해 반란을 일으켰고, 결국 그 저항으로 인해 목숨을 잃었다.[2]

켄 키지의 《뻐꾸기 둥지 위로 날아간 새》는 작가의 병원 근무 경험을 바탕으로 한 소설이다. 소설은 국가 정신건강 프로그램이 혁명적인 변화를 겪고 있는 순간에 나왔다. 브롬덴 추장이 이 병원에서 탈출한 것처럼 환자들은 1960년대에 새로운 권리와 일련의 자유를 얻었다. 《뻐꾸기 둥지 위로 날아간 새》는 미국에서 대성공을 거두며 정신병원, 시설 수용주의 그리고 미국의 사회적 순응을 비판했다. 책은 또한 정신의학에 대해 의문을 가지는 문화적 추세를 폭 넓게 반영했고 영화의 인기는 정신건강의 변화를 촉구해 국가 권력에 대한 깊은 의문들을 제기하였다.

그러나 키지의 소설이 출판된 지 얼마 지나지 않아 소설 속 브롬덴 추장의 병원 탈출은 현실이 됐다. 1950년대 후반에 주 정부들은 감금을 목적으로 한 정신병원을 거부하기 시작했고,

사진4. 영화 《*뻐꾸기 둥지 위로 날아간 새*》의 탈출 장면.(폴 자엔츠 컴퍼니 제공. 저작권 1975, 2008)

재활에 대한 주정부의 권한을 유지한 채 지역 기반의 대안을 만들기 시작했다. 1960년대 동안에 널리 퍼진 반수용화주의와 메디케어, 메디케이드의 변화는 정신의학의 변화를 야기했고 국영 정신병원으로부터 멀어진 사회정신건강 모델로의 전환을 재촉했다. 이 기간에 비자발적인 입원에 관한 법률적인 도전도 큰 영향을 미쳤으며, 이는 한 세기 넘게 이어져 오던 국가가 정신장애 진단을 받은 사람들을 돌보는 역할을 하는 가부장적인 접근법을 무너뜨렸다. 이 변화는 너무 급격하게 일어나서 실제로 《뻐꾸기 둥지 위로 날아간 새》가 나오고 나서 10년 후 영화화되었을 때는 이미 많은 법원이 강제입원법을 뒤집었고 정신병원은 대규모 탈수용화를 진행하고 있었다. 수만 명의 사람들

이 지역사회로 복귀했고, 정신질환 진단을 받아 비자의적으로 수감된 사람들의 비율도 현저히 줄었다.[3]

펜실베이니아 주는 이러한 변화를 시행한 최초의 주 중 하나로 자리매김했다. 필라델피아 바이베리 정신병원의 대니얼 블레인 박사는 펜실베이니아 주와 미 전역의 정신병원에서 탈수용화 프로그램을 시작했다. 블레인은 바이베리 병원에서 일하기 전에 미국 정신의학협회 회장이었던 블레인의 연구는 전국의 정신의학 분야의 진보적인 발전을 반영했다. 블레인의 주도로 바이베리 정신병원의 입원환자 수는 급격히 감소했고, 펜실베이니아 주에서 정신병원에 거주하는 사람들의 수는 1966년 3만 4000명에서 1973년 1만 8000여 명으로 7년도 채 되지 않아 절반 가까이 감소했다.[4] 주정부는 이런 노력과 개혁을 미국과 전 세계의 매체에 알렸고, 펜실베이니아 주는 초기 탈수용화 노력의 선두주자로 우뚝 서게 됐다. 하지만 불행히도 펜실베이니아 주와 미국의 많은 주에서는 이 시기에 병원에서 퇴원한 많은 사람들, 특히 더 만성적이고 심각한 정신질환으로 진단받은 사람들에게 적절한 사회 복지 서비스를 제공하지는 않았다.[5]

정신장애에 대한 주정부 차원의 대응으로 감금을 거부한 것은 교도소 개혁으로도 번졌다. 1960년대 동안 교정 정책입안자들은 일시 출소, 중간 주거 시설, 외부 통근 제도 등의 기관을 대신하는 지역사회 기반의 대안을 만들었다. 그들은 범죄를 완화하기 위해 반수용화주의의 새로운 공동체 기반 이념에서 영감을 찾으면서 지역사회를 눈여겨보았다. 1970년대 초에는, 범죄율 증가, 도시 폭동, 확충된 경찰 인력에도 불구하고, 많은 주들에서 교도소에 수감된 사람들의 수는 수십 년 만에 가장 낮은 수준에 도달했다. 오랫동안 교도소 개혁을 해왔으며 펜실베이니아 교도소협회의 시작점이 되었던 펜실베이니아 주는 이러한 지역 사회의 수정 전략 중 많은 부분을 채택했고, 교도소 수 또한 줄어들었다. 교도소, 정신건강기관, 청소년시설은 갑자기 곧 지나갈 시대의 유물처럼 보였다.[6] 반수용화주의 환자와 죄수의 시민권을 확립하는 데 있어서 강력한 힘으로 부상했다. 1970년대에 통합되었던 초기 정신질환자의 권리운동이 대두되고 있었다.[7] 병원에 있는 사람들은 미국시민자유연맹 변호사들 같은 법률 활동가들과 연결되었으며, 변호사들은 시설에 수감된 사람들의 시민권 보호를 위해 소송을 제기했다. 이러한 활동가들은 정신병원에서의 비자발적인 징역살이를 비난하고 정신건강 시설과 청소년 사법 제도에서 어린이들에 대한 더 나은 대우를 주장했다.[8] 비자의적인 정신병원 입원에 관한 가장 중요한 법률 중 일부는 유죄판결을 받은 사람들 또는 법을 위반하지는 않았지만 공공의 위협이 될 수 있다고 주정부가 판단한 사람들을 수감하고 있는 정신건강 시설에서 비롯된 것이었다. 1970년대에 이르자 개인의 자발적 의지 없이 주정부가 사람들을 정신건강 시설에 수감시킬 수 있는 권력이 크게 떨어졌다. 법원이 주 권력의 남용으로부터 개인을 보호해야 한다는 생각이 커진 시기였다.

자유와 인권에 대한 대중의 관심 고조는《뻐꾸기 둥지 위로 날아간 새》의 많은 소재를 제공했다. 특히 불순응nonconformity과 반수용화주의 면에서 그랬다. 이런 환경 속에서 1960년대의 탈수용화는 평탄하진 않았지만 정신건강 정책입안자들과 민권 변호사들 덕분에 진보했다. 정신병원에 입원해 있는 환자의 수는 급격히 감소했다. 공동체 중심의 대안에 대한 열정도 교도소 개혁으로 번지면서 교도소 내 인구 감소로 이어졌다. 사람들이 대형 보호기관이 없는 세상을 상상하는 순간이었다. 동시에, 법원은 강압적인 국가 정책으로부터 개인들을 보호하기 위해 다수의 새로운 보호 장치를 설립했다. 그러나 이 기간 동안 감옥과 병원에 있는 사람들에 대한 새로운 시민적 자유는 분명히 밝혀졌지만, 그것들은 종종 강요와 자발성의 상실로 부터의 자유과 같은 소극적인 권리였다. 적절한 정신건강 서비스, 주거, 그리고 지속 가능한 임금과 같은 적극적인 권리는 같은 힘을 얻지는 못했다.

문에서 자물쇠 제거하기

정신건강의 탈수용화

1960년대 초까지 주정부는 중간 주거 시설, 외래 환자 프로그램, 지역사회 정신건강센터를 만들었다. 이런 움직임에는 새로운 향정신성 약물과 지역사회 기반 치료 이론이 일부 기여했다. 그럼에도 이러한 변화는 외견상으로 더딘 속도로 일어났다. 정신병원에 사는 사람들의 수는 1950년대부터 감소하기 시작했지만, 주의 정신건강 시스템은 여전히 대규모로 운영됐기 때문이다. 반정신의학주세와 반수용화 추세가 대중문화에 스며들어 탈수용화 정치와 정책의 배경이 되었다. 1960년대 동안 일상을 사는 사람들은 키지, 어빙 고프먼, 토머스 사스 등의 글을 읽으면서 정신병원의 존재 이유에 의문을 제기했다. 보호기관이 비효율적이고 비인간적으로 사람들을 대우하면서 정신의학의 판을 영구적으로 바꾼다는 이유로 이의를 제기하는 책들이 쏟아져 나왔다. 앨런 긴즈버그는 서사시 《울부짖음Howl》으로 이 새로운 물결에 활기를 불어넣었다. 긴즈버그는 어머니가 정신건강 기관에 몇 년 동안 머물렀고 본인도 뉴욕 주 로클랜드 병원에 잠시 입원해 있었기 때문에 정신건강 기관에 대한 경험이 있었다. 젝 케루악, 윌리엄 버로스, 앤 섹스턴 등 많은 작가들이 정신건강 시설에 수감되었기 때문에 그 당시 정신병원에서의 지내는 것은 작가들에게 통과의례처럼 보였다. 작가 조나 래스킨은 *"미국의 시인에게 정신병원은 반드시 통과해야 하는 역처럼 보였다."*라고 말하기도 했다.[9]

《울부짖음》에서 앨런 긴즈버그는 정신질환을 앓고 있는 사람들을 정신 장애자이인 동시에 미국에서 가장 높은 수준의 천재성을 가지고 있는 수혜자로 재조명했다. 그는 *"나는 우리 세대에서 가장 똑똑한 사람들이 광기에 의해 파괴되고 알몸으로 굶주리고 있는 것을 보았다."*라고 썼다.[10] 정신건강 프로그램이 모든 사회적 장애를 치료하려고 애쓰는 사회 순응주의 시대에, 긴즈버그의 《울부짖음》은 과도기적 환자, 정신질환을 가진 사람들, 동성애자, 평화주의자, 그리고 미국 사회의 통념에 반대되는 삶을 살고 있는 모든 사람들을 찬양했다. 정신병원은 그들을 돕는 대신에 그들을 감금했다. 그는 *"나는 로클랜드에 당신과 함께 있다./ 당신이 긴장증으로 피아노를 두드리는 이곳에서 영혼은 순진하고 불멸하며, 무장한 정신병원에서 절대 비참하게 죽어서는 안 된다."*라고 썼다.[11] 그 10년 전에도 긴즈버그는 메리 제인 워드가 《뱀 구덩이》에서 쓴 것처럼 정신병원이 제한적이고 강압적이라고 비판한 바 있다. 하지만 긴즈버그는 광기를 영감의 원천으로 삼기도 했다. 잭 케루악의 표현처럼 "미친 사람들과 예술가들은" 긴즈버그가 말한 새로운 세대의 심장 박동을 구성했다.[12] 이 시가 외설적이라고 판단한 검열관들은 재빠르게 출판 금지 처분했지만, 이 처분은 법원에서 뒤집혔다. 검열은 오히려 이 시가 전국적인 열풍을 일으키는 데 도움을 준 셈이 됐고, 미친 천재와 통제적인 정신병원이라는 개념은 점점 인기를 끌게 됐다. 긴즈버그의 《울부짖음》은 그 후 몇 년 동안 반수용화주의에 관한 글들이 나오게 만드는 길을 닦았다.[13]

1960년대에는 정신과 치료와 정신병원에 도전하는 책들이 쏟아져 나왔다.[14] 1961년 토머스 사스는 자신의 기념비적인 저술인 《정신질환의 신화》에서 정신 진단의 역사를 추적했다. 사스는 정신질환에 대한 당시의 개념에 도전하기 위해 광기에 대한 과거의 연구들을 인용했다. 사스는 정신질환이 사회적으로 만들어진 질병이라고 주장했다. 같은 해 대서양 건너편에서 프랑스의 역사학자 미셸 푸코는 《광기의 역사: 정신병의 역사와 이성의 시대》를 출판했다. 푸코는 이 책에서 정신의학과 정신의학에서의 수용화는 선의가 아니라 사회적 통제에 근거를 둔 것이라고 주장했다. 이 주장은 그 후에도 정신병원과 감옥 연구에 꾸준히 사용된 개념이다. 그 뒤를 이어 미국의 사회학자 어빙 고프먼도 《수용소Asylums》에서 교도소, 정신병원, 군대 막사 등의 주거기관이 엄격한 통제를 통해 주민들을 비인간적으로 대했다고 주장했다.[15] 푸코, 고프먼, 사스의 책들은 R D 레잉과 데이비드 쿠퍼의 책들처럼 서로 모순되는 것들이 많았다. 《울부짖음》이나 《뻐꾸기 둥지 위로 날아간 새》와는 전혀 다른 것이었다. 하지만 전체적으로 볼 때 이런 책들이 현대 사회의 시설들에 대한 비판을 가했다는 점에서 공통점을 갖는다.[16]

새로 출간된 자서전들도 정신건강에 대한 대중의 담론을 바꾸었다. 뉴질랜드의 소설가인 재닛 프레임은 자신의 경험을 기반으로 한 베스트셀러 《물에 비친 얼굴들Faces in the Water》에서 정신병원에 수감된 한 여성의 학대에 대해 썼다. 영국 런던의 하인먼 출판사는 실비아 플라스Sylvia Plath의 반자전적 소설인 《벨자The Bell Jar》를 출판했는데, 이는 여성의 정신질환 투병 상황을 추적한 책이다. 소설은 주인공의 심리치료, 인슐린 치료, 충격 치료 등을 상세히 묘사했다. 저자 실비아 플라스가 이 책이 출판된 지 한 달 만에 자살했기 때문에 유명해지기도 했지만, 이 책은 정신질환에 관한 가장 유명한 작품 중 하나가 되었다. 플라스의 책은 비슷한 주제의 책에 비해 정신의학의 영향을 적게 받았음에도 불구하고, 그녀의 죽음은 널리 퍼져있는 정신병원에 대한 대중의 불만을 효과적으로 자극했다.[17] 이러한 학술 및 문학 작품들은 1960년대 초의 정신의학과 정신입원의 관행을 어느 이전 시기보다도 뒤죽박죽으로 만들었다.

소설과 논픽션이 반수용화주의를 대중에게 알리는 문화적 분위기에서 정신의학적 치료는 감금 중심에서 지역사회 기반의 정신건강 중심으로 형태가 바뀌기 시작했다. APA를 비롯한 여러 조직은 연방의회를 압박했고, 1963년 연방의회는 존 F 케네디가 지지하는 지역사회 정신건강법Community Mental Health Act을 통과시켰다. 케네디에게는 전두엽절제술을 받다 실패한 지적장애가 있는 여동생이 있었다. 대통령 후보 시절 케네디는 위스콘신 주의 한 시설에 있는 여동생을 방문했는데, 그 이후 정신건강과 관련된 문제에 더 많이 관여하게 됐다.[18] 지역사회 정신건강법은 전국의 지역사회 정신건강센터 설립을 위해 1억 5000만 달러의 예산을 책정했다. 연방정부에 전환점을 제공한 이 획기적인 법은 연방정부가 더 적극적인 지도 역할을 하게 했고 지역사회와 더 직접적으로 협력하게 만들었다.[19] 지역사회 정신건강 모델은 당시 정신의학계의 비판에도 대응했다.

1963년 지역사회 정신건강법은 전국 정신병원의 대규모 개혁을 촉진했다. 펜실베이니아 주정부는 이 법에 따라 40만 달러를 지원받았다. 이 자금으로 펜실베이니아 주는 정신건강 시스템에 대한 최초의 포괄적인 조사에 착수할 수 있었다. 펜실베이니아 주는 40개의 대책위원회를 만들고 수많은 공청회를 열었다. 이 다년간의 사업에서 복지부는 지역사회 정신건강센터들을 새로 세우기 위한 기획 초안 작성에서 이 조사 결과를 사용했다. 이 시설들은 입원 및 외래 서비스, 24시간 응급 치료, 부분 입원 및 교육 프로그램이 포함된 시설들이었으며, 이 모든 것들은 연방정부로부터 거액의 보조금을 받아 이뤄진 것들이었다. 이 연방 법은 정신건강센터의 신축을 승인했는데, 이 시설들 중 상당수는 주립 정신병원과는 다른 고객을 대했고, 정신병원으로부터의 직접적인 석방을 명령하지 않았다. 그 결과 1960년대에 환자들의 사회 복귀는 대부분 개별 시설 수준에서 이뤄졌으며, 복지부의 공무원이나 관계자들의 지도를 받아 일어난 일이었다. 지역사회 정신건강법이 외래환자 서비스를 확대하면서 대대적인 개혁의 발판을 마련됐다. 사회적 문제를 다루는 방안으로 수용화에서 멀어지는 변화를 반영하기도 했다.[20]

메디케어와 메디케이드법의 통과는 정신건강 정책 수립에 있어 지역사회 정신건강법보다 더 큰 영향을 미치지는 않았다. 1960년대 중반의 정신건강 개혁은 전국 사회복지 서비스 생성을 강조한 그레이트 소사이어티Great Society 프로그램과 상호작용했다. 메디케어 실시로 연방정부의 규제가 이뤄지고 일반병원과 정신과 병원이 인가를 받게 됐다. 인가를 받으려면 주들이 정신건강 시설에 변화를 주어야 했다. 변화에 수반되는 비용이 너무 많이 드는 것으로 판명될 경우 주정부들은 이런 시설들을 축소하고 심지어 폐쇄하기도 했다. 메디케이드는 정부의 서비스를 정신질환을 앓고 있는 빈곤층 노인들을 위한 서비스로 변화시켰다. 메디케이드 지원금은 요양원에 직접 투입될 수 있었다. 주정부들은 치매 같은 질환이 있는 노인들을 주립 정신병원에서 돌보는 비용을 지불하는 것과 요양원에 수용 비용의 17~50%를 각 가정에 지급하는 것 중에 선택했다. 나머지 금액은 연방정부가 메디케이드법에 따라 지급했다. 이 법은 정신병원에 있는 노인들의 수를 급격하게 감소시켰다. 1963년 정신병원에 있는 65세 이상 인구는 41%로, 이 수치는 1969년 이후에 23% 미만으로 감소했다.[21] 1970년대 보충적 보장 소득Supplemental Security Income과 사회보장 장애보험Social Security Disability Insurance의 확장은 이후 정신병원을 떠나는 사람들에게 약간의 재원을 제공했다. 이러한 프로그램들은 "정신질환을 가진 사람들의 생명선lifeline이 되는 복잡한 절차들"을 제공했다.[22] 하지만 이 프로그램들은 대부분 "건강 및 장애 보험을 목표로 하는 정책의 부산물"이었기 때문에 정신질환으로 인한 특정한 문제들에는 집중하지 않았다.[23]

정신병원에서 사람들을 석방하려는 이러한 최초의 시도는 시설 책임자들, 복지부 공무원들이 정치인, APA 대표들과 협력으로 진행됐다. APA 회장 데니얼 블레인 박사는 1960년대에 필라델피아와 펜실베이니아 주에서 탈수용화를 이끌던 사람이었다. 선교사 부모에게서 태어난 블레인은 중국에서 자랐다. 청년 시절 그는 미국에서 정신과 의사 교육을 받았고 제2차 세계대전 동안 미국 상선단Merchant Marine의 정신건강 의학과 프로그램을 이끌었다. 전쟁 후 그는 재향군인 관리국을 거쳐 APA의

의료국장 자리에 올랐다. APA에 있는 동안 그는 지역 정신건강 프로그램의 창설에 힘썼고, 1958년 그 자리를 떠난 후 콜로라도 주와 캘리포니아 주에서 탈수용화 프로그램을 시행했다. 그는 또한 몇 년 동안 만성 질환을 앓았고, 식도열공탈장, 담낭질환으로 여러 차례 수술을 받았다. 병 때문에 아내의 고향 필라델피아로 이사 간 그는 거기서 그 유명한 펜실베이니아 정신병원에서 일하게 됐다. 그는 병을 앓으면서도 계속 국가의 이익을 위해 일을 했으며 1964년에는 APA의 1년 임기 회장이 됐다.[24]

APA에서 블레인은 정신과 의사들에게 "새로운 모습"을 부여함으로써 이 직업을 다시 활성화할 것을 제안했다. 그것은 정신과 의사들이 매우 다른 형태로 의료 서비스를 제공한다는 내용이었다. 1965년 그는 미국 독립전쟁 시기 "정신건강의학의 아버지"였던 벤저민 러시Benjamin Rush 박사의 업적을 재조명하면서 APA 회장 취임 연설을 시작했다. 블레인은 정신의학의 시작을 상기시키면서 정신의학을 정신질환 진단을 받은 사람들을 위한 오랜 의료 전통의 일부로 정당화했다. 그렇다고 변화를 추구하지 않았다는 뜻은 아니었다. APA에서 연설을 하면서 블레인은 노후화의 반대개념으로 "새로움"을 요구했다. 이 개념은 탁월함, 창의성의 발전과 유지, 완벽함에 대한 젊은 헌신을 함축하고 있는 것이었다.[25] 그는 역사적으로 정신의학이 정신질환 진단을 받은 사람을 고통과 사회적 낙인으로부터 보호하기 위한 구체적인 대응이었다고 생각했다. 그에게 1960년대는 그 임무를 더 진전시키기 위한 변화의 새로운 시대였다.

블레인은 고프먼, 키지, 사스의 반수용적 저술들이 대중의 의식 속으로 들어온 시기에 이런 비전을 만들어냈다. 1963년과 1964년에 회장으로 당선되었으며, 회장으로서 연설할 때 그는 듣는 사람이 많았음에도 불구하고 이런 저술들에 대해서는 전혀 언급하지 않았다.[26] 하지만 그가 언급하지 않았다고 해서 모르고 있었던 것은 아니었다. 기록보관소에 있는 그의 수백 페이지의 연설문 가운데 한 연설문은 공개석상에서 전달되지 않았으며 조용히 묻혀있다. "정신의학의 합법성 위기: 정신의학, 의학, 공공정책에 대한 성찰"이라는 제목의 이 연설문은 정신의학에 반대하는 추세를 다뤘다. 블레인은 이 연설문에서 *"지난 15년 동안 우리는 정신질환이라는 개념 자체가 일종의 이념적 구축물로서 공격받는 것을 보았습니다. 정신질환이라는 개념은 경험적 관찰 결과를 나타내는 것이 아닌, 가치를 강요하고 일탈을 용인하지 못하는 사회에서 더 유용한 개념이었던 것입니다."*라고 썼다.[27] 1960년대 초반에 쓰였을 확률이 높은 이 연설문에서 블레인은 정신과 전문의들이 이런 비판을 받고 있음에도 불구하고 정신과 전문의들은 *"정신질환적인 행동을 한다는 오명을 쓴 수많은 사람들을 '생산해내는' 사회의 임상적 부담을 짊어져야 하며, 감정적 고통과 다양한 형태로 생활고를 겪고 있는 훨씬 많은 사*

람들을 치료해야 한다."라고 주장했다.[28] 블레인은 고프먼, 키지, 사스 같은 사람들의 비판에 직접적으로 대응하지 않으면서, 오히려 이 직업의 역사적 정당성을 예견하고 정신과 치료의 새로운 시대를 요구하는 방법으로 응수했다. 1965년 APA 회장 총재 임기를 마친 블레인은 연설에서 요구한 "새로움"을 실행하기 위해 다시 노력했다. 70세의 나이에 한 번도 해보지 않았던 정신과 병원장이 된 것이다. 블레인은 이 새로운 모험을 위해 양심적 병역거부자들이 악명 높다고 폭로한 기관이자 제2차 세계대전 당시 평화주의자였던 조지 엘더가 여전히 살고 있는 필라델피아 바이베리 정신병원을 선택했다. 이 시설은 인종차별과 빈곤으로 가득 찬 도시에 위치해 있었다. 블레인과 한 직원은 "필라델피아 정신병원을 위한 공공지원 구축"이라는 글에서 이 병원이 "신교도소주의와 확실한 관료주의의 중간 정도에 위치하는 건축양식"을 따르고 있다고 썼다. 바이베리 병원은 34개 건물에 6200명을 수용했는데, 이는 적정 수용인원인 2000명을 훨씬 상회하는 수치였다. 양심적 병역거부자들이 폭로했던 1940년대에 그랬던 것처럼 병원은 초과밀 상태였다. 주와 전국의 정신병원에서 입원환자 수가 서서히 줄어들었음에도 불구하고, 바이베리 병원의 입원환자 수는 증가했다.[29] 블레인에게 바이베리 병원은 문제가 많은 과거로 점철돼 대대적인 개편이 필요한 대표적인 수용 시설이었다.

바이베리 병원 개혁은 주에서 가장 유명한 아프리카계 미국 정치인인 K 르로이 어비스가 이끄는, 정신건강 시스템을 조사하는 주 차원의 과정 중 일부가 됐다. 어비스는 흑인 노동자 계급 가정 출신으로 피츠버그 대학에서 법학 학위를 받았다. 1958년 그는 민주당원으로 출마해 하원 의석을 얻었고 그 직위를 통해 빠르게 인지도를 높였다.[30] 어비스는 정의에 대한 열정을 가지고 있었으며, 그 원칙에 따라 시민권, 공정한 주택, 더 나은 교육, 공공 보건 서비스 개선을 위한 수백 개의 법안을 지지했다.[31] 그는 블레인과는 다른 입장에서 문제에 접근했다. 그는 정신의학과 전문의는 아니었지만 사회 정의와 소외된 사람들에게 영향을 미치는 문제에 대한 책무가 있었다. 어비스는 정신건강으로 관심을 돌려 입법부를 자극해 국가기관의 실태조사를 위한 초당파적인 조사위원회를 설립하게 만들었다. 펜허스트 주립학교 병원Pennhurst State School 환자들의 곤경에 대한 충격적인 기사 시리즈가 발표된 후 입법부는 이 제안에 동의했다. 이어 어비스는 주의 29개 정신건강 시설에 대한 조사를 지휘하면서 여러 곳을 방문해 그 결과를 부지런히 정리했다.[32] 이 보고서는 일련의 행정 개혁과 "가능한 한 많은 환자들을 사회에 복귀시키는" 프로그램을 만드는 것을 목표로 자금 지원을 늘릴 것을 제안했다.[33] 이 입법 조사는 블레인의 바이베리 병원 개혁 작업에 힘을 실어주었다.

바이베리 병원을 맡은 블레인은 보호감독 정신병원들을 뒷받침하는 모든 생각을 거부했다. 그는 언론에 *"과거에 이 정신병원이 사람들을 가두지 않고 치료했다면 지금 이 정도로 커지지는 않았을 것이다. 이곳은 없어져야 한다. 미국에 남아 있는 정신병원의 비극은 이러한 환자들 대부분이 병이 완전히 낫지 않더라도 자신의 증상에서 벗어나 사회에 복귀할 수 있다는 사실에 있다. 옛날 이론은 '그들을 여기에 쏟아 붓는 것'이었다. 약간의 지원을 받아서 나는 환자들을 여기서 내보내고 이곳을 허물어버릴 것이다."* 라고 말했다.[34] 블레인은 이런 말로 1960년대 대형 시설에 대한 정신의학의 거부감을 분명히 표현했다. 그는 기자들에게 *"전국 각지의 전문가들이 오랫동안 바이베리 병원이 끔찍하다고 주장해 왔다. 바이베리 병원은 도움이 필요하다."*라고 강조했다.[35] 블레인은 정신건강 시스템이 궁극적으로는 온정적이지만 변화가 필요하다고 주장했으며, 정신병원이 시대에 뒤떨어졌고 정신과 전문가들과 행정가들이 정신건강 시스템을 해체하기보다는 개선하기를 원했다고 주장했다. 이런 생각은 정신병원을 사회 통제의 장으로 묘사한 고프먼, 키지, 사스의 글과는 반대되는 것이었다. 궁극적으로 보호시설인 바이베리 병원을 모델로 삼아 블레인은 대규모 시설에서 정신질환 진단을 받은 사람들을 수용하는 것을 완전히 중단시키려 했다.

블레인은 캘리포니아 주에서 그랬던 것처럼 펜실베이니아

주 정치인들과 협력해 주 전역에 걸쳐 탈수용화를 지속시키기 위해 노력했다. 1967년 10월 4일 그는 펜실베이니아 주지사 레이먼드 셰이퍼를 바이베리 병원에 초청해 병원을 둘러보게 했다. 회의 사진에는 주지사가 비좁은 기숙사를 둘러보며 관리자와 병원에 머물고 있던 사람들과 대화를 나누는 모습이 담겨 있다. 방문 후 주지사는 블레인에게 병원에 있는 50년 된 건물 두 채를 폐쇄하라고 명령했는데, 이로 인해 병원 인구와 그로 인한 과밀이 크게 개선됐다.[36] 셰이퍼 주지사의 지시는 블레인의 탈수용화적 관점이 반영된 것이었다. 주지사 방문 이후 블레인은 사람들이 지역사회로 돌아갈 수 있도록 준비하기 위한 "초인적인 노력"에 착수했다.[37]

바이베리 병원을 개혁하면서 블레인은 지역사회 기반 프로그램이라는 이상을 진전시켰다. 1967년 블레인은 24명으로 구성된 대책팀을 꾸렸다. 대책팀은 사례 파일을 검토하고 다른 환경에서 더 나은 서비스를 받을 수 있는 사람들을 모두 석방해 수백 명의 사람들을 가족의 품으로 돌려보냈다. 가족이 사는 집에 갈 수 없는 사람들은 지역 정신건강센터, 노인센터, 민간요양원의 외래환자센터로 갔다.[38] 바이베리 병원에서 바깥세상으로의 적응을 돕기 위해 블레인은 연방기금으로 운영되는 사회화센터Socialization Unit를 설립했는데, 그곳에서는 사회복지사 20명이 바이베리 병원에서 살았던 사람들과 함께 일했다. 사회화센터는 필라델피아에 세워진 7개 지역 정신건강센터의 서비스를 통해 사람들이 주택을 찾고 독립적으로 생활할 수 있도록 도왔다.

마지막으로 블레인은 "위대한 이주"라고 불리는 과정을 통해 바이베리 병원을 재정비했다. 사람들은 더 이상 우울증이나 정신병 같은 질환 분류에 따라 병동을 사용하지 않고 필라델피아에서 살았던 거주지에 따라서 병동을 배치 받았다. 블레인은 병원이 더 이상 고립된 성질을 가지지 않도록 병원을 재정비했다. 바이베리 병원에 사는 사람들과 그들의 이웃들 사이의 연결을 강조한 조치였다.[39] 출신 지역에 따라 병원을 재정비함에 따라 인종차별적인 요소가 생겨났다. 필라델피아는 인종에 따라 사는 지역이 전혀 달랐기 때문에 거주 지역에 따른 새로운 병동 배치는 인종 별로 다른 병동에 환자들을 수용하는 결과를 낳았기 때문이다.

이런 개혁으로 지역사회는 바이베리 병원에 관심을 갖게 되었고, 그에 따라 수백 명의 사람들이 빠르게 석방됐다. 세이퍼 주지사가 바이베리 병원을 방문한 지 불과 1년 만인 1968년 10월, 블레인은 S-1 건물과 S-2 건물을 폐쇄했다. 입원 인구는 1966년 이후 2000명이 감소했다.[40] 1968년 *필라델피아 이브닝 불레틴Philadelphia Evening Bulletin* 기사는 바이베리 병원에 머물렀던 사람들의 반이 현재 위탁 가정에서 살고 있으며, 비슷한 수의 사람들이 자신의 집, 친척의 집, 또는 요양원에서 살고 있다고 보도했다. 메디케어는 필라델피아 정신의학센터, 프렌즈 병원, 노스이스트 정신건강센터의 노인들 치료비를 부담했다. 당시 사회복지과 직원인 플로라 M 그로스는 "*이 모든 것은 새로운 정신질환약들 덕분에 가능했다. 우리는 퇴원할 수 있는 사람만 내보내지 환자들을 무조건적으로 사회에 돌려보내는 것이 아니다.*"라고 말했다.[41] 그로스는 병원이 강제로 퇴원을 시키지 않았다고 주장했지만, 사람들이 퇴원을 하는 속도에 대해 방어적인 태도를 보인 것이다. 이러한 변화는 빠르게 일어났으며, 연방기금과 APA의 지도력을 바탕으로 시설 차원에서 이뤄졌다.

블레인은 단순히 사람들을 바이베리 병원 밖으로 내보내는 것 이상의 일을 했다. 그는 지역사회 구성원들을 바이베리 병원의 끌어들였다. 그는 당시 진행되던 개혁을 선전하는 홍보센터를 설립해 수많은 지역사회 단체들을 그 센터로 초청했다. 바이베리 병원은 당시 경과보고서 중 하나에서 병원의 "공동체를 끌어들이기 위한" 노력을 강조하면서 보이스카우트 대원들이 병원에서 자원봉사를 하는 사진을 넣었다.[42] 1968년 블레인은 바이베리 병원에서 불과 6킬로미터 떨어진 곳에 위치한 벤저민 러시 생가를 보존하기 위한 모금 활동을 주도하기도 했다. 블레인은 러시가 태어난 농가를 병원 영내로 옮겨 박물관으로 복원해 대중이 정신의학의 아버지에 대해 알 수 있도록 하고 싶었다. 그렇게 되면 이 역사적인 장소에 있는 동안 대중은 정신병원의 치료 역사와 새로운 발전에 대해 더 많이 알 수 있을 것이라고 블레인은 생각한 것이다. 이런 식으로 그는 더 많은 사람들을 병원을 방문하고 싶게 만들었고, 이런 노력은 바이베리 병원을 담으로 둘러싸인 시설로 유지시키지 않고 사람들이 데려올 수 있는 장소로 만들고자 하는 의지를 반영한 것이었다.[43]

불행히도 러시의 생가를 보존하려는 노력은 실패했다. 1969년 한 필라델피아 시 공무원이 러시 생가를 폐가로 착각해 불도저로 밀어버렸기 때문이다. 바이베리 병원 직원이었던 샘 니콜슨은 병원이 프로젝트를 포기했고, 이 사고 후 옛 러시 농가의 일부가 병원의 지하실에 보존됐었다고 회상했다.[44] 이러한 실패에도 불구하고, 러시 생가를 복구하려던 블레인의 노력은 당시의 낙관론을 반영한 것이라고 할 수 있다. 블레인은 미국에서 가장 문제가 많은 정신병원 중 한 곳을 정비하는 것뿐만 아니라 정신의학에 대한 대중의 관심을 함양하기 위해 노력했다.

이렇게 탈수용화가 이뤄지던 1971년, 병원 경영진은 당시 64세였던 조지 엘더를 석방했다.[45] *이브닝 불레틴*은 조지 엘더의 석방과 탈수용화를 축하하는 기사를 썼다. 이 신문은 "*아무도 찾지 않거나 갈 장소가 없어서 바이베리 병원에 사실상 수감됐던 1700명의 사람들이 지난 2년간 석방됐다.*"라고 보도했다.[46] 몇 달

뒤 이 신문은 *"위탁가정들, 바이베리 병원 퇴원자 1000명에게 쉴 곳을 제공하다."*라는 제목의 기사를 실었는데, 이는 병원에 입원하는 사람의 수가 감소하는 것을 주요 진전으로 간주했던 언론의 입장을 반영한 것이었다.[47] 이런 탈수용화는 당시의 반수용화 대세와 결합된 시설 개혁 운동의 거듭된 실패들이 합쳐져 수용 시설로부터 사람들을 대규모로 석방하게 만든 것이었고, 대중은 이에 환호했다.

하지만 엘더의 예는 이야기를 복잡하게 만들었다. 바이베리 병원을 떠난 엘더는 자신이 과거의 삶과 단절됐다고 느꼈다. 우울증 증세가 나타났으며 자살 충동을 느꼈고 암으로 병이 났다. 결국 5개월 후 엘더는 다시 바이베리 병원으로 들어갔다. 엘더는 1971년 이 이야기를 듣고 찾아온 기자들에게 자신은 바이베리 병원에서 죽고 싶다며 자신은 진작에 석방됐어야 했다고 말했다.[48] 지역 사회와 가정으로 돌아간 후 별 문제가 없었던 사람도 많았지만, 엘더처럼 시설을 떠난 후 주거 문제를 겪고 제대로 혜택을 입지 못한 사람들도 많았다. 탈수용화가 이렇게 급속하게 진행되는 동안 주정부가 병원을 떠나는 사람들이 이용할 수 있는 자원을 거의 마련해놓지 못했기 때문이다. 사회화센터에서도 바이베리 병원을 떠난 수백 명을 돌볼 수 있는 사회복지사가 몇 명 되지 않았다. 샘 니콜슨은 병원에서 석방된 사람들이 사회보장연금을 타기가 힘들었다고 기억했다. 석방된 사람들은 살 곳이 별로 없었고 일자리를 구하기도 힘들었다.[49] *이브닝 불레틴*은 1971년에 바이베리 병원에서 석방된 오빠를 다시 보지 못한 한 여성의 이야기를 보도했다. 이 여성은 10년 동안 여기저기 오빠를 찾아다녔지만 결국 찾지 못했다. 정신건강 시스템에 분노한 이 여성은 정신건강 시스템이 "시스템의 권리만 보호하지, 환자들은 보호하지 않는다. 그들은 그냥 병원 문을 열고 환자들을 쓸어내는 것"이라고 말했다.[50]

이 여성과 조지 엘더의 사례는 이례적인 일이 아니었다. 활동가들은 필라델피아 주립병원이 그들의 복지에 대해 전혀 관심 없이 환자들을 '던져버리고' 있다고 주장했다. 블레인의 후계자이자 병원 최초의 아프리카계 미국인 원장인 프랭클린 클라크 박사는 이런 주장에 대해 반박했다. 하지만 몇 년 후 그는 "*우리는 치료사가 아니라 감독관이었다. 환자들의 상태는 악화됐지만 당신들(지역사회)은 밤에 마음 편하게 잤다.*"라고 털어놨다.[51] 아무런 지원도 없이 바이베리 병원을 떠났던 사람들에게는 몇 년도 채 지나지 않아서 "바이베리 사람들"이라는 별명이 붙게 됐다. 1974년 *이브닝 불레틴* 보도에 따르면 이 사람들은 "자신이 사는 지역사회에서 환영받지 못했고", "'미니 바이베리 병원'이라고 불리던 기숙사에서 부랑자로 살 수밖에 없었다."[52] 불행히도, 바이베리 병원으로부터의 대규모 석방은 석방자들이 스스로 살아갈 수 있을 정도의 지원이 이뤄지지 않은 상태에서 이뤄졌다.

하지만 이 문제는 대중의 관심을 받지 못했다. 활동가들과 석방자의 가족들은 주정부의 사회 서비스 부족을 비판했지만, 1960년대의 대중은 이런 문제에 주목하지 않았다. 언론은 사회에 재진입하면서 새롭게 자유를 얻은 사람들이 많다는 점에 주로 집중했다. 반수용화주의는 공공 담론과 정신건강 정책 수립을 지배했다. 바이베리 병원의 탈수용화는 펜실베이니아를 비롯한 다른 지역의 병원들이 감금에 대한 의존성을 줄일 수 있는 방식을 제시했다. 이런 식으로 이 시대는 구속과 의학적 강요로부터의 자유, 가장 덜 제한적인 환경에서 지낼 권리, 스스로 결정할 권리 등 수동적인 권리들을 수없이 확보했다.[53] 하지만 병원을 떠난 많은 사람들은 적절한 의료, 사회복지, 그리고 소득에 대한 권리는 병원을 떠난 많은 사람들의 필요를 충족시키지 못했다.

지역사회 기반 교정

보호감독 시설에서 벗어나고자 한 움직임은 정신병원은 물론 교도소에도 영향을 미쳤다. 1972년 역사학자인 데이비드 로스먼은 미국의 미래 교도소에 대해 다음과 같은 이례적인 예측을 내놨다. *"기본적인 통계 자체가 매우 충격적이다. 1955년 이래로 우리나라 정신병원의 연간 수용자 수는 감소하고 있다. 교정기관에서도 비슷한 하락이 발생했다. 1940년에는 인구 10만 명당 131.7명의 수감자가 연방이나 주 교도소에서 복역했으며, 1965년에는 이 수치가 10만 명당 109.6명으로 감소했다. 그러나 이는 범죄를 저지르거나 유죄판결을 받은 범죄자 수의 동반 감소 없이 이루어진 것이다."*[54] 로스먼은 주립 시설이 완전히 사라질 것이라고는 생각하지 않았지만, *"그럼에도 불구하고 우리의 현재 관행을 역사적 관점에서 볼 때, 우리가 이러한 사회적 문제들에 대처하는 수감 방식에서 어느 정도 벗어났다는 것은 충분히 명백하다. 우리는 사회개혁의 한 시대가 끝나고 또 다른 시대가 시작되는 것을 목격하고 있다."*라고 주장했다.[55] 정신 요양소에 대한 대안을 찾는 것은 중요한 순간으로 이어졌다. 이 시기는 교도소를 포함한 모든 유형의 대규모 보호시설을 사회가 거부할 것이라는 낙관론으로 가득 찬 시기였다.

1960년대와 1970년대에 걸쳐 교도소 정책입안자들은 과감하게 교도소의 재활 프로그램을 실험했고, 정신건강에서 외래환자 모델을 반영한 "수용자 외출" 프로그램도 선보였다. 이러한 자유주의적인 발상은 격동하는 1960년대 동안 범죄와 사회 무질서가 증가하는 것을 대중이 적게 인식하게 하기 위한 것이었다. 이 시대는 법질서가 민주당과 공화당 모두에 중요한 정치적 이슈가 된 시대였다. 제2차 세계대전 이후부터 1960년대까지 시민권 반대자들과 미국 남부의 민주당원들은 시민권 체계 확립 운동과 도시 봉기를 범죄라고 생각했다. 몽고메리 버스 승차거부운동(버스의 인종 분리에 항의해 앨라배마 주 몽고메리에서 1955년 일어나 1956년까지 지속된 정치사회적 보이콧 사건) 기간 동안 경찰은 카풀을 하거나 함께 걸어 다닌다는 이유로 흑인들을 체포했고, 이후 남부 민주당원들은 프리덤 라이드 운동freedom ride(미국 남부의 인종분리 정책에 맞서 대학생들이 버스를 타고 남부를 돌며 벌인 시위) 참가를 범죄로 규정했다. 보수주의자들도 1957년과 1964년의 시민권법 같은 정책이 흑인 범죄를 유발할 것이며, 1960년대의 도시 봉기는 인종 불평등과 사회 불안이 아니라 범죄 때문에 일어난 것이라고 주장했다.[56] 정치학자 내오미 무라카와는 *"미국이 당시 직면했던 문제는 인종 문제 때문에 발생한 것이 아니라, 인종 문제를 범죄화했기 때문에 발생한 문제였다."*라고 말했다.[57] 1960년대 중반 필라델피아를 비롯한 도시들을 뒤흔든 도시 봉기는 1967년에 최고조에 달했고, 그 기간 동안 경찰의 만행과 경제적 불평등 때문에 163개 도시가 폭력으로 얼룩졌다.[58]

1960년대에는 실제로 범죄율이 증가했다. 폭력 범죄가 늘어났으며, 전국적으로 살인사건 발생률이 2배나 증가했다. 살인사건 발생률은 1960년 인구 10만 명당 5명이었던 것이 1974년

10만 명당 9.8명으로 증가했다.[59] 통상 범죄학자들은 범죄율이 높아진 것이 도시화 때문이며, 당시 베이비부머들이 범죄를 저지를 가능성이 높은 연령대인 성년 초반에 이르렀기 때문이라고 분석한다. 게다가 경찰도 1960년대 동안 범죄를 더 철저하게 집계하기 위해 새로운 방법을 사용했고, 이는 범죄 통계 수치를 높였다.[60]

범죄율 증가, 도시 봉기, 정치적 시위는 신변 안전에 대한 불안감을 부추겼다. 특히 백인들 사이에서 이런 불안감이 높았다. 시위가 백인 거주지역에는 거의 영향을 미치지 않는데도 그랬다. 백인을 공격한 폭도들은 극소수였고, 사상자의 대부분은 폭도들보다는 경찰에 의해 발생했으며, 이들 대다수는 총기를 소지하지 않았다. 1964년 해리스 여론조사는 미국인 73%가 자신이 사는 지역사회에서 범죄 증가를 감지했다는 것을 보여주었다. 또한, 1967년에 내셔널 오피시언트 조사센터는 미국인 3분의 1이 동네에서 혼자 걷는 것을 두려워한다는 조사결과를 발표했다.[61] 범죄율 증가는 시민권 진보, 도시 봉기, 인종 평등을 범죄와 연관시킨 보수적인 담론과 충돌해 공공의 안전을 1960년대의 중요한 정치적 문제로 만들었다.

1960년대 법질서 운동은 인종차별적인 언어를 사용해 사람들이 거리의 폭력과 무질서라고 생각하는 것들을 중단하라고 요구했다. 법질서 운동은 보수적인 공화당 의원 배리 골드워터가 1964년 대통령 선거에 출마해 제시한 운동이다. 1964년은 시민권법 통과, 프리덤 서머Freedom Summer 활동 등 시민권 운동이 정점에 이른 해였다. 이에 따라 골드워터는 린든 존슨 대통령에 대항하는 공약의 핵심으로 안전을 내세웠다. 골드워터는 시민권과 인종차별 철폐가 "위험한 거리"로 이어질 것이라고 주장했다. 그는 민주당이 폭력과 혼란을 허용하면서 폭력이 난무하도록 만들었다고 생각했다.[62] 대통령 선거 운동에서는 범죄가 중심 이슈가 됐는데, 이는 과거 선거에서는 드물게 벌어졌던 일이었다.[63] 범죄를 둘러싼 담론은 범죄율 자체보다 더 빠르게 상승해 극에 달했다.

법질서를 강조한 것은 공화당원만이 아니었다. 민주당원도 그랬다. 범죄율 증가, 도시 봉기와 더불어 거리에서 벌어지는 폭력에 대한 보수층의 항의는 많은 민주당원들, 특히 존슨 대통령이 범죄에 반대하는 목소리를 내도록 만들었고, 존슨은 "범죄와의 전쟁"을 선포했다. 그는 1965년 사법집행행정법을 시작으로 관련 입법에 앞장섰는데, 이는 연방정부가 처음으로 치안 유지에 영향을 미치려고 한 사례 중 하나다. 1967년 존슨 대통령 행정부는 <자유사회에서의 범죄 대처The Challenge of Crime in a Free Society>라는 제목의 보고서를 냈는데, 이 보고서는 범죄를 주요 문제로 지목한 책이었다. 이듬해 의회는 존슨 대통령이 제안한 '범죄 단속 및 길거리 치안 종합법'을 통과시켰으며,

이 법에 따른 보조금으로 전국의 경찰서가 확장되고 개선됐다. 존슨 행정부는 훌륭한 사회 정책, 투표권법, 시민권법, 메디케어와 메디케이드법, 보충적사회보장보험법의 통과로 기억되는 경우가 많다. 하지만 존슨 행정부의 핵심 요소 중에는 범죄와의 전쟁이 있었다. 이 범죄와의 전쟁 기간 동안 법 집행이 전국적으로 강화됐으며, 특히 흑인에 대한 체포 건수가 증가했다.[64]

진보주의자들은 거리에 더 많은 경찰관을 배치하는 동시에 정신건강 분야에서처럼 더 반수용적인 접근방법도 채택했다. 진보주의자들에게 범죄는 시민권이 위협당한 결과가 아니었다. 그들에게 범죄는 시민권이 충분히 확대되지 못한 결과로 받아들여졌다. 진보주의자들은 열악한 주거 문제, 교육 문제, 실업 문제를 해결하면 범죄가 줄어들 것이라고 생각했다. 민주당은 중간 주거 시설 설립을 가능하게 한 재소자재활법을 1965년에 통과시킨 데 이어 1966년에는 마약 중독자들을 위한 시민의 참여를 허용하는 마약중독자재활법을 통과시켰다. 민주당은 그 후 청소년비행예방 및 통제법Control Act도 통과시켰다.[65] 존슨 행정부의 <자유사회에서의 범죄 대처>는 이런 변화의 정신을 담고 있었다. 이 보고서의 '지역사회 기반 교정' 부분에는 *"더 이상 지역사회에 위협이 되지 않을 때까지 위험한 범죄자들을 감금할 필요가 있는 것은 분명하다. 그러나 많은 수의 범죄자들, 특히 청소년, 초범자 또는 경범죄 위반자를 시설에 수감하는*

것은 문제를 해결하기는커녕 더 많은 문제를 일으킬 수 있다."라는 문구가 포함돼 있었다.[66] 진보주의자들은 사람들을 돕기는커녕 무력화시킨 시설들을 대체로 거부했다. 대신, 그들은 정부 프로그램이 범죄인을 교화할 수 있다는 낙관론에 의지해 교도소에 대한 대안을 모색했다.

펜실베이니아 주는 이런 진보적인 형사 사법개혁에서 주도적인 역할을 했다. 1960년대 후반 이런 개혁에 반대하던 사람 중 한 명은 펜실베이니아 주 교정국 공무원들을 "장발의 유토피아 추구자들"이라고 부르기도 했다.[67] 그리고 그들은 실제로 유토피아를 추구하는 사람들이었다. 1967년 펜실베이니아 주 법무부 장관 겸 검찰총장 윌리엄 세닛은 새로운 교도소 건설에 반대하면서 *"국민의 생각은 대형 시설에서 지역사회 기반 교정 프로그램, 지역사회 기반 교정시설로의 전환 쪽으로 변화했다.*"라고 말했다.[68] 이 법무장관이 이끄는 법무부 교정국은 징역형이 아닌 집행유예 사용을 권장했고, 많은 형사판사들이 이에 동의했다.

그 결과, 교정국은 보호관찰 제도 사용을 확장했고, 1960년대 동안 주정부는 범죄로 유죄판결을 받은 사람들의 3분의 2를 지역사회에서 감독했다. 교도소로부터의 자유는 1960년대 내내 지지를 받았는데, 여기에는 교도소의 존립 자체를 재고하려고한 펜실베이니아 범죄위원회가 큰 역할을 했다. 이 범죄위원회 산하 대책팀 중 하나는 필라델피아 소재 주립 교정시설(SCI)을 "범죄자들에게 전문화된 서비스를 제공하는 소규모 교도소"로 대체할 것을 권고했다.[69] 또한 위원회는 주정부가 교도소 대신 진단과 분류 기능을 갖춘 소규모 "지역사회 기반 시설"을 만들 것을 권고했다.[70]

<펜실베이니아 정신의학 계간지>는 "지역사회 환경에서의 범죄자에 대한 대응"이라는 제목의 기사로 이런 변화들을 조명했다. 이 기사를 쓴 제임스 T 바배시는 *"법 집행관, 변호사, 판사들이 심리학적인 연구를 점점 더 많이 하게 됐다. 연구 자금도 충분히 쓸 수 있다. 교정기관, 보호관찰부, 가석방위원회는 심리치료의 필요성을 더욱 강조하고 있다. 이러한 변화에 따른 누적 효과는 이미 진단 및 치료 시설에 대한 요청으로 나타났다."*[71] 이 기사는 정신과와 형사법체계의 밀접한 연관성을 드러낸 기사였다. 시설에서 지역사회 기반 프로그램으로의 광범위한 전환의 핵심에는 정신건강 전문가들이 있었다. 이러한 권고들은 주지사와 복지부가 지역사회 기반의 정신건강 서비스를 만들고 필라델피아 바이베리 정신병원 같은 대형 정신병원들을 탈수용화하기 위해 적극적으로 노력하면서 나왔다. 펜실베이니아 주의 8개 주립교도소도 1963년 8300명에서 1968년 5300명으로 수용 인원이 감소하면서, 1968년까지는 수용 가능인원의 70% 미만을 유지했다.[72]

이 개혁은 1971년 펜실베이니아 주 교정국장으로 앨린 실래프가 임명되면서 절정에 달했다. 그는 교도소를 자유화하라는 명령과 함께 *"시스템을 완전히 바꿔 교도소를 인간화하라."*는 명령으로 첫 업무를 시작했다.[73] 실래프는 키가 2미터에 육박했고, 39세라는 젊은 나이에 국장을 맡게 된 사람이었다. 교정국 부국장으로 2년밖에 일하지 않았기 때문에 승진을 하지는 못했지만, 대신 실래프는 클리블랜드 주립대에서 법학사, 케이스 웨스턴 리저브 대학에서 사회사업 전공으로 석사 학위를 받았다.[74] 펜실베이니아 주에 오기 전에는 교정 개혁을 추진한 진보적 두뇌집단인 국립범죄 및 비행 연구소에서 일했다. 교정국장이 된 실래프는 수용자들을 번호로 부르는 것을 금지했다. 그는 수용자들이 머리를 기르는 것을 허용했으며, 교도소 환경을 덜 수용적으로 만들려고 노력했다. 그는 또한 "수감자들이 복역한 후 이후의 삶에 더 잘 준비되기를" 바랐으며, 교정국의 목표를 "미래가 우리의 손에 달려있는 사람들의 결함을 바로 잡고 그들의 결점을 보완하며, 그들을 사회와 통합시키는 것"으로 설정했다.[75]

교정국의 이런 생각은 <변화하는 교정 개념>이라는 보고서에서 잘 드러난다. 보고서의 앞표지에는 나무 옆에 홀로 서 있는 백인이 그려져 있었다. 뒤표지에서 이 백인은 더 이상 혼자 서 있지 않았다. 대신, 백인 여성과 아이를 향해 걸어가는 모습,

즉 재활이 되어 이성애자 가족과 사회로 돌아가는 모습을 보여 준다. 실래프 국장은 보고서 서문에서 "*벽으로 둘러싸인 오래된 교도소는 더 많은 비용이 든다. 이런 교도소는 돈을 넘어서 우리 모두에게 더 많은 것들을 요구한다*"라고 썼다.[76] 보고서는 "*눈에서 멀어지면 마음에서도 멀어진다는 생각을 믿던 시대는 지나갔다. 이런 접근방법이 비참하게 실패했다는 것을 알게 된 사회는 이제 완전히 다른 접근법을 요구한다.*"라는 내용을 담았다.[77] 지역사회 지도자들과 단체들이 "최종 석방을 위한 점진적인 준비를 하면서 다양한 통제 방법을 사용해" 재소자들을 지원할 수 있다는 취지였다.[78]

이 개혁적인 언어는 통합주의적 교정 모델이 반영된 것이었다. 진보 정치인들과 정책입안자들이 경찰력 확충에 자금을 지원하는 한편 교정 분야에서는 미래의 범죄를 예방하기 위해 사람들을 변화시키려고 했다. 진보 정치인들과 정책입안자들은 지역사회 교정을 적극적으로 받아들였다. 정신건강 시스템에서와 마찬가지로 형사 사법 개혁론자들은 범죄로 유죄 판결을 받은 사람들을 사회로 다시 돌려보내고, 더 많은 지역사회 중심의 프로그램을 사용하기를 원했다. <변화하는 교정 개념> 보고서에도 복지부가 정신병원과 관련해 발표한 보고서들의 내용이 많이 반영돼 있었다. 그 보고서들은 멀리 떨어진 병원에 사람들을 격리시키는 것을 거부하는 대신 집으로 사람들을 돌려보내는 것을 강조했다. 실래프는 사회사업 전공자였기 때문에 지역사회로의 복귀와 지역사회 통합에 대해 알고 있었을 것이다. 이 교정국 보고서의 비전을 현실화하기 위해 교정국은 업무 및 교육 석방 프로그램을 시행했다. 이러한 시책들은 주민들이 낮 동안 교도소를 떠나 직장이나 학교에 갈 수 있도록 했으며, 1일에서 7일 동안 가정에서 시간을 보낼 수 있는 휴가도 만들었다. 교정국 직원들은 수감자들이 최소 형량에 도달하기 전에도 가족 방문을 허용했으며, 앞으로 살 집을 찾고, 직업 면접을 보기 위해 짧은 시간 동안 집으로 가는 것도 허용했다.[79] 1970년대를 통틀어 펜실베이니아 교도소 수감자들의 귀휴 횟수는 1만 번에 달했고, 귀휴자 중 98%는 귀휴가 끝날 무렵에 시설로 정상 복귀했다.[80] 별 문제 없이 시설로 복귀할 경우 재소자들은 1965년 입법부가 허가한 소규모 지역시설이나 지역사회치료센터로 이동할 수 있는 자격이 생겼다. 이 장소들은 "(범죄자들이) 지역사회, 가족, 교육, 문화, 고용 기회, 종교 등을 계속 가깝게 접할 수 있도록 하는 것을 당면 목표로 만들어진" 곳이었다.[81]

이런 소규모 지역 시설들은 150~250명을 수용했으며, 교정국은 이런 시설이 *"교도소와는 다르게 설계됐다."*라고 설명했다.[82] 지역사회치료센터에는 20명 이하의 사람들이 수용됐다. 이곳 직원들은 하루 24시간 수감자들을 감독했으며, 프로그램을 통해 성공적으로 치료가 된 사람들은 가정, YMCA, 위탁 가정 또는 약물치료센터로 갈 수 있는 자유를 얻었다.[83] 교정국은 지역 교정시설과 지역 치료센터 모두에서 수감자들이 직장과 학교에 갈 수 있도록 허용했다.[84] 교정국은 이 프로그램이 범죄로 유죄 판결을 받은 사람들을 정직한 시민으로 만드는 데 도움이 된다고 주장했다. 교정국은 귀휴가 수감으로 인한 가족의 피해를 줄여주면서 *"남편과 아내의 관계를 유지하는 데 도움이 된다."*라고 공개적으로 밝히기도 했다.[85] 지역 치료센터와 지역 교정시설은 사람들이 가족과 가까이 지내고 취업 기회를 유지하도록 했다. 교도소가 아닌 지역사회는 유죄 판결을 받은 남성들을 이성애자 가정의 강력한 가장으로 재활시키기에 이상적인 장소가 되었다.

지역사회 기반의 대안 모색은 여성 교도소에도 퍼졌다. 19세기 후반 여성 교도소 관리학자Female Penologist들은 감옥에 있는 여성들을 위한 별도의 시스템의 전통을 확립했는데, 이 시스템에는 여성들이 가정적인 삶을 살 수 있도록 치료 위주의 서비스가 포함되어 있었다. 이 모델은 20세기 동안 바뀌었지만, 수감된 여성들을 위한 분리형 재활 서비스는 그대로 유지됐다.[86] 펜실베이니아 주의 여성 수감자들은 먼시에 있는 주립 교정시설에서 최소 형량이 아닌 최고 형량을 받고 등급 기반 형기를 복역했다. 이 주립 교정시설은 창문에 쇠창살만 없었다면

아름다운 벽돌 건물들이 있는 대학 캠퍼스처럼 보이는 시설이었다.[87]

1968년 펜실베이니아 여성 및 소녀 범죄자 프로그램the Pennsylvania Program for Women and Girl Offenders이 필라델피아에서 결성됐다. 이 단체는 교도소 여성 재소자에 대한 방치와 "대중이 여성의 요구에 더 공감하며 여성을 남성만큼 위험한 존재로 보지 않기 때문에 지역사회에서 이들을 더 쉽게 받아들일 것이라는 생각"에 기초해 설립된 단체였다.[88] 이 단체는 사회복지사들과 자원봉사자들의 도움을 받아 보호관찰 중인 여성들에게 돌봄을 제공하고, 여성들이 수감 생활을 하지 않는 '서약 조건부 석방 프로그램'을 만들었다. 법원이 이들을 프로그램 조직의 감독하에 석방한 것이었다.[89] 이러한 대안은 정신건강 분야에서의 변화와 비슷한 방식으로 남녀 수용자 모두를 위한 교정 개혁에 영향을 미쳤다.

소규모 시설과 지역사회 프로그램은 주정부에 재정적 이익을 가져다주었다. 교정국은 교도소에서 1인당 하루에 9달러의 세금을 절약하기 위해 이러한 개혁의 추진을 주장했는데, 장기적 관점에서 이 개혁은 매년 수백만 달러로 환산됐다.[90] 주정부는 이 프로그램들을 만들기 위해 예산을 사용해야 했지만 장기적으로는 돈을 절약했다. 한 모니터링 회사는 이러한 지역사회 프로그램이 재범률을 감소시킨다는 것을 발견했다. 또한 이 프로그램들을 통해 수감 비용을 줄일 수 있는 방안도 제시했다. 수감자 수는 시간이 지나면 줄어들 것이었기 때문이었다. 교정국은 또한 직업훈련과 교육훈련이 교도소에서 나와 사람들이 꼭 필요로 하는 일자리를 확보하는 데 도움이 될 것이기 때문에, 이러한 프로그램들이 복지의 수혜를 받는 사람의 수를 감소시켰다고 주장했다. 결국 납세자들은 과거에 교도소에 있던 사람들이 직업을 얻음으로써 그들이 내는 세금의 혜택을 받게 된 것이었다.[91] 비용 절감과 세금 절약이라는 말은 당시 정신건강의 담론과 궤를 같이했다. 정치인과 정책입안자들은 주립 정신병원의 변화가 정신질환 진단을 받은 사람들과 주의 재정 모두에 도움이 된다고 주장하곤 했다.

정신병원이 비워지면서 재활과 지역사회 기반 서비스를 독려하는 교도소 개혁이 인기를 끌었다. 법질서를 주장하는 보수주의자들은 범죄자들이 거리에서 추방되길 원했지만, 진보적인 의회 의원들과 교도소 관계자들은 상담과 교육, 직업 훈련을 통해 그들을 사회에 복귀시키고자 했다. 그러나 진보주의자들은 증가하는 범죄와 도시 봉기를 무시하지 않았다. 실제로 진보주의자들은 개입주의적인 입장을 취했고, 법 집행을 확대함으로써 지역사회를 더 안전하게 만들려고 했다. 그들은 사람들을 교정 프로그램에 배치해 지역사회 기반 서비스로 그들을 재활시키기를 원했다. 교정 개혁에는 대개 정신건강 개혁 경험이 있는 사람들이 참여했다. 이 사람들은 두 시스템 사이의 다리 역할을 한 것이다. 결과적으로, 정신건강 개혁자들이 병원을 보다 재활적이고 지역사회기반으로 만들었듯이 교도소 개혁자들도 같은 방식으로 교정시설을 만들었다.

문설주에서 문을 떼기: 법 개혁

반수용적 사고의 절정은 대중문화와 정책결정에서뿐만 아니라 법정에서도 보였다. 시민 자유 변호사들은 1960년대에 시설들이 시민권을 짓밟았고 시설 수용자들을 보호했어야 했다고 주장했으며 이런 주장은 설득력을 가졌다. 대니얼 블레인을 비롯한 정신과 전문가들이 보호 관리에 대한 시스템의 의존도를 제한하려고 노력하는 동안 시민 자유주의자들은 정신건강법을 바꾸기 위한 법적 싸움을 시작했다. 앞서 언급했듯이, 과거 사람들은 정신의학 전문의에 대한 거부감을 가지고 있었다. 양심적 병역거부자들은 언론에 상황을 폭로했고, 메리 제인 워드는 《뱀 구덩이》를 출판했으며, 사람들은 선출직 공무원들에게 편지를 썼으며, 우익 보수주의자들은 자신들이 좌파적이라고 생각하는 기존 정신건강 시스템을 비판했다. 하지만 1960년대 후반의 정신건강 개혁에서는 정신건강 시설에 있는 사람들의 활동 그리고 정신건강 시설에 있는 사람들을 위한 활동이 더 핵심적인 역할을 했다. 그 결과, 법원은 정신병원에 사는 사람들의 권리에 대해 고려하게 됐다. 이는 재건시대(미국 남북전쟁에 이은 1865년부터 1877년까지 전국에 걸친 재건 시기) 이후 거의 최초의 변화였다.[92]

1960년대에는 정신병원 사람들의 시민적 자유를 보호하는 것이 법률적 관심의 선두가 되었다. 이 기간 동안에는 교정 시스템을 겸비한 정신건강 시설에 초점이 맞춰져 있었다. 위험한 사람들 혹은 범죄자로 간주되었던 사람들이 수감된 기관에서는 초기 탈수용화 노력 이후 거의 변화가 없었다. 예를 들어, 법원이 성범죄자, 불량 체납자, 범죄정신질환자criminally mentally ill로 판단한 사람들의 수감은 정책입안자들의 행동을 통해 바뀌지 않았다. 대신, 법원은 이 개인들을 어떻게 감독할 것인가를 고민하게 되었다. 형법상 정신질환범죄자 전용 파뷰 주립병원이나 새로 지은 댈러스 비행 청소년 시설 같은 펜실베이니아 주립 시설에서는 감독관들이 수감자들을 쉽게 그들의 지역사회로 돌려보내지 못했다. 정신건강 전문가들이 정신건강 서비스를 제공하기에 가장 좋은 장소라고 지역사회를 꼽은 반면, 이 모델은 범죄자나 위험하다고 여겨지는 사람들에게까지 확대되지 않았다. 주정부는 공공의 안전을 지키기 위해 필요하다고 판단해 이런 사람들을 위한 수감 모델을 계속 사용했다.

탈수용화와 보호감독 사이의 긴장은 이 시설들에 있는 사람들로 하여금 석방을 요구하게 만들었다. 첫 번째 주요 법적 소송은 댈러스 비행 청소년 시설과 관련된 것이었다. 1937년 펜실베이니아 주는 결함이 있는 비행 청소년 관련 법을 시행했다. 이 법은 복지부가 *"정신적 불안정의 유무와 무관하게 '범죄로 유죄판결을 받거나 비행 청소년으로 수감된 15세 이상의 남성 중 정신적으로 결함이 있고 범죄적 성향이 있는 사람'에 대해 적용했다."*[93] 주정부는 청소년들에게 부정기형을 내렸다. 이는 그들이 청소년 형기를 마쳤음에도 불구하고 결함 있는 비행 청소년으로 분류되어 무기한으로 시설에서 생활하고 있다는 것을 의미했다. 이러한 방식으로 수감된 사람들이 너무 많이 늘어나자 1960년에 펜실베이니아 주 복지부는 댈러스에 수백만 달러 규모의 시설을 설립했는데, 이런 종류의 시설로는 미국에서 두 번째로 지어진 것이었다.[94] 댈러스 시설은 교도소와 매우 비슷했지만, 그 역할은 정신건강 시설의 역할과 같았다. 이 기간 동안 연방법원은 시설에 수감된 사람들, 특히 교도소에 있는 사람들의 권리를 고려하고 있었다. 1964년 미국 대법원은 흑인 이슬람교도들이 교도소에서 예배를 드릴 권리가 있다고 판결했다. 이 결정 이후 연방법원은 점점 더 수감된 사람들의 손을 들어주었다. 법원의 이러한 변화는 전국의 수감자들이 수정헌법 14조를 통해 소송을 제기하고 변호사의 도움을 구하도록 고무시켰다. 죄수들의 인권운동은 1960년대 법체계의 끔찍한 인종차별 때문에 이를 바로잡는 작업과도 밀접한 관련이 있었다. 특히 흑인 남성들은 이러한 구조적 인종차별주의의 희생양이었다. 죄수들의 권리 운동은 빠르게 성장하여, 국내 그리고 전 세계적으로 추종과 인정을 받았다.[95]

댈러스 시설 수감자들도 크게 다르지 않았다. 그들은 필라델피아에 있는 공익 변호사들에게 석방을 도와달라고 편지를 썼다. 그 결과, 펜실베이니아 주의 ACLU는 1966년과 1968년 사이에 댈러스에서 수백 명의 수감자들의 사건을 검토했다. 특히 ACLU는 결함 있는 비행 청소년법의 합헌성에 대해 적법절차 위반이라며 이의를 제기했다.[96] 이런 법률이 시험대에 오를 법적인 분위기가 무르익었다. 불과 몇 년 전이었던 1964년 피츠버그의 한 시민 자유 변호사는 이 주의 바 워커 법의 합헌성을 문제 삼아 위헌 판결을 받아 낸 바 있다. 이 법은 성적인 사이코패스라는 딱지가 붙은 개인에게 부정기형을 선고할 수 있게 한 법이었다.[97] 또한 1967년 연방 대법원은 골트Gault 사건에서 비행 청소년들이 변호사, 재판 및 기타 법적 보호를 누릴 권리가 있다고 판결했다. 과거에는 법원이 주를 청소년들의 피후견인으로 간주했기 때문에 청소년들은 이러한 보호 조치를 받지 못했다. 그러나 골트 사건 판결은 주와 청소년 사이의 가부장적 관계에 도전했다. 골트 사건 판결은 주가 부모와 같은 역할을 수행하기 때문에 청소년들이 기본적인 시민의 자유를 잃어도 된다는 주장을 반박했다.[98] 이 사건 판례 같은 법적 판례와 다른 사건에서의 죄수 권리 확립을 주장한 판례는 이후 결함 있는 비행 청소년으로 간주된 사람들의 권리를 주장한 ACLU의 소송에 도움이 되었다.

하지만 댈러스 시설에서 사람들을 석방시키는 것은 투쟁을 거쳐서야 현실화될 수 있었다. 복지부는 이 청소년들을 석방하게 만드는 ACLU를 "무책임하다"고 간주했다. 복지부 입장에서 볼 때 댈러스 시설은 시설수용적인 환경에서 사람들에게 매우 필요한 사회 서비스를 제공했기 때문이다. 또한 복지부는 가부장적 관계가 그들을 위한 최선의 처우라고 주장했다. 그럼에도 ACLU는 적법 절차 위반을 이유로 주정부가 범죄행위를 한 적이 없는 사람들을 감금했다고 주장하면서 이 법에 계속 이의를 제기했다. ACLU의 노력 덕에 주의회는 이 법을 폐지했으며 최소한 800명이 댈러스 시설에서 석방됐다. ACLU의 사무총장 스펜서 콕스는 그 활동을 "합법적인 '탈옥' 운동"이라고 말했고, 후에 이 성과를 자신의 오랜 경력에서 가장 중요한 승리 중 하나라고 말하기도 했다.[99] 정신질환 진단을 받은 사람들에 대한 가부장적 접근은 주의회가 결함 있는 비행 청소년법을 폐지한 후 약화됐다.

결함 있는 문제아, 성범죄자, 비행 청소년 등으로 진단받은 사람들에 대한 수감 관행이 바뀌면서 법원은 정신병원에 관련된 사례도 많이 참고했다. 1966년 워싱턴 DC 연방 항소법원은 *라우즈 대 캐머런Rouse v. Cameron* 사건에서 정신병원에 있는 사람들은 그러한 시설에 갇혀 있는 동안 치료를 받을 권리가 있다고 판결했다. 배즐런 판사가 이 판결문을 썼는데, 이 판결문에서 그는 치료권리 주장에 대한 법적 기반을 구축하기 시작했다. 이는 정부가 정신건강 장애를 가진 사람의 자유를 침해할 수 있다면 그 시설에서 역시 개인에게 적절한 치료를 제공할 의무가 있다고 주장한 것이었다.[100] 1960년대 중반, 시민들의 복지에 대한 자유민주주의적인 관심은 시설에서 효과적인 치료를 제공하거나 시설에서 사람들을 이동시키는 것을 의미했다.

시민 자유 활동가들은 또한 정신이상 범죄자로 여겨지는 사람들을 수감시키는 관행을 비판했다. 뉴욕 주에서 법원이 조니 K 백스트롬이라는 사람에게 2급 폭행죄로 2년 6개월에서 3년 형을 선고했을 때의 일이다. 교도소에 있는 동안 한 정신과 의사는 백스트롬이 미쳤다고 진단하고 형법상 정신질환범죄자 전용 댄모라 주립병원으로 보냈다. 백스트롬이 형기를 마치자 병원장은 그의 정신질환을 치료해야 한다며 그를 민사적으로 수감하려고 했다. 결국 백스트롬은 형기를 마치고도 병원에 남을 수밖에 없었다. 하지만 그는 가만히 있지는 않았다. 자신을 감금한 주정부와 연방법원을 대상으로 투쟁을 벌였다. 그는 자신의 수감이 위헌이라고 주장하는 인신 탄원서를 제출했다. 이 사건은 미국 연방대법원으로 넘어갔고, 1966년 2월 워런 연방대법원장은 백스트롬(그리고 다른 수감자들)을 수감시킨 법에 대해 "수정헌법 제14조에 의해 보장된 법률에 대한 동등한 보호를 거부했기 때문에" 위헌이라고 판결을 내렸다.[101] 이 판결의 결과, 주정부는 댄모라 주립병원과 매터완 주립병원(뉴욕 주의 최고 보안 정신병원)의 다른 수감자 966명을 재평가를 위해 일반 병원으로 보내 결국 대다수의 수감자를 석방했다.[102]

연방대법원의 판결은 처음에는 뉴욕 주 시설에 수감된 사람들만 석방시켰다. 사건 자체가 뉴욕 주의 헌법 위반에 초점을 맞추고 있었기 때문이다. 하지만 백스트롬 사건 승소는 다른 주에서도 유사한 사건을 소송하기 쉽게 만들었기 때문에 결국 미국 전체의 시설에 영향을 미쳤다. 1969년 펜실베이니아 주 형법상 정신질환범죄자 전용 파뷰 주립병원 사건이 그 예 중 하나다.

1970년대 펜실베이니아 대학 범죄학 형법 연구소의 범죄학자 테렌스 P 손베리, 사우스 캘리포니아 대학 형사 사법 조교수 조셉 E 저코비의 파뷰 병원 연구는 이 병원에 대한 귀중한 정보를 제공했다. 사건 파일을 검토하면서 손베리와 저코비는 연구 대상의 약 5분의 2가 파뷰 병원에서 사망했다는 사실을 밝혀내 1960년대 가장 흔한 석방 방법이 죽음이라는 것을 밝혀냈다. 파뷰 병원의 사람들은 펜실베이니아 주에서 수감된 사람들보다 평균적으로 훨씬 더 오래 시설에 머물렀다. 이들의 범죄가 더 심각해서만은 아니었다. 이들이 이례적으로 병원에 오래 머문 이유는 수감자의 석방 이후 발생한 범죄에 대해 파뷰 병원 직원들에게 책임을 물었기 때문에 직원들이 석방을 망설이는 데서 비롯된 것이었다.

그 결과 파뷰 병원은 들어가기는 쉽지만 나오기는 극도로 어려운 시설이 됐다. 강력범죄를 저질러 파뷰 병원에 수감된 남성 봅 베치텔은 정신과 의사가 자신에게 종신형을 받지 않았음에도 평생 그 기관에 있을 가능성이 높다고 말했다고 회상했다.[103] 형사법체계제에서는 판사가 각종 범죄에 대해 정해진 형을 선고할 수 있다. 하지만 일단 정신병원 시스템에 들어가면 직원들은 정해진 규율이 없이 사람들을 원래 계획보다 더 오래 수감하는 일이 비일비재했다. 가부장적인 제도는 공공안전에 대한 주정부의 책임과 맞물려 범죄와 정신질환에 대한 이중진단을 받은 개인의 과잉 수감을 초래했다. 이들은 사회에서 가장 비도덕적이어서 격리된 사람들이 되었다.

비정상적으로 긴 구금의 결과, 교도소 역할을 병행했던 펜실베이니아 주 정신건강 시설인 파뷰 병원 수감자들은 자유를 찾아 편지를 썼다. 1960년대에 대부분의 사람들은 변호사에게 접근할 수 없었고, 직원들은 사람들을 자주 석방하지 않았기 때문에, 댈러스 시설에서 그랬던 것처럼 잠재적 동맹들에게 편지를 쓰는 것이 자유를 향한 생명선이 되었다.[104] 한 파뷰 병원 수감자는 펜실베이니아 대학의 커티스 라이츠 교수가 이끄는 초기 죄수 권리 프로젝트에 편지를 썼다. 당시에 정신건강기관에 수감되어 있는 사람들의 치료 받을 권리를 정립한 데이비드 배즐런 판사의 아들 리처드 배즐런은 이 대학에서 죄수들의 권리 프로젝트를 함께 수행하고 있었다. 배즐런과 라이츠는 선고 받은 형벌 기간을 다 복역했지만 여전히 수감되어 있는 이 파뷰 병원 수감자의 민권 문제를 이해했다.[105] 당시 정신건강법은 개선 가능성이 높았으며, 배즐런 판사의 치료권에 대한 결정, 뉴욕 주 댄모라 병원 판결을 포함해 정신건강법에 대한 다른 도전들이 새로운 소송이 성공할 수 있는 유망한 분위기를 제공했다. 1969년 7월 25일 배즐런과 라이츠는 수감자의 수송을 맡아 펜실베이니아 주 중부 지역 법원에서 *딕슨 대 검찰총장Dixon v. Attorney General* 사건을 진행했다.

이들의 첫 번째 단계 중 하나는 대표할 사람들의 집단을 만드는 것이었다. 이 집단은 가족이 아닌 파뷰 병원 직원에 의해 수감된 모든 사람들을 포함했다.[106] 이 집단의 구성원 중에서 소송 당시 형법에 의해 복역하고 있는 사람은 아무도 없었다. 게다가 정신과 검사를 받아야 한다는 명목으로 형기가 늘어난 사람들도 있었다. 인구 통계학적 연구에 의하면 딕스 대 검찰총장 사건의 참여한 집단의 평균 나이는 47세였고, 그중 12%는 65세 이상이었다. 손베리와 저코비는 "딕슨 집단은 소수인종과 저학력자의 비중이 매우 높았다. 이 집단 구성원의 40%는 흑인이었는데, 이는 미국 전체 인구의 9%인 흑인의 비중을 훨씬 뛰어넘는 수치"라고 말했다.[107] 딕슨 집단의 구성원 중 거의 절반이 6학년을 넘어서는 교육을 받지 못한 상태였으며, 59%는 미숙련 노동자로 등록돼 있었다. 전문직, 관리자, 농부는 14%에 불과했다. 다른 정신병원에 수감된 경험을 가진 사람도 많았다.[108] 아프리카계 미국인과 노동자 계층의 불균형한 대표성 때문에 파뷰 병원 사건은 정신건강법의 부당성뿐만 아니라 시민권 문제로도 확장됐다.

댈러스 시설에서 발생한 사건의 경우 복지부는 공공안전을 우려해 ACLU의 노력에 반발했었다. 비슷한 사례로 과거의 파뷰 병원 사람들을 석방하는 것에 대한 책임을 지고 싶지 않았다. 파뷰 병원 직원들은 석방된 사람이 많은 범죄를 저지를 경우 발생할 수 있는 대중이 분노를 두려워했기 때문이다. 하지만 연방법원이 석방을 결정했다면, 대중은 향후 어떤 문제에 대해서도 시설의 직원을 비난할 수 없었다. 따라서 비공개적으로 복지부는 사람들의 석방을 지지했다. 파뷰 병원의 문제가 심각하다는 것을 알고 있었기 때문이다. 실제로 주정부는 민권 변호사들이 이런 병원들의 장기 구금 관행을 비판하도록 장려했고, 민권 변호사들이 파뷰 병원 수감자들과 문서들에 접근하는 것을 상당히 쉽게 만들어 집단 소송에 도움을 주었다.

공판에서는 공공안전이 미국 지방 법원 판사들의 심의의 중심이 되었다. 1970년 7월 22일~23일 열린 딕슨 공판에서 원고들은 *"백스트롬 작전peration Baxstrom에 참여했던 증인들을 불렀다. 백스트롬 작전은 뉴욕 주 최고 보안 정신병원 수용자들의 석방 소송을 가리키는 별칭이다. 증인들은 댄모라 병원과 매타원 병원에서 석방된 1000명 중 최고 보안 시설로 다시 돌아온 사람은 7명 밖에 안 된다고 증언했다. 원고들은 파뷰 병원에 수감되어 있는 사람들이 파뷰 병원 그리고 더 넓게는 시설 밖에서 사는 것을 막을 수 있는 중대한 범죄적 경향이나 심각한 장애가 없다"*라고 주장했다.[109]

변호사들은 수감자들의 시민권을 확보하기 위해 이 집단 구성원들이 장애, 범죄 경력, 또는 다른 사회적 차이점이 없다는 것을 강조했다. 인종과 성별에 따른 시민권 주장은 장애나 차이에 대한 부인과 함께 이뤄지는 경우가 많았다. 시민권을 가질 수 있는 충분한 능력이 있다는 것을 보여주기 위해서였다.[110] 딕슨 집단소송의 변호사들은 파뷰 병원에 있는 사람들은 적법한 절차적 보호를 받을 권리가 있으며, 어떠한 심각한 장애나 추가적인 범죄를 저지를 성향이 없다고 주장했다. 이렇게 함으로써 변호사들은 위험하거나 장애가 있다고 여겨지는 사람들을 시민권에서 제외시키는 체계를 지지했다.

궁극적으로는 민권 보호를 위한 헌법적 주장이 우세했다. 법원은 재수감 절차가 공식적인 심리나 절차가 결여된 "종이 메모"에 불과하다고 판단해 강제입원법을 재정립했다. 법원은 판결문에서 "*원고는 (펜실베이니아 주 정신건강 및 정신지체에 관한 법률) 404조가 명백한 위헌이며 원고에게 적용되는 것이라고 주장하고 있다. 우리는 동의한다. 실제로 피고는 이에 반박하지 않는다.*"라고 밝혔다.[111] 법원은 성범죄로 유죄 판결을 받은 사람들에 대한 적법한 절차 보호와 펜실베이니아 주 바워커 법의 위헌 여부에 관한 최근 미국 연방대법원의 판결에 대한 다수의견을 근거로 들었다. 법원은 또한 비행 청소년들에게 적법한 절차 권한을 부여한 골트 사건을 인용했다. 펜실베이니아 주 지방법원은 "*우리는 가부장적 보호권 주장을 받아들이지 않으며, 상위 법원도 이에 설득되지 않았다*"라고 판시했다.[112] 이 판결로 주정부는 환자들을 석방했다. 파뷰 병원에 있는 586명의 사람들은 법원의 판결을 들었을 때, 대부분의 바로 그들의 지역 사회로 돌아가고 싶어 했다. 수감된 상태로 남기를 원하는 사람은 거의 없었다. 대부분의 사람들이 소원을 성취했다. 주정부는 처음에는 그들을 집 근처 민간 시설로 보냈다가 나중에는 정신건강 시스템으로부터 완전히 해방시켰기 때문이다.[113]

손베리와 저코비는 파뷰 병원을 떠난 사람들을 대상으로 한 연구에서 딕슨 집단소송 원고들 대부분이 석방된 후 폭력적인 범죄를 저지르거나 병원에 재입원하지 않았다는 사실을 밝혀냈다. 이러한 발견은 이 사람들이 지역사회에 복귀하는 즉시 범죄를 일으킬 것이라는 일반적인 정치적 두려움에 반하는 것이었다. 석방된 사람들은 전반적으로 공동체 생활에 적응해 가족과 함께 생활하는 이들이 많았고 하숙집에도 머무는 이들이 많았다. 이러한 발견에 비추어 연구원들은 범죄 정신질환자로 간주되는 사람들을 위한 새로운 수감 체계가 "정당한 대가", 즉 저지른 범죄에 더 정확하게 비례하는 형기에 더 많은 기초를 두고 있을 수 있다고 주장했다. 이 연구자들은 정신병원에서 지나치게 많은 시간을 보낼 가능성을 줄이기 위해 더 많은 절차적 보호를 요구했다.[114] 손베리와 저코비는 이런 식으로 개인에 대한 정신병원 수감 반대 주장을 펼쳤지만, 정신질환 진단을 받은 개인이 저지른 범죄에 대한 대응으로서의 형사적 처벌은 반대하지 않았다. 이런 사람들에 대한 범죄인화 자체는 계속돼야 한다는 입장이었던 것이다.

딕슨 집단소송은 파뷰 병원 사람들의 석방 그 이상의 성과를 이끌어냈다. 주의 강제입원법을 위헌으로 결정한 것은 정신건강 시스템 내의 수천 명의 삶에 영향을 미쳤다. 펜실베이니아 주의 정신건강 및 정신지체에 관한 법률 404조의 법적 근거를 없앰으로써 지방법원은 수천 건의 비자의적인 수감을 뒤집고 적법한 절차 없이 수감된 사람들의 석방을 명령했다. 시스템 전체에 걸쳐 복지부는 약 1만 4000명의 개인과 그 가족에게 법원의 결정을 통보했다.[115] 펜실베이니아 주 정신병원 환자의 권리에 대한 법적 재정립은 정신건강과 교정 시스템의 교차점에서 일어났다. 이 판결은 주정부가 사회로부터 제거할 수 있는 대상과 그 제거 이유를 명확히 했다.

딕슨 판결이 있고난 이후 필라델피아 바이베리 병원은 대니얼 블레인의 최초의 석방 노력 이후 3년 만에 두 번째로 대대적인 석방을 실시했다. 정신건강 및 정신지체에 관한 법률 404조가 위헌이 되었기 때문이다. 1971년까지 수감자 수는 2400명으로 감소했고, 딕슨 소송에 따른 명령에 따라 바이베리 병원 경영진은 수감자 총 2400명 중 1800명이 시설을 떠나거나 머물 수 있는 선택권을 갖게 되었다고 직원들에게 통보했다. 필라델피아 주립병원 직원 소식지도 같은 내용을 실었다.[116] 많은 사람들이 떠나기를 선택했지만, 이번에는 그들 스스로가 결정하여 떠났다. 바이베리 병원을 탈수용화하려는 블레인의 노력은 그곳의 인원을 감소시켰고, 딕슨 판결 이후 다시 그 수가 크게 줄었다. 이는 수감법이 더 이상 정신질환 진단만을 근거로 사람들의 비자의적인 수감을 허용하지 않기 때문에 나타난 현상이었다. 정신건강 시설의 많은 사람들은 비자의적인 수감으로부터 새로운 자유를 얻었고 더 강한 자기 결정권을 얻었다. 1960년대에 시설들은 다양한 곳에서 공격을 받았다. 정신병원 경험이 있는 학자와 저자의 작품을 통해 반정신의학과 반수용화주의 정서가 확산됐다. 이러한 문화적 흐름은 대규모 수용 시설에서 벗어나 지역 사회 기반 프로그램을 지향하는 정신건강 및 교정 공무원들의 개혁을 정당화했다. 이러한 흐름은 법원에도 스며들어 법원은 교도소나 정신병원에 있는 사람들에게 더 강력한 시민권을 점점 더 많이 부여했다. 그러나 그 변화의 중심에는 핵심적인 문제가 놓여 있었다. 정신질환 진단을 받은 많은 사람들은 감금으로부터의 자유와 같은 소극적인 권리는 많이 얻었지만, 정신건강관리권, 주거권, 지속가능한 소득 등 적극적 권리는 구체화되지 않은 것이다. 이러한 긴장감은 1970년대에 들어서야 법질서와 정치의 성장, 정신질환의 범죄화, 수감의 재확대와 함께 고조될 것이었다.

제4장

보호감독주의의 부활

오늘날 강조점은 재활에서 보호감독으로 이동했다. 재활에 대한 믿음은 범죄를 저지르는 사람들이 "응분의 대가"를 치러야 한다는 느낌으로 대체되었다.

- 존 P 콘래드, *필라델피아 이브닝 불레틴*, 1979년 8월 26일 자

로버트 "스톤월" 잭슨은 필라델피아 출신의 가난한 아프리카계 미국인이었다. 법원은 잭슨에게 강도죄 유죄판결을 내리고 정신질환을 이유로 파뷰 병원에 강제입원시켰다. 잭슨은 1976년 파뷰 병원에서 목이 부러진 채 사망했다.

잭슨의 의문스러운 죽음은 *필라델피아 인콰이어러* 편집장의 관심을 끌었다. 이 편집장은 에이슬 무어라는 젊은 아프리카계 미국인 기자를 이 사건에 투입했다. 청소년 범죄와 갱 범죄에 대한 기사로 잘 알려진 무어는 검시관에게 연락을 취했지만 검시관은 대화에 응하지 않았다. 단서를 찾아 헤매던 무어는 잭슨의 가장 가까운 친척에게 전화를 걸었다. 그녀는 수화기를 드는 순간 *"오 세상에, 내 기도가 응답받았군요!"*라고 소리를 질렀다. 이 친척은 잭슨의 죽음에 대해 말하기 위해 여러 곳에 수없이 전화를 걸었지만 형사법체계에 의해 위험하다고 낙인이 찍힌 정신질환자이자 아프리카계인 남성의 죽음에 관심을 갖는 사람은 거의 없었다.[1]

잭슨에 대한 기사가 신문에 실린 직후 파뷰 병원에 있었던 한 사람이 무어에게 접촉해 왔다. 그는 잭슨을 개인적으로 알고 있었을 뿐만 아니라, 잭슨이 옆방에서 두들겨 맞아 죽는 소리를 들었다고 말했다. 그는 파뷰 병원에서의 폭력 행위에 대해 무어에게 말했고, 그 폭력 행위는 무어가 전에는 들어보지 못한 정도의 것이었다. 무어는 동료 기자인 웬델 롤스 주니어와 팀을 이뤄 3개월 동안 이 병원을 조사했고, 결국 퓰리처상을 받았다. 이 기자들은 파뷰 병원 직원들이 수용자들에게 억지로 싸움을 시키고 그 결과에 돈을 걸었다고 썼다. 또한 무어와 롤스는 파뷰 병원이 폭력을 은폐했다고 썼다. 살인 사건에 의한 사망을 심장마비에 의한 사망으로 보고한 것이 그 예다. 무어는 병원 직원들이 백인이고 병원 수감자들은 대부분 흑인이라는 사실이 특히 위험하다고 생각했다. 당시 파뷰 병원에 대한 무어의 조사는 정신건강뿐만 아니라 인종, 계급, 사회가 버린 사람들에 대한 돌봄에 관한 것이었다.[2]

정신건강 시스템을 재점검한 것은 무어와 같은 기자들뿐만이 아니었다. 1960년대 반수용화주의 정서에 자극받아 1970년대는 의학 및 정신의학의 권위에 대한 도전이 수많은 방식으로 이뤄졌다. 그 도전은 강제불임 시술 반대, 낙태권 침해 반대, 정신병원 및 교도소 실험 반대 등이었으며, 《정신질환의 진단 및 통계 편람》 제2판에서 언급된 동성애에 대한 정신질환 진단에 대한 반대도 이뤄졌다.[3] 동시에 1970년대에는 좌파와 우파 모두에서 많은 사람들이 사회복지 정책이 너무 개입적이고, 효과적이지 못하고, 낭비적이라고 생각했기 때문에 미국의 지배구조는 "능력의 위기crisis of competence"를 경험했다.[4] 의료와 국가 권위에 대한 믿음이 약해지면서 특히 교정의 재활적인 역할을 탐색하려는 노력이 공격을 받았다. 1970년대 초 대중은 미국 교도소의 사람들을 재활시키는 능력에 대해 상당한 신뢰를 잃었다.[5] 로버트 "스톤월" 잭슨 사건에서 보듯이 펜실베이니아주가 누군가를 죽였을 수도 있는 매우 폭력적인 정신병원을 운영했다는 사실은 정부 권한 남용과 관련한 대중의 분노를 더욱 증폭시켰다.

1960년대 사람들은 시설이 사람들과 사회에 해를 끼친다고 생각했다. 정책입안자들이 탈수용화와 지역사회 프로그램을 실시했기 때문이다. 하지만 1970년대에는 국가 의료 당국에 대한 불신이 생기면서 개인으로부터 사회를 보호하는 것이 정부의 가장 큰 역할이 되어야 한다는 생각이 다시 활성화됐다. 펜실베이니아 주 정책입안자들은 이 기간 동안 정신건강 수감법을 다시 썼고, 본인의 의사에 반해 사람들을 정신병원에 수감하는 것에 대한 엄격한 제한을 만들었다. 가족, 정신과 의사, 또는 경찰은 정신질환이나 사회적으로 물의가 되는 행동 때문에 더 이상 사람들을 정신건강 기관에 수감할 수 없었다. 대신, 수감은 당사자가 본인이나 다른 사람들에게 명백한 현재의 위험을 제기할 경우에만 이뤄질 수 있었다.

새로운 정신건강법이 통과된 지 몇 달 후, 필라델피아 경찰국장 조셉 오닐은 반사회적 행동을 보이는 사람들을 더 이상 비자발적으로 병원에 데려갈 수 없기 때문에 그들을 교도소에 가두도록 권장하는 지침을 발표했다. 이러한 정책의 변화로 인해 정신질환을 진단받은 사람들의 수가 급격히 증가했는데, 이는 미국 전역의 수많은 도시에서 일어난 추세였다.[6] 1970년대에 정신질환이 점진적으로 범죄로 간주되면서 교도소는 더욱 가혹해지고 징벌적인 성격으로 변모해 규모가 커졌다. 교도소를 탈수용하고 지역사회 교정 프로그램을 만드는 진보적인 경향은 10년 동안 중단되었다. 이러한 변화의 중심에는 재활에 대한 불신과 공격이 있었으며 교도소는 교도소에 수감된 사람들의 긍정적인 행동 변화를 촉진하기 위해 일할 수도 있고 노력해야 한다는 생각이 있었다. 굿 타임 법안Good Time Bill을 둘러싼 펜실베이니아 주에서의 논쟁은 범죄로 유죄 판결을 받은 사람들을 어떻게 대할 것인가에 대한 국회의원들 사이의 깊은 분열을 드러냈다. 굿 타임 법안은 뉴욕 주 아티카 교도소 폭동의 여파로 입법이 시작된 법안이다. 공포가 바탕이 된 정치는 정책입안자들이 징벌적 감옥 모델로 돌아가도록 만들었고, 결국 마약 투약과 정신질환을 포함한 다수의 사회 행위를 범죄로 규정하는 법안이 통과됐다. 펜실베이니아 주는 1970년대에 재활적 이상이 거부된 여러 주 가운데 하나였으며, 재활은 무력화와 수감으로 대체되었다. 이에 따라 교정기관들은 미국의 주요 수감을 위한 공간으로 떠올랐다. 수감자의 권리와 자칭 정신질환자를 위한 권익활동가들이 재활모델과 제도화에 도전했지만 전자만 도마 위에 올랐다. 이 10년 동안의 탈수용화는 1960년대에 개혁자들이 희망했던 것처럼 관리기관의 거부를 수반하지 않았다. 대신 대중을 보호하기 위해 사회로부터 사람들을 격리하는 데 역할이 집중되면서 시설이 가지는 의미가 달라졌다.

정신질환의 범죄화

1971년 딕슨 판결로 펜실베이니아 주 정신건강 수감 법률이 뒤집힌 후 변호사와 정책입안자들은 그 뒤 5년간을 새로운 수감

지침 초안을 작성하며 보냈다.[7] 이 전문가들은 풀뿌리 운동가들이 이 문제를 중심으로 조직화되고 법원도 점점 더 많은 사례들에 대한 판결을 내리게 되면서 1970년대 초 정신병원 사람들의 시민적 자유를 둘러싼 전국적인 투쟁에 돌입했다.

주디 챔벌린은 바로 시기에 등장한 주요 활동가 중 한 명이었다. 그녀는 만성 조현병 진단을 받은 사람이었다. 챔벌린은 자발적으로 입원한 후 몇 달 동안 주립병원에 감금됐다. 이 시기를 인생 최악의 시기라고 생각한 그녀는 퇴원 후 전(前) 환자 모임에 가입했다. 이 모임에서 챔벌린은 초기 정신질환자 해방 운동가들과 만나게 되는데, 이 해방 운동은 자금 지원을 받지 못했던 소규모 민권 운동이었다.[8] 다른 초기 단체로는 포틀랜드 정신질환자 해방전선, 보스턴 정신질환자 해방전선 등을 들 수 있다. 이 단체들은 북미 인권회의와 챔벌린이 "미국 전 환자들의 목소리"라고 불렀던 샌프랜시스코 정신질환 네트워크 뉴스를 통해 빠르게 연대했다.[9]

정신병원 생존자들의 운동은 정신병원 입원을 경험한 사람들로 구성되어 있었으며, 이들 중 상당수는 토머스 사스의 이론에 따라 정신질환 치료 관행과 의학 권력에 도전했다. 이들은 서로를 위해 상호 지원을 아끼지 않았고 정신질환 경험이 있는 이들이 운영하는 시설을 옹호했다. 이런 활동은 정신의학 전문가들이 권력에서 멀어지도록 만들었다. 이런 활동은 정신질환을 가진 사람들에 대한 차별을 거부했고, 활동가들은 정신질환자들이 당하는 소외에 맞서 싸웠다. 특히 이 활동가들은 비자의적인 입원과 치료에 반대하는 입장을 취하면서 전 환자들과 정신병원 생존자들의 권리들을 주장했으며, 수감 중에도 변호인을 만날 권리를 주장했다.[10]

공익 변호사들은 이러한 문제들을 법정으로 가져갔고, 이는 정신병원 사람들의 민권 확립에 상당한 영향을 주었다. 예를 들어, 정신건강 프로젝트는 정신병원 입원을 앞둔 개인의 헌법적 권리를 강화하기 위해 노력했으며, 이 프로젝트 구성원들은《정신장애인의 법적 권리》라는 책자를 발간하기도 했다. 이 단체는 데이비드 베즐론 판사가 *라우즈 대 캐머런Rouse v. Cameron 사건*에서 주장한 치료권에 대한 의견을 제기했다. 주정부가 사람을 시설에 수용할 때는 치료를 제공해야 한다는 의견이었다. 앨라배마 주 연방법원이 1972년에 심리한 *와이어트 대 스티크니Wyatt v. Stickney 사건*은 치료권을 헌법상의 권리로 확립했는데, 이로 인해 앨라배마 주와 미 전역의 정신건강 시스템에 대한 대규모 개혁이 촉진됐다. *잭슨 대 인디애나Jackson v. Indiana 주 사건*에서는 정신장애를 가진 사람이 비자의적으로 수감되었을 경우 정당한 법적 절차를 밟을 권리가 있다고 주장했는데, 이는 위스콘신 주의 사건인 *레서드 대 슈미트Lessard v. Schmidt 사건*에서도 법적 권리였다. 레서드는 정신병원에 있는 사람들이 수감 전 변호사 면담이나 정식 심리 같은 절차적 보호를 받아야 된다고 요구했다. 이 사건은 또한 어떤 사람이 수감되기 전에 자기 자신이나 다른 사람에게 즉각적인 해를 가할 수 있는 위험성을 보여야 한다는 것을 입증해야 한다는 입장을 고수했다. 이러한 새로운 권리는 형사 피고인들에게 부여된 권리와 유사하다.[12] 이 모든 사례들은 정신병원에 있는 사람들이 치료권과 적법한 절차에 의한 보호를 확보할 수 있도록 만들었고, 주정부가 가능한 한 가장 덜 제한적인 환경을 사용하도록 만들었다.

딕슨 판결의 여파로 펜실베이니아 주의 정책입안자들은 변화를 따라잡기 위해 노력했다. 딕슨 사건에서 수감자들을 대변했던 두 명의 필라델피아 변호사인 리처드 배즐론과 앨런 데이비스는 새로운 개혁안을 마련했다. 이들은 펜실베이니아 남동부 정신건강협회와 함께 "치료를 원하거나 자신의 의사에 반해 치료를 받고 있는 사람들, 자의적 또는 비자의적으로 치료를 받고 있는 사람들, 치료에서 해방된 사람들"과 관련한 법적 문제에 대한 기준을 정하는 새로운 법을 썼다. 1972년과 1976년 사이에 개혁안을 작성했던 사람들은 복지부, 펜실베이니아 정신의학협회와 협력해 수많은 공청회를 열었다.[13] 이 규칙들을 개정하는 것은 시간이 오래 걸리고 힘든 일이었지만, 이 개혁안은 결국 200번째 독립 기념일이 며칠 지난 1976년 7월 9일에 통과됐다.

이 새로운 법의 초안을 작성한 위원회는 처음에는 수감법이 선의에서 시작됐지만 시간이 흐르면서 크게 어긋났다고 주장했다. 이 점을 강조하기 위해, 이 법안에 대한 보고서의 저자들은 데이비드 배즐론 판사의 다음과 같은 말을 인용했다. "*약자를 보호하기 위해 고안된 제도가 결국에는 그들을 억압하는 경우가 가끔 있다.*"[14] 이 보고서에는 다음과 같은 내용이 계속됐다.

> *정신건강 서비스 네트워크는 잠재적으로 그럴 수 있는 시스템이다. 이 네트워크를 시작한 선의도 명시적인 법적 지침이 없으면 이 네트워크의 봉사 대상인 사람들의 권리와 자유를 심각하게 침해할 수 있다. 정신건강 치료의 선의의 목적은 정신건강법들에 적절한 절차의 결핍, 평등한 보호의 거부, 사생활 침해 같은 결함이 있음에도 불구하고, 이런 법들의 집행이 헌법상에 보장된 권리들을 축소하고 결혼, 이혼, 계약 체결, 사업 운영의 자유에 관한 권리 같은 기본적인 자유를 침해고 있음에도 불구하고 그 법들에 확실한 헌법적 위치를 부여하는 것으로 보인다.*[15]

보고서 초안 작성자들은 정신질환 진단을 받은 사람들에게 새로운 시민권적 권리들을 대규모로 제공하기를 원했다. 이런 권리들은 선의라는 명목으로 국가가 거부했던 권리들이었다.

정신건강 문제와 관련해 더 많은 시민권을 확보하기 위한 이러한 움직임은 연방정부와 주정부의 정신건강 예산 확보 노력과 동시에 일어났다. 1973년 2월 리처드 닉슨 정부는 10년 전 케네디 대통령 시기에 시작된 프로그램인 새로운 지역사회 정신건강센터를 짓기 위해 주들에 대한 연방 보조금을 축소할 것을 권고했다. 이 새로운 모델에 따르면 주정부들이 이 센터들의 자금을 넘겨 받을 수 있었다. 워터게이트 사건으로 결국 이 정신건강 예산 삭감 계획은 수포로 돌아갔지만, 정신건강 기금 마련이 논란이 되고 있었던 펜실베이니아 주에서는 여전히 이 문제가 반향을 일으켰다.[16]

바이베리 병원을 포함한 주 전역의 기관의 노조원들은 파업에 들어갔다. 미국노동조합총연맹과 산업단체총연합회는 주정부가 사람들을 길거리로 추방하는 것을 은폐하기 위해 환자들의 권리를 지지했다고까지 주장하며 이 환자 권리 지지 법안에 반대했다. 노조는 이 법안이 치료권을 강조하지 않았고, 사람들은 서비스의 혜택을 받지 못할 것이며, 이는 민권을 위해 치르기에는 높은 대가라고 공개적으로 발표했다.[17] 병원 내 사람들을 대신한 노조의 감원 반대는 이후 1980년대 신자유주의에 근거한 탈수용화 노력을 방해하는 핵심적인 수단이 됐다.

정신질환 진단을 받은 사람들을 감금해온 역사와 당시의 공포 기반 정치와 맞물린 1970년대의 비용 삭감 움직임 때문에 개혁자들은 정신질환자들에 대한 차별을 종식시키고 그들에게 적절한 서비스를 제공하는 데 어려움을 느꼈다. 대중은 다양한 형태로 치안을 요구했다. 이 치안에는 정신질환 진단을 받은 사람들로부터의 시민의 보호도 포함돼 있었다. 1974년 펜실베이니아 주 주지사 밀턴 섀프는 탈수용화 과정에 대해 언급하면서 이 과정이 "논쟁적"라고 표현했다.[18] 그는 주정부가 정신병원에서 사람들을 내보내는 것에 대한 비판이 많다며 지역사회 프로그램이 *"정신병원에 수용됐던 환자들을 수용할 준비가 아직 돼 있지 않다."*라고 주장했다. 복지부 보고에 따르면 필라델피아 지역사회 대부분은 정신병원 퇴원 환자와 같이 생활하는 것을 원하지 않았다. 비자의적인 수감으로부터 사람들을 보호하면서도 폭력으로부터도 사람들을 보호하려는 새로운 형태의 가부장적 모델이 등장했다. 하지만 이 모델의 두 목표는 양립하기 힘든 것이었다.

정신건강 시설을 떠난 사람들이 야기하는 위협에 대한 대중의 우려는 새로운 법을 출현시켰다. 정신건강절차법 초안 작성자들은 보고서에서 치료 목적의 수용을 허용한 과거의 법률이 "사람들이 그들의 본질적인 자유를 박탈당할 수 있는 메커니즘"이라고 주장했다.[19] 저자들은 치료의 필요성을 인정하면서도 *"치료의 필요성이 사람들의 사생활에 대한 부당한 침해를 할 정도로 중요한지 저울질해야 한다."*며 *"그 과정에서 의학적 판단*

이 필요하지만 가부장적인 권리의 부적절한 행사를 막기 위해서는 주의 재량권이 제한되어야 한다."라고 주장했다.[20] 그들은 비자발적인 수감이 의료적 판단에 지나치게 의존하고 있다고 비판했다. 반정신의학의 목소리를 내는 토마스 사스와 R D 레잉의 생각을 반영했다. 저자들은 다시 배즐론 판사의 말을 인용하면서 정신과 의사들은 정신질환 진단을 받은 사람들을 도우면서 시설 내 질서를 유지해야 하는 상충되는 두 과정에서 힘겨워하고 있다고 주장했다.[21] 이러한 상충된 이해에 대응하기 위해 저자들은 수감 결정권을 법원에게 부여하는 새로운 정신건강 절차법 초안을 작성했다. 이 새로운 제도에 따라 법원은 딕슨 소송에서 설정된 기준과 잭슨 대 인디애나 주 사건에 대한 연방대법원의 판결에 근거해 "자신 또는 다른 사람에게 명백하고 현존하는 위험"을 제기했는지 여부를 결정했다.[22] 이 보고서는 *"정신질환자는 사회에 위험을 주거나 갈등을 일으킬 수 있는 위협 등의 기준보다 광범위한 기준에 따라 구금될 수 있다"*라고 지적했다.[23] 주정부는 더 이상 정신의학적 진단만으로 사람들을 수감할 수 없지만, 그들이 위험하다고 생각하는 사람들은 수감할 수 있었다.

법이 바뀌자 펜실베이니아 주를 비롯하여 전국에 형법으로 처벌된 경험이 있는 사람들의 정신병원 입원이 증가했다는 변화가 일어났다. 미국 내 6개 주(애리조나, 캘리포니아, 아이오와, 매사추세츠, 뉴욕, 텍사스 주)에 대한 한 연구에 따르면 "*체포된 경험이 있는 남성 입원자의 비율이 늘어났다.*" 이 비율은 1968년 38.2%에서 1978년 55.6%로 급증했다. 이 주들에서는 정신병원에 입원한 사람들의 다른 특징들도 변화했다. 예를 들어, 평균 입원 연령은 1968년 39.1세에서 1978년 33.3세로 감소했고, 유색인종 인구의 비율은 약 13% 증가했다.[24] 실제로 이러한 인종적 차이는 1960년에서 1980년 사이에 정신건강 시설에서 아프리카계 미국인의 비율이 약 7% 증가했기 때문에 국가 차원에서 발생한 것이다. 주목할 만한 것은 펜실베이니아 주에서는 인종적 차이가 크게 발생하지 않았다는 것이다. 이 주에서는 유색인종으로 분류된 사람들의 비율이 9.9%에서 12.66%로 증가했다.[25] 하지만 인종적 차이는 대부분의 다른 주들에서도 비교적 크게 나타났으며, 이 인종적 차이는 위험 평가가 "인종에 기반을 둔 분류와 '위험한' 사람들이 특정 인종에 몰리는 현상이 심화됨에 따라" 발생한 것이었다.[26]

1960년대 후반에는 해방 운동이 정신건강 시설에서 수천 명을 석방시켰다. 하지만 1970년대에 이르러 대중은 훨씬 더 경계심을 갖게 되었다. 아무런 지원도 없이 바이베리 병원을 떠났던 사람들에게는 '바이베리 사람들'이라는 별명이 붙었다. 이들은 지역사회 사람들에게 차별을 당했으며 '미니 바이베리'라는 별명이 붙은 기숙사 같은 곳에서 살았다.[27] 정신건강 시스템의 극적인 변화는 사람들을 보호하려는 생각에서부터 나온 것이었다. 바이베리 병원 경영진은 정신병원 내에서 사람들이 감금되는 것으로부터 사람들을 보호하려고 노력했고, 파뷰 병원과 댈러스 시설 사건의 원고들과 그들의 변호사들은 비자발적인 감금으로부터 자유를 찾아주었다. 그러나 1970년대에는 열악한 사회적 지원과 지역사회 사람들의 저항이라는 새로운 문제가 수면 위로 떠올랐다. 펜실베이니아 주의 이러한 변화는 미 전역에서도 똑같이 나타났다. 1959년에는 비자의적인 입원을 시킨 주가 5개에 불과했다. 위험하다고 간주된 사람들을 대상으로 한 것이었다. 하지만 1971년이 되자 강제 입원을 시킨 주의 숫자는 9개로 늘어났다. 1970년대 말이 되자 미국의 모든 주가 타인 또는 스스로에게 위협이 될 수 있다는 이유로 개인을 강제 입원시킬 능력이 있었다. 이렇게 위험한 사람이라고 분류된 사람들에는 "중증 장애인"으로 간주되는 사람들이 포함됐다. 중증 장애인은 기본적인 생활도 할 수 없는 사람들을 의미했다. 강제입원법은 주정부의 탈수용화 노력과 결합해 정신질환 진단에 근거해 사람들을 구속하는 것에서 벗어나 범죄 행위나 위험성 진단에 근거한 사람들을 구속하는 방향으로의 전환을 촉진했다.[28]

탈수용화가 빠르게 진행되고 교도소가 더욱 징벌적인 성격을 띠면서, 교도소 시스템은 점점 과거의 정신건강 시스템으로부터 사람들을 흡수했다. 당시 사람들은 걱정하던 일이 일어난 것이었다. 사람들의 두려움은 필라델피아에서 현실로 나타났다. 필라델피아 경찰국장 조셉 오닐이 정신질환 징후를 보이는 사람들을 체포하라고 명령한 것이다. 오닐은 *"불필요한 소음을 내고, 불쾌한 언어를 사용하고, 불쾌한 몸동작을 취하고, 싸움이나 협박에 가담하고, 폭력적이거나 소란스러운 행동으로 위험하거나 육체적으로 불쾌한 상태를 만드는 자는 무질서한 행동에 관한 형법 5505조 위반 혐의로 기소될 수 있다."*라고 말했다.[29] 과거였다면 펜실베이니아 주는 이 사람들 대부분을 본인의 의사와 상관없이 정신병원에 수감했을 것이다.

한 지역 교도소의 정신건강의학 과장은 사회복지 전공 학생과의 협력을 통해 법률개혁의 결과로 변화하는 죄수들의 수를 도표화했다. 이들은 필라델피아 소재 한 교도소에서 법의학 부서를 연구해 1976년 정신건강절차법 시행 이전에 정신과 진료를 받은 사람의 수와 그 이후 진료를 받은 사람의 수를 비교했다. 이들은 강제입원법이 바뀐 후에 구치소에서 정신질환 진단을 받은 사람의 수가 증가했다는 것을 발견했다. 또한 이 연구에 따르면 대다수의 사람들은 강력 범죄로 수감된 것이 아니라 "무질서한 행위, 무단침입, 테러위협 같은 범죄들"로 수감된 것으로 나타났다.[30] 경찰과 보호감찰관이 많은 개인들을 교도소로 보냈지만 상당한 수는 위협을 느낀 그의 가족들의 체포요청으로 수감되었다. 또한 이 연구자들에 따르면 경찰관들은 자신이 경범죄 혐의로 체포한 사람들을 정신질환자로 취급하는 경우가 많았다. 경찰은 강제입원을 시킬 수 없었기 때문에 이렇게 체포된 사람들은 구치소로 보내졌다.[31]

연구자들은 이런 상황이 발생한 것은 지역사회의 책임이라고 결론 내리고, 지역사회는 정신질환 진단을 받은 사람들을 받아들일 "준비가 돼 있지 않다."라고 말했다. 또한 이 연구자들은 다른 주들에서는 펜실베이니아 주의 수감법을 만들지 말라고 경고했다.[32] 하지만 연구자들은 경찰이 어떻게 사람들을 경범죄로 교도소에 가두었는지에 대해서는 조사하지 않았다. 수감률은 1970년대에 특히 필라델피아 같은 도시의 아프리카계 미국인 사회에서 증가했다. 연구자들은 정신질환자로 지목된 교도소 수감자 대다수가 정신분열증 진단을 받았다는 사실도 밝혔다. 정신과 의사들은 흑인 남성에게 이 진단을 다른 집단보다 더 많이 내렸다. 1960년대에 정신의학 전문의들은 《정신질환의 진단 및 통계 편람》 제2판에서 편집증적 정신분열증을 다시 정의했다. 새로운 정의는 편집증적 정신분열증을 공격성과 폭력적 행동, 흑인, 특히 남성들에게서 불균형적으로 나타나는 행동과 결부시켰다. 제약광고는 아프리카 문화를 정신분열증과 반복적으로 연결시켰고 정신과 의사들은 정신질환을 가진 흑인 남성들을 과잉 진단했다.[33] 정신분열증을 가진 사람들이 체포돼 교도소에 보내지는 경우가 많았기에 정신질환의 범죄화는 필라델피아의 흑인 사회에 불균형적으로 영향을 미쳤다.

이러한 정신질환의 범죄화와 "병원에서 교도소로 옮겨지는" 추세는 필라델피아를 비롯해 미 전역에서 나타났다. 정신질환이나 정신입원 이력이 있는 사람의 수가 1970년대와 1980년대에 증가했다는 연구결과는 수없이 많다. 이런 추세가 가장 두드러진 곳은 캘리포니아 주였다. 1969년 캘리포니아 주는 비자의적인 수감에 대해 엄격한 조건을 요구하는 랜터먼-패트리스-쇼트 법을 통과시켰다. 그 후 1년 동안 교도소에서 정신질환을 진단받은 사람들의 수는 2배로 늘어났다. 샌매티오 카운티의 정신과 의사인 마크 에이브램슨은 캘리포니아주의 이런 추세를 연구했다. 그는 이 현상을 "정신이상적인 행동의 범죄화"라고 불렀다.[34] 에이브램슨은 정신병원이 너무 빨리 사람들을 풀어주면 지역사회가 이를 감당할 수 없을 것이라고 주장했다. 궁극적으로 형사법체계가 이들을 "재수감"할 압박이 커진다.[35] 에이브램슨은 교도소 수감인원의 증가에 대해 탈수용화를 비난하는 일반적인 대중의 입장을 취했다. 그는 다른 많은 사람들과 마찬가지로, 형사법제도가 체포와 감금과 함께 일탈행위에 대응해야 한다고 추정했다. 1970년대에는 반수용화 추세가 기울고 있었다.

글랜 스왱크와 대릴 와이너는 덴버 카운티 교도소를 연구한

학자다. 이들도 비슷한 추세를 발견했다. 이들은 "*교도소에서 정신질환자가 눈에 띄게 늘어났다.*"면서 "*특히 장기(1개월 이상) 입원이나 여러 번 정신과 입원 전력이 있는 사람들이 늘어났다. 장기간 정신병원에 입원한 전력이 있는 교도소 수감자들 중 많은 수가 주립 정신병원환자였다.*"라고 말했다.[36] 이들은 또한 교도소 직원들도 "*최근 몇 년간 심각한 정신장애가 있는 사람들이 눈에 띄게 증가했다고 생각한다.*"라고 썼다.[37] 1950년대 이전에는 정신질환자들의 체포율은 나머지 인구집단의 체포율보다 낮았다. 그러나 1960년대 탈수용화 이후에는 정신질환자들의 체포율이 일반 대중의 체포율을 초과하기 시작했다.[38] 정신질환의 범죄화가 순조롭게 진행되고 있었던 것이다.

법률 개혁은 주정부가 비자의적 입원을 실시하는 것을 더 어렵게 만들었다. 그 결과, 필라델피아 경찰국은 점점 더 많은 사람들을 입원시킬 수 있는 범죄 행위로 사람들을 체포하고 수감했다. 이와 동시에 교도소, 정신건강 공무원들은 주립병원의 법의학 정신과 병동, 교도소의 정신과 병동 등, 보다 안전한 시설들을 만들었다. 하지만 교도소와 구치소 인구의 증가는 탈수용화의 의도치 않은 결과 차원을 넘어서는 문제였다. 정신질환의 범죄화는 새로운 경찰 정책과 교도소 정책의 결과이기도 했다.

감옥의 재탄생

징벌적 교정으로의 전환과 대규모 수감의 증가는 정신질환에 대한 사회 반응의 변화와 동시에 일어났다. 정신건강에서의 재활에 반대하는 목소리는 교정에서의 재활에 대한 불신을 증폭시켰다. 정치계 전반에서 사람들은 교도소 시스템의 효능에 의문을 제기했으며 정신적인 자극이 없는 곳과 더 가혹한 처벌이 새로 등장했다. 그 결과, 귀휴는 중단되고 펜실베이니아 교정국은 새로운 지역사회 교정 프로그램을 만드는 계획을 중단했다. 대신에 새로운 교도소를 짓기로 했다. 보호감독주의 재탄생은 펜실베이니아와 전국 특히 도시 중심의 1960년대 교정국의 반수용화주의를 종식시켰다.

굿 타임 법안은 이러한 변화 속에서 펜실베이니아 주의 재활위주 형벌 정책과 인종 중심주의에 대한 도전을 보여주는 법안이었다. 1960년대에 정신건강 시설에 대한 조사를 진행한 유명한 아프리카계 정치인 K 르로이 어비스가 이 법을 지원했다. 1970년까지 어비스는 경찰의 폭력과 도시 봉기 증가에 대한 깊은 관심을 가지고 있었다. 1968년에는 주요 TV 시리즈인 <도시 전쟁터>의 게스트로 출연하기도 했다. 이 시리즈는 증가하는 폭동과 시민권 운동을 기록한 프로그램이었다.[39] 펜실베이니아 주 도시들에서 이뤄지는 사실상의 차별과 도시 폭동에 대응해 어비스는 공정한 주택 공급, 시민권과 형사법체계의 변화를 위해 싸웠다.

어비스는 교정제도를 변화시킬 수 있는 최선의 방법은 선고 시스템을 개혁하는 것이라고 생각했다. 그 당시 수감자들은 구금된 사람들은 최소 형기를 마쳐야 보호관찰 및 가석방 위원회에 출두할 수 있었다. 이 위원회가 석방 불가를 결정하면 그들은 선택권이 없이 최대 형기를 채워야 했다. 긴 시간 동안의 협상 후에 어비스, 교정국, 보호관찰 및 가석방 위원회, 검찰은 대체적인 판결 방법을 개발했다. 굿 타임 법을 제정해 남성 수감자 대부분의 최소 형량을 없애는 방법이었다.[40] 이 법안은 최고 형량은 없애지 않고 최소 형량만 없앴다. 이렇게 되면 재소자가 최고 형량을 채우기 전에 그들이 사회로 돌아갈 준비가 되었다는 것을 교도소 시스템이 알게 되면 그들을 풀어줄 수 있었다. 주목할 점은 이 새로운 선고 시스템이 시설 직원이 수감자가 사회로 돌아갈 준비가 됐다고 판단할 때까지 수감자를 계속 감금하도록 허용한 오래전의 정신건강법을 반영한 것이라는 점이다.

어비스가 이 법안을 처음 제안한 것은 1970년 9월이었다. 당시 그는 이 법안이 "많은 남성들을 위한 희망의 시작이자 절망의 끝"이라고 소개했다.[41] 그는 이 법안이 "교정 시스템의 문제에 대한 완전한 해답은 아니지만, 매우 확실한 시작"이라며 "이 법에 따라 모범적인 수감생활로 형기가 줄어들고 치료를 받을 수 있다면 비인간적 조건, 무감각, 절망, 상황에 대한 비극적 인식이 줄어들 수 있으며, 줄어들 것"이라고 주장했다.[42] 어비스는 재활 선고를 주정부가 수감자에게 주는 또 한 번의 기회라고 생각했다.

이 법안은 교정국의 지지를 받았다. 교정국은 그전에 이미 청소년과 여성을 위한 시설에서 유사한 프로그램을 실시해 성과를 얻었기 때문이다. 궁극적으로, 등급 기반 부정기형 선고는 치료 프로그램을 운영하고 수감자가 언제 그 시설을 떠날 수 있는지를 결정하는 것을 돕는 교정국에 더 많은 재량권을 부여했다.[43] 또한 이 법안은 앨린 실래프 교정국장이 강조하는 재활과 지역사회 교정과도 잘 들어맞았다. 진보주의자들이 교도소를 개혁하던 그 시대에, 부정기형 선고로의 더 많은 움직임은 교정국의 임무와도 잘 어울렸다.

그럼에도 불구하고, 이 법안은 반발을 샀다. 좌파 측의 활동가들은 교도소가 과연 재활에 도움이 될 수 있는지 의문을 제기하면서 이 법이 너무 많은 재량권을 제공한다고 주장했다. 교도소가 재활에 도움이 되는지 아닌지는 지역사회 기반 교정의 가능 여부를 결정했기 때문이다. 그레이터 주립교도소에서 석방된 지 얼마 안 된 빅터 테일러는 이 법안에 강경하게 반대했다. 테일러는 수감자 권리 단체인 철조망 협회Barbwire Society에서 일했으며, 굿 타임 법안 당시에는 재소자인권위원회 부위원장을 맡고 있었다.[44] 테일러는 수감자와 이전에 수감자였던 사람에게 상담을 하는 프로그램의 책임자로도 일을 한 사람이었다.[45] 수감 경험이 있는 그는 형량 축소와 교도소 개혁이라는 이상을 실현하기 위해 매진했다. 그럼에도 불구하고 그는 소위 "굿 타임 법안", 즉 하원 법안 680호를 지지하지 않았고, 그 법안이 "끔찍한 법안"이라고 말했다.[46] 그는 ACLU 사무총장 스펜서 콕스에게 보낸 편지에 *"하지만 실제적인 관점에서 보면, 우리는 이상적인 '굿 타임' 법안이 통과되는 것을 보고 싶습니다. 수감되는 동안 형기를 최소로 줄이고 가석방 중에는 최대 형기에서 벗어나는 것이 바로 그 이상적인 굿 타임입니다. 물론 우리는 그 기준이 마음대로 정해지지 않기를 바랍니다. 또한 우리는 실제적인 관점에서 종신형을 받은 수감자가 석방이 될 수 있을 정도로 형기가 최소로 줄어드는 것을 보고 싶습니다. 하지만 하원 법안 680호(굿 타임 법안)는 헛소리입니다."*라고 주장했다.[47]

테일러와 수감자 권리 단체는 필라델피아 퀘이커 연례 총회, 펜실베이니아 건강복지 협의회, 그리고 펜실베이니아의 ACLU 같은 단체의 도움으로 이 법안에 맞서 싸웠다. 연례 총회와 건강복지 협의회는 모두 교도소 개혁 운동을 지지했지만, 결국 이 두 단체는 테일러가 제기한 문제 때문에 굿 타임 법안을 반대했다.[48] ACLU 같은 시민 자유 단체와 법률 단체는 그전에도 정신병원 수감 문제를 다룬 적이 있는 단체였다. 1960년대 ACLU는 댈러스 사건에서 범죄 성향을 보이는, 결함이 있는 사람으로 정의되는 사람들에 대한 부정기형 감금에 반대한 바 있다. 굿 타임 법안이 제안되자 ACLU는 이 불확실한 모델에 반대해 다시 활동을 벌였다. 스펜서 콕스는 가석방 위원회에 너무 많은 재량권을 주는 것은 그러지 않아도 차별로 얼룩진 교도소 시스템에서 더 독단성이 높아질 것이라고 주장했다. 그는 "*수감자들이 무엇을 원하는지 안다고 생각하는 개혁자는 수감자에게 아무 질문도 하지 않을 것이며, 교도소 시스템의 최악의 특징이 수감자들이 석방 날짜에 대해 전혀 모른다는 것과 가석방 위원회와 교도소 당국자들의 무제한의 권력을 가짐으로써 발생하는 불안감이라는 것을 전혀 알지 못할 것이다.*"라고 말했다.[49] 또한 콕스는 여기서 한 걸음 더 나아가 "재활은 교도소 환경에서는 불가능하다."라고 대담하게 주장했다. 이 주장은 교정국이 수감자들의 삶에 긍정적인 영향을 미칠 수 있다는 생각을 정면으로 반박하는 것이었다.[50]

굿 타임 법안에 대한 ACLU의 반대는 시민의 자유뿐만 아니라 법조계 내에서의 더 광범위한 변화에 대한 강조를 반영한 것이었다. 정신건강절차법 제정에 참여한 앨런 데이비스는 이 법에 반대하는 필라델피아 변호사 협회의 대표가 됐다. 데이비스는 1968년에 여성에 대한 부정기형 선고에 반대해 소송을 제기한 바 있으며, 이 소송에서 데이비스는 필라델피아 변호사 협회의 주장을 널리 알렸다.[51] 펜실베이니아 대법원은 여성에 대한 부정기형 선고는 위헌이라고 판결했고, 데이비스는 결함 있는 범죄인에 대한 부정기형 선고가 "*정신지체 범죄인의 장기 수감을 초래해 의회에 의해 제도가 폐지됐다. 따라서 펜실베이니아 주에서 부정기형 선고를 가능하게 하는 법이 제정된다면 이미 그 제도가 시험되었던 곳에서 실패한 철학과 시스템으로 후퇴하는 것이 된다.*"라고 주장했다. 이런 소송 외에도 데이비스는 굿 타임 법안이 사람들을 교도서 안에서 재활시킨다는 개념에 의존한다고 비판했다. 또한 데이비스는 "*교도소 내부 환경에서 시행되는 재활 프로그램이 실제로 어떠한 중요한 사회 복귀를 이끌어 낼 수 있다는 증거는 없다. 따라서 현대의 경향은 진단과 위탁을 위해서는 교도소를 이용하고, 실제 훈련, 교육, 치료를 위해서는 지역사회 기반 프로그램에 의존하는 것이다. 만약 하원 법안 680호가 진지하게 받아들여져 시행된다면, 이 법안은 재활 자원을 이미 실패가 증명된 시설에 투입하게 되고 지역사회 기반 재활을 향한 진보를 지체시킬 것이다.*"라고 비판했다.[52]

벤저민 러시, 벤저민 프랭클린 같은 선각자들에 의해 18세기에 설립돼 국제적인 명성을 얻은 펜실베이니아 교도소협회도 굿 타임 법안에 반대 입장을 밝혔다. 이 협회는 1960년대 초에는 재건 개혁의 중심적인 활동가 역할을 했지만, 캘리포니아 주의 부정기형 선고 시스템에 대한 한 연구결과가 이 시스템을 실패로 규정하자 이 모델에 대한 의심을 품게 됐다. 이 협회는 캘리포니아 주에서 일어난 권력 남용의 예를 들며 이 법안을 *"최근 연구결과와 시설 환경에서의 재활 훈련에 대한 재평가 결과에 비추어 다시 생각해야 한다."*라고 권고했다.[53] 좌파의 반권위주의적 입장은 정신건강과 교정 모두에서 정부의 권위에 도전했다. 1960년대에 등장한 반수용화주의는 시민 자유주의자, 수감자 권리 활동가, 법조인들이 교도소 안에서 재활 훈련을 늘리는 것에 반대하게 만들었다. 이는 보호감독 정신병원에서의 재활에 대한 반대와 비슷한 움직임이었다.

어비스와 교정국 관리들은 교정 시스템을 인도적으로 변화시키려고 했지만, 수감자 권리 활동가들과 연대하지는 않았다. 이 활동가들은 인종차별적인 가석방 제도를 비판했고, 재활형 선고에 대한 믿음이 거의 없는 사람들이었기 때문이다. 이 활동가들은 등급 기반 선고제가 수감 기간을 더 늘렸다는 것이 말이 안 된다고 생각한 사람들이었다. 반면, 어비스와 다른 진보적 정책입안자들은 정부가 형사법체계를 통해 수감자들을 교정할 수 있다는 믿음을 계속 가지고 있었다. 등급 기반 선고제가 교도소 복역 기간을 줄일 수 있다고 생각한 어비스는 등급 기반 선고제로 인종차별적인 행형 정책에 맞서 싸우겠다고 생각했다. 하지만 수감자나 그들의 변호인들과 일한 경험이 없는 어비스는 등급 기반 형기를 받고 수감된 사람들의 형기가 실제로 더 늘어났다는 것을 고려하지 못했다. 어비스와 다른 진보적 의원들은 흑인과 백인 수감자 모두를 대상으로 재활 규모를 줄이지 않고 오히려 늘리고자 했다.

1971년 어비스가 굿 타임 법안을 발표한 직후 애티카 교도소 봉기 소식이 미 전역에 퍼졌다.[54] 수감자들은 몇 달 동안 교도소 환경 개선을 요구하다 실패하자 1971년 9월 9일에 폭동을 일으켜 시설 통제권을 장악했다. 주목할 점은 이 수감자들이 석방을 요구하지 않았다는 것이다. 이들은 더 많은 권리와 기본적인 인도주의적인 환경만을 요구했다. 대부분 흑인이었던 이 수감자들은 확성기를 사용해 기자들에게 정의에 대한 자신들의 요구를 알리고, 밖에 있는 다른 사람들이 듣도록 했다. 교도소 밖에는 무장 병력이 대치하고 있던 상황이었다. 며칠 후 넬슨 록펠러 주지사는 주 경찰 500명을 동원해 무력으로 교도소를 탈환했다. 경찰은 교도소를 탈환하면서 수감자와 경비원 41명을 사살했으며 거의 100명의 부상자를 냈다.[55] 주류 미디어는 수감자들이 경찰이 진입하기 전에 인질의 목을 잘랐다는 소문을 퍼뜨렸다. 이 소문이 근거가 없다는 것이 의료 검사관에 의해 밝혀졌음에도 불구하고, 미디어는 이 소문이 헛소문이라는 것을 적극적으로 밝히지 않았었고, 그로 인해 백인들 대부분은 교도소의 끔찍한 폭력사태의 책임이 수감자들에게 있다고 생각하게 됐다. 이런 헛소문 때문에 사람들은 수감자들이 제기한 교도소의 부당행위에 대해서는 거의 관심을 갖지 않게 됐다.[56] 애티카 교도소 폭동을 다룬 TV 방송으로 사람들은 유죄 판결을 받은 사람들과 수감자에 대한 공포를 더 크게 가지게 됐다. 이런 공포는 1960년대부터 서서히 증가해온 것이었다. 또한 이런 공포는 사람들이 재활형 교정보다는 징벌적 교정을 더 원하도록 만들었다.

굿 타임 법안이 펜실베이니아 주의회에서 논의되기 시작한 것은 이 애티카 교도소 폭동 한 달 후였다. 죄수들에 대한 인간적인 대우와 재활 강화는 보수파의 맹렬한 공격을 받았다. 백인들이 주로 거주하는 교외지역 출신의 공화당원 백인 변호사 프랭크 린치는 이 법안을 비판하면서 다음과 같이 말했다. *"우리는 지금 관료주의적인 기관에 힘을 실어주려고 하고 있다. 지난 몇 년 동안 이 기관은 실적이 매우 저조했으며, 현재 모든 권한은 판사들이 가지고 있다. 한 의원이 말했듯이, 가석방 위원회 위원들 대다수가 같은 생각을 가지고 있다면 교도소 문은 활짝 열릴 것이다. 예를 들어, 윌리엄 컨츨러 같은 위원은 처벌이 아무 효과가 없다는 생각을 가지고 있다."*[57] 린치는 진보주의자들이 범죄에 너무 관대하다고 비판했으며, 이 진보주의자들이 거리에서 더 많은 위험을 초래했다고 주장했다.[58] 법질서를 주장하는 보수주의자들은 린치의 주장에 동의했고, 이들은 주정부 관리들에 대해 유죄판결을 받은 사람들을 날뛰게 만든 급진적 진보주의자들이라는 비난을 퍼부었다. 이런 보수주의자들은 주정부 관리들이 아닌 형사 재판 담당 판사들이 형량을 결정해야 한다고 주장했다. 이들은 주정부 관리들이 자유주의적이고 위험한 실험을 하고 있다고 생각했다.

필라델피아 출신 민주당원인 해리 코머 주 하원의원은 법질서를 강력하게 주장하면서 굿 타임 법안에 반대했다. 주목할 만한 사실은 과거에는 코머가 펜허스트 주립학교 병원의 정신건강 재활 개혁을 지지했었다는 것이다. 1969년 펜허스트 병원을 방문한 후 코머는 이 병원 시설을 개선하고 직원을 늘리기 위한 160만 달러 규모의 보조금 지원에 도움을 주었다.[59] 당시에 코머는 펜허스트 병원이 사람들을 창고에 수용하듯이 가둬서는 안 된다고 생각했다. 그는 이 시설이 수감자의 사회 복귀에 도움을 주기를 원했다.

하지만 범죄와 처벌에 관련해 "비정한" 의원들은 재활적 접근을 거부했다. 코머는 사형제도를 지지하면서 강간으로 유죄 선고를 받은 사람들에 대한 사형 집행을 다시 도입해야 한다고까지 주장했다. 이 문제에 대한 그의 입장은 너무나 단호해서 1990년 그가 사망했을 때 부음 기사에는 다음과 같은 그의 유명한 말이 다시 신문에 실리기도 했다. *"사람들은 이 살인자들이 영원히 사라지기를 원한다. 이런 종류의 사람들을 어떻게 제거*

하는지는 관심 없다. 이들은 미친 개들을 독가스로 죽이는 사람들이며, 미친 개와 똑같은 사람들이다."[60] 굿 타임 법안이 의회에 제출되자 코머는 바로 반대 입장을 표명했다. 한 청문회에서 그는 사람들 앞에 서서 *"의장님, 다행히도 우리에게는 우리 가족들의 안전을 위해 살인범과 강간범들을 사회로부터 격리시키려 노력하는 판사들과 배심원들이 있습니다. 의장님, 어리석게도 우리가 하원 법안 608호를 통과시킨다면 우리는 말그대로 교도소 문을 활짝 열어 이 짐승들을 사회에 다시 풀어놓게 될 것입니다. 우리가 누군가를 돕고자 한다면 그 누군가는 이 범죄자들로부터 피해를 입는 불쌍한 희생자가 되어야 합니다.*"[61]

코머는 "살인범과 강간범"이라는 말을 이용해 성폭력과 신체적 피해에 대한 공포를 조장했다. 하지만 수감자 중에서 이런 사람들은 소수에 불과했다. 코머와 그의 지지자들에게 교도소는 직업 훈련, 교육, 또는 추가 상담을 통해 유죄 판결을 받은 사람들을 지원하는 곳이 아니라 그들을 사회에서 분리하고 처벌하는 곳이어야 했다. 하지만 코머는 펜실베이니아 주 여성 및 여성 청소년 범죄자를 위한 프로그램이 수감된 여성들을 위해 제안한 재활 개혁에는 반대하지 않았다. 코머는 지역사회를 위협하는 것은 주로 남성 범죄자들이기 때문에 주의회 의원들에게 그 점을 상기시킬 필요가 있다고 주장했다.

코머는 굿 타임 법안에 반대하기 위해 "살인범과 강간범"이라는 용어를 쓰면서 인종에 대한 편견을 자극할 수 있는 표현, 아프리카계 미국인 남성을 나타내는 표현을 직접적으로 사용하지는 않았다. 굿 타임 법안에 대한 반대 주장을 하면서 코머와 린치는 수감된 이 살인범과 강간범들이 흑인이라는 사실을 한 번도 언급하지 않았으며, 이 범죄자들을 묘사할 때도 인종차별적인 용어를 명시적으로 사용하지는 않았다. 코머와 린치는 이런 식으로 겉으로는 인종차별이 아닌 것처럼 보이게 만든 것이다. 그럼에도 불구하고 "살인범과 강간범", "짐승", 그리고 "정글"과 같은 말은 인종차별적인 생각을 하도록 만들었다. 범죄에 대한 대중의 인식과 범죄에 대한 통계연구에서 범죄성은 아프리카계 미국인들과 연관이 있었다.[62] 특히 애티카 교도소 폭동에 대한 언론 보도는 아프리카계 미국인은 위험하며 사회에 위협이 된다는 인식을 확산시켰다.[63]

굿 타임 법안을 반대하는, 인종차별을 조장하는 보수주의자들의 이런 반응은 비판을 받지 않을 수 없었다. 많은 흑인 의원들이 어비스 지지 활동을 벌인 것이다. 필라델피아 출신 초선 의원인 하디 윌리엄스는 그레이터포드 교도소의 브라더후드 제이시즈라는 수감자 모임이 보낸 편지를 다른 의원들에게 공개했다. 이 편지를 공개함으로써 윌리엄스는 코머를 비롯한 보수 정치인들의 주장을 반박하고 지역사회로 수감자들을 돌려보내야 한다고 주장했다. 정신건강 개혁 경험이 있는 아프리카계 의원 새라 앤더슨도 윌리엄스의 생각에 동의했다. 앤더슨은 피해자 입장에서 말했다. 그녀는 의원들에게 몇 년 전 자신이 파이프로 공격당해 중상을 입었던 경험을 얘기했다. 그럼에도 불구하고 그녀는 자신을 공격한 사람과 수감자들에 인간적인 태도를 보였다. 그녀는 *"의원들이 나서 문을 열고 누군가의 자식일 수감자들을 보살펴야 합니다. 우리는 그들을 재활시켜야 합니다. 그들은 미국 시민이며 우리는 그들이 최대한 우리와 가깝게 있기를 원하기 때문입니다."*[64] 윌리엄스와 앤더슨은 연설에서 직접적으로 인종이나 인종차별주의에 대해 언급하지는 않았다. 하지만 이들은 법질서 진영에 대한 자신들의 입장을 명확히 했다. 이들은 교도소에 있는 사람들에 대한 지속적인 인도적 대우와 사회와의 분리가 아닌 통합을 주장했다.

그날의 마지막 연설은 어비스가 했다. 어비스는 수감자들이 정글 속 짐승이라는 생각을 훨씬 더 직접적으로 비판했다. 어비스는 다음과 같은 내용의 연설을 통해 의회가 이런 비인도적인 표현들에 주목해야 한다고 주장하면서 이 표현들을 백인우월주의와 연결시켰다.

특정한 사회 계층에 속한 사람 중 적어도 한 명은 누군가를 비방하는 방법을 이용해 특정한 인간들을 인간의 범주에서 제외시킨다는 사실이 흥미롭지 않습니까? 비방은 아주 오래되고 효과

적인 기술이지만, 비방의 근거가 무엇이든 상관없이 비방 자체는 옳지 않은 것입니다. 우리는 결정을 해야 합니다. 오늘 결정을 해야하는 것은 아니지만 살면서 언젠가는 결정을 해야 합니다. 우리가 교도소에 수감한 남성들과 여성들을 짐승으로 생각할지 인간으로 생각할지 결정해야 합니다. 이 결정은 경찰이 돼지로 생각할지 인간으로 생각할지에 대한 결정과 다르지 않습니다. 코머 의원님, 우리가 교도소에 수감한 남성들과 여성들이 짐승인지 인간인지 이제 결정을 해야 합니다. 이 결정은 기본적인 결정이며, 우리는 다른 결정을 하기 전에 이 결정을 먼저 해야 합니다.[65]

어비스에 따르면 의회는 범죄로 유죄 판결을 받은 사람들에게 동정심을 가지고 그들을 용서하는 태도를 취해야 했다. 그는 의회가 움직이지 않으면 비인간적으로 "자신에 마음에 들지 않는 사람들을 제거한" 아돌프 히틀러의 전철을 밟게될 것이라고 말했다.[66] 어비스는 이 연설에서 인종차별을 하지 않는 것처럼 보이는 시스템에 대한 흑인들의 반응에 대해서도 언급했다. 어비스에게 "짐승"이라는 말은 공포를 일으키는 말이었고, 교도소의 흑인 수감자들이 계속 차별을 받게 만드는 말이었다.

어비스는 "범죄자 재활을 수감의 주요한 목적"으로 만들기 위해서만 싸운 것이 아니었다. 그는 주정부의 재활 후원이라는 개념을 도입해 도시 폭력 위기, 백인 중심의 법질서 보수주의, 아프리카계 미국인의 대규모 수감에 대한 해결방법으로 제시하기도 했다.[67] 하지만 애티카 교도소 폭동이 일어나고 주정부의 권위에 대한 시민들의 도전이 이뤄지고, 정부와 법질서 보수주의에 대한 믿음이 없어진 1970년대 초반의 어비스의 투쟁은 매우 힘겨운 것이었다. 굿 타임 법안은 주 하원에서 찬성 110표, 반대 73표로 통과돼 상원으로 넘어갔지만, 결국 1972년 상원 사법위원회에서 지체돼 법으로 제정되지 못했다.[68] 이에 비해 여성 치료센터의 설립을 요청한 어비스의 두 번째 교도소 법안은 주 하원과 상원을 모두 통과했다.[69] 굿 타임 법안의 통과 실패로 법질서 운동 진영은 펜실베이니아 주에서 최초로 대승을 거둔 셈이었다.

굿 타임 법안의 거부는 정신병원 강제입원법의 변화가 일으킨 충격이 반영된 결과였다. 의회는 남성 죄수들의 교도소 수감 기간을 확정하는 선고가 계속될 수 있도록 만든 것이다. 정신병원 수감 방식과 기간을 매우 구체적으로 정했던 정신건강법을 그대로 따라한 것이었다. 또한, 부정기 형의 선고를 거부함에 따라 수감자들에 대한 비자의적인 감금이 절차적으로 더 확실하게 보장됐다.[70]

재활이라는 이상이 공격을 받기 시작하자 정신건강 서비스를 지역사회에 더 확실하게 통합키려는 노력인 지역사회 교정 프로그램도 동시에 공격을 받기 시작했다. 지역사회 교정을 둘러싼 이런 싸움은 인종적인 분열이 두드러졌던 필라델피아에서 매우 심각했다. 필라델피아 주립교도소 중 하나인 그레이터포드 교도소가 실시한 귀휴 프로그램은 특히 대중의 우려를 샀다. 정치인들은 그레트포드 교도소가 실시한 귀휴 프로그램의 혜택을 받은 사람들에 대해 직접적으로 인종차별적인 발언을 하지는 않았지만, 이 교도소 수감자 대부분, 즉 90%는 아프리카계 미국인이었다.[71] 그레이터포드 교도소 수감자 수백 명 중의 한 명이 귀휴했다 복귀하지 않은 사건이 일어나자 새로운 시장인 프랭크 리조와 지방검사 알렌 스펙터는 귀휴 프로그램을 집중적으로 비판했다. 리조는 귀휴 프로그램을 "정의에 대한 조롱"이라고 불렀고, 지방검사 사무실 대변인은 상습범을 거리에 돌아다니게 풀어준 "불법"이라고 불렀다.[72] 성범죄에 대한 공포도 지역사회 기반 프로그램에 대한 대중의 격노를 불러일으켰다. 1973년 지방검사 제1보조역인 리처드 스프라그는 빈집털이, 강도 그리고 약탈과 강간 의도 폭행으로 유죄 판결을 받은 사람에게 귀휴를 주는 것을 비난하기도 했다.[73] 보수주의들은 지역사회 교정 프로그램으로 거리가 더 위험해졌다며 자유주의 교도소 관계자들을 비난했다.

수감자 석방 프로그램은 판사들의 반대에도 부딪혔다. 예를 들어, 한 설문에서는 새로운 개혁에 대해 설문에 응한 판사의 80%가 불만을 가지고 있다는 것이 밝혀졌다. 북부의 한 판사는 *"이런 프로그램을 시해하는 교정국의 현재 행태를 보면 정신 치료가 필요한 것이 바로 교정국 관리들이라고 할 수 있다."*라고까지 말했다. 산악 지역의 한 작은 카운티 판사도 이런 의견에 동의하며 판사들이 *"교정국의 머리 긴 이상향 추구자들 때문에 무력화되고 있다."*라고 말했다.[74] 판사들이 지역사회 교정 프로그램의 강력한 반대자가 된 것이다. 주목해야 할 사실은 판사나 지방검찰 중 어느 쪽도 폭력범과 비폭력범을 구분하지 않았다는 점이다. 이들에게 범죄로 유죄 판결을 받은 사람들은 누구든 대중에게 위협이 되는 존재였다. 이들은 지역사회에 대한 다양한 위협에 대처하는 정교한 프로그램을 만들려고 하지도 않았다.

교도소에 있는 사람들 또한 지역사회의 교정 프로그램으로 고통받았다. 수감자 권리 위원회는 수감자들로부터 수없이 편지를 받았는데, 이 편지들 대부분은 귀휴와 외부 통근 대상 선정이 자의적이라는 점과 주정부 관리들이 출소 대상자와 출소 시기를 정하는 것에 대한 권리를 가지고 있는 것에 대한 불만을 담고 있었다.[75] 주정부 관리들은 인종이나 계급에 근거해, 심지어는 수감자들에 대한 자신들의 선호도에 근거해 차별적인 결정을 내릴 수 있었다. 수감자 권리 위원회는 유죄 판결을 받고 지역사회에 거주하는 사람들에게 사회적 지원을 촉구할 수는 있었지만, 이런 지원을 승인하지는 않았다. 지원의 집행은 교정국의 권한이었기 때문이다. 스펜서 콕스는 지역사회 교정 노력이 "죄수들을 억압할 수 있는 더 많은 방법을 교정국 관리들에게 제공했다."라고 말했다.[76] 반면, ACLU와 수감자 권리 활동가들은 교도소에 대해 대안을 원칙적으로는 옹호했지만, 그들은 교정국의 권력은 차원이 다르다는 것을 깨달았다. 진보주의자들과 좌파들은 변화의 전략으로서 교도소에 대한 대안의 본질에 대해 동의하지 않았다.

1973년 펜실베이니아 주정부가 재정 위기에 봉착하자 정치인들은 주정부 서비스들을 줄이기로 했다. 이런 경제위기, 사회적 서비스 축소, 재활에 대한 비판의 시기에 지역사회 교정 프로그램은 주정부의 예산을 절약해주었음에도 불구하고 도마위에 올려졌다. 그해 자유주의자 교정국장 앨린 실래프는 더 많은 연봉을 주는 일이노이 주의 직장으로 자리를 옮겼다. 주지사는 실래프같은 자유주의자를 후임으로 임명하지 않고 반수용화주의 개혁에 별 관심이 없는 스튜어트 워너를 후임으로 선택했다. 워너는 수감자들을 지역사회로 내보내는 것에 비판적이었으며, 주정부의 진단 치료 기술로는 그런 급격한 변화에 대처할 수 없다고 주장했다. 가석방으로 풀려나는 죄수들의 숫자가 폭락했고, 외부 통근이 드물어졌고, 지역사회 서비스를 받을 수 있는 자격도 매우 엄격해졌다. 처음에는 귀휴를 받으려면 적어도 형기의 반을 채워야 한다는 조건이 설정됐고, 더 시간이 지나 1975년이 되자 교정국은 조건을 더 까다롭게 만들었다.[77] 의회는 여성을 위한 지역 치료센터에 자금을 지원하기 위한 법안을 통과시켰지만, 재정 위기로 인해 이 프로그램은 곧 위험에 빠졌다.[78] 의회는 흑인 여성을 위한 복지 프로그램을 축소하면서 더 치료지향적인 이런 교정 프로그램도 줄였다.

펜실베이니아 주에서는 지역사회 교정 프로그램이 없어지면서 교도소를 새로 짓기 지작했다. 1970년대 중반 펜실베이니아 교정국은 새로운 교도들을 짓기로 했다. 얼마 전에 14번째 지역 치료센터를 개소한 상태였지만, 교정국은 대중의 저항 때문에 *"지역 치료센터를 지을 장소 찾기가 더 어려워졌다."*라고 주장했다.[79] 1974년 워너 국장은 100년이나 된 서부 주립교도소와 동부 주립교도소를 대체할 새로운 최고 보안 교도소 건립을 제안했다. 이 두 교도소는 몇 년 전에 문을 닫은 상태였다. 새로운 교도소들은 "거대한 담장이 있는 구식 교도소가 아니라 치료 중심의 시설이 될 것이며, 국가의 교정 기준을 준수할 시설"이 될 예정이었다.[80] 그럼에도 불구하고 이전의 석방 프로그램, 귀휴, 지역사회 치료센터의 실험은 중단됐다. 다른 지역들처럼 펜실베이니아 주도 1970년 초반에 재정적 혼란을 겪었지만 주는 60만 달러 규모의 교도소 신설을 추진했다.

펜실베이니아에서의 변화는 교도소 재활에 대한 전국민적인 거부감과 1970년대의 징벌적 교도소에 대한 환영 분위기를 반영한 것이었다. 닉슨 대통령의 법무부도 가석방 금지, 범죄 피해자 보상 프로그램 도입, 새로운 양형위원회 구성 등의 보수적인 정책들을 쏟아냈다. 이런 작업들은 법무부 소속 젊은 변호사 딕 손버그에 의해 이뤄졌다. 닉슨 행정부의 이런 개혁은 1960년대의 반수용화주의와 정면으로 충돌하는 것이었다. 예를 들어, 가석방 금지 제안은 수감자들이 조기에 출소하는 것을 훨씬 더 어렵게 만들기 위한 것이었다. 이런 연방 차원의 개혁들은 실제로 실현되지는 않았지만, 1970년대에 반수용화주의에 대한 비판이 늘어나고 있었음을 반영하는 것이었다. 이런 개혁들은 펜실베이니아 주에 일어날 일들에 대한 예고 역할을 했다. 1979년 손버그가 펜실베이니아 주 주지사로 취임하면서 이런 아이디어들을 가지고 왔기 때문이다. 손버그는 그 후 레이건 대통령 밑에서 연방 검찰총장(법무장관)으로 재직하면서도 이런 생각을 유지했다.[81]

지역사회 기반 교정은 특히 펜실베이니아 주, 뉴욕 주, 캘리포니아 주처럼 아프리카계 미국인 도시 공동체가 많은 주에서 비난을 받았다. 1973년 뉴욕 주는 마약 복용자에게 중형을 부과하는 록펠러 마약법을 통과시켰다. 그전까지 마약 복용은 정신건강 영역에 속하는 문제였다. 1976년 캘리포니아 주지사 제리 브라운은 등급 기반 선고를 폐지하는 법안에 서명했다. 주정부의 개정 형법에는 *"수감의 궁극적 목적은 더 이상 '재활'이 아니라 '처벌'이다."*라는 조항이 명시됐다.[82] 로버트 코츠바우어 기자는 *"과거 뉴욕 주와 캘리포니아 주의 주지사들이 개혁에서 손을 뗐을 때 펜실베이니아 주는 가장 진보적 주로 전국적 주목을 받았다. 하지만 이제 펜실베이니아 주는 변화의 속도를 늦추기로 했다. 낙담한 진보주의자 일부는 이런 변화를 '긴축'이라는 말로까지 표한다. 반면, 보수주의자들은 더 만족하고 있을 것이다"*라고 썼다.[83]

이러한 변화는 특히 아프리카계 미국인 사회에 영향을 미쳤다. 교도소가 더 징벌적으로 변하고 규모가 커지면서 흑인 수감자 비율도 높아졌다. 1940년에는 펜실베이니아 교도소와 구치소의 백인이 아닌 사람들의 비율은 27.83%였다. 이 비율은 그 후로 급격하게 증가해, 1980년에는 52.59%로 거의 두배가 되었다.[84] 시민권 운동의 여파로 새로운 시설들은 흑인들을 사회로부터 불균형적으로 제거하고 있었다. 교도소에 관한 논의에는 인종차별적 정치 요소들이 침투하고 있었으며, 인종차별적인 보호감독 형태가 확산되기 시작했다.

분위기가 완전히 변해버렸다. 진보적인 교정 개혁을 시행했으며 대규모 흑인 도시 공동체가 있는 북부와 서부의 주들은 교도소를 이용해 사람들을 사회에서 제거하는 징벌적인 정책을 쓰기 시작했다. 순수한 징벌로부터 멀어지려고 했던 1960년대가 지나가자, 교도소는 훨씬 더 징벌적이고 가혹한 시설로 재탄생했다. 이런 변화는 정신질환 진단을 받은 사람들을 경찰력과 수감을 통해 시스템이 통제하도록 만든 변화였다.

범죄화에 대한 저항

하지만 정신질환의 범죄화와 교도소 의존은 상당한 반대에 부딪혔다. 1970년대에는 형사법체계에서 정신질환 진단이나 심각한 행동장애 진단을 받은 사람들에 대한 치료는 철저한 감독의 대상이 됐다. 파뷰 주립병원에서의 행동 교정, 학대 문제를 둘러싼 문제는 엄청난 논란을 불러일으켰다.

이 기간 동안 수감자 권리 활동은 당시 부상하고 있던 정신질환자 권리 운동과 합쳐졌다. 필라델피아는 이런 활동들의 중심이 됐다. 필라델피아의 수감자와 정신질환자를 위한 단체들이 강경한 주장을 펼쳤기 때문이다. 이런 단체들로는 수감자를 위한 지역사회 지원 협회, 수감자 권리 위원회, 수감자 보호 연합, 여성과 여성 청소년을 위한 펜실베이니아 주 프로그램, 데이비드 펄레저가 조직한 정신질환자 시민 자유 프로젝트, 정신질환자 해방 연대, 지체장애 시민을 위한 펜실베이니아 협회PARC

등이 있었다. PARC는 지적장애를 가진 사람들을 돕는 전국적인 조직의 필라델피아 지부였다.[85]

필라델피아의 수감자 권리 운동 단체들은 악명 높은 홈즈버그 교도소에서 실시된 향정신성 약물 실험, 전기충격 요법, 학대에 가까운 의학 실험 등에 대처하기 위해 조직된 단체들이었다. 의학 연구자들은 1951년부터 홈즈버그 감금시설에서 수감자들을 대상으로 실험을 수행해오고 있었다. 이 시설 수감자의 85%는 아프리카계 미국인이었으며, 수감자 대부분은 고등학교도 졸업하지 않은 사람들이었다. 연구자 중에는 펜실베이니아 대학 병원 피부과 의사 앨버트 클리그먼이라는 사람이 있었다. 그는 수감자들을 대상으로 다양한 실험을 진행했는데, 그에 말에 따르면 수감자들은 "몇 천 제곱미터"나 되는 피부를 제공했다. 이런 실험들은 레티나라는 여드름 연고, 치약, 세제, 향정신성 약물 등을 이용한 실험이었다. 홈즈버그 교도소 수감자들은 가진 게 별로 없는 사람들이었기 때문에 약간의 돈을 받고 자신의 몸을 제공하는 경우가 많았다. 1970년대에 이뤄진 이런 실험에 관한 대중의 관심은 수감자들의 활동과 함께 이런 학대 행위가 종식되도록 만들었다.[86]

홈즈버그 교도소에서 실시된 실험들은 필라델피아의 수감자 권리 운동에 상당한 영향을 미쳤으며, 학대적인 의료적 권위와 치료에 대한 반대를 강화시켰다. 활동가 중에서는 이런 실험의 피해자들도 있었으며, 이들의 관점에서 볼 때 주정부의 의료 행위와 정신의학적 방법의 사용은 선의에 의한 것이 아니라 상당히 문제가 많은 것이었다. 수감자를 위한 지역사회 지원 협회 회장이자 30년 동안 수감자 권리 활동을 해온 리어더스 존스도 홈즈버그 교도소의 의학 실험 피해자였다.[87] 수감자를 위한 지역사회 지원 협회와 수감자 권리 위원회의 활동가들도 교도소 내에서의 무분별한 향정신성 약물 사용에 반대했다. 교도소 의료진은 이런 약물들이 수감자에 대한 진정·억제 효과가 있다고 주장했다.

수감자 권리 운동 단체들은 노스캐롤라이나 주 버트너 소재 연방교도소의 행동 수정 프로그램 같은 조치에도 반대했다. 활동가들이 낸 보고서들은 행동 수정 프로그램을 대량학살에 비유했으며, 이런 프로그램은 정부가 흑인들을 괴롭히고, 체포하고, 독방에 가둠으로써 "정치적으로 깨어있는 흑인들을 제거하기 위한 방법"이라고 주장했다.[88] 수감자 권리 활동가들은 행동 수정 프로그램을 새로운 학대 도구로 간주했다. 이들은 전두엽 절제술을 받고 있는 흑인들의 그림이 있는 소책자와 유인물을 배포했다. 교도소와 정신병원의 행동 수정 프로그램이 강제적인 정신과 수술로 "백인의 지배와 권위에 흑인들을 완전히 복종시키기 위한" 프로그램이라는 것을 시각적으로 나타낸 것이었다.[89] 활동가들은 정부가 정신과 수술을 강제로 시행하고 있다고 비난하면서, 이런 수술이 수감자들의 뇌를 변화시키고 그들의 행동 통제력을 빼앗는다고 주장했다.

따라서 주정부가 파뷰 병원에서 이런 행동 수정 프로그램을 실시한다는 계획을 1974년에 발표했을 때, 이 단체들은 이 계획에 반대하기로 합의했다. 교정국이 수감자, 교도소 직원, 교정국 직원에게 위협을 가한 사람들을 대상으로 특별 프로그램을 실시하겠다는 계획을 발표한 상황이었다.[90] 교정국은 제정신이 아닌 상태에서 범죄를 저지른 사람을 위한 파뷰 주립병원에서 이 프로그램을 실시할 것을 제안했고, 이 제안은 주정부 사법위원회, 미국 교정협회, 복지부, 주지사, 미국 주군시 공무원연맹AFSCME의 지지를 얻었다. 이에 대응해 활동 단체들은 연합해 '교도소 폭력 원인을 줄이기 위한 연합'을 결성했고, 이 연합은 파뷰 병원의 행동 수정 프로그램을 공개적으로 비난했다. 이 연합은 ACLU와 연대해 언론에 편지를 보내고 교도관, 의료진, 노조원들과 만남 자리를 마련해 이 프로그램에 대한 반대 입장을 밝혔다.[91] 이런 압박 활동은 성공을 거두었고, 1975년 1월 주정부는 행동 수정 프로그램 실시 계획을 철회했다. 하지만 주정부는 철회에도 불구하고 결국 최고 보안 독방 시설을 건설했다.

행동 수정 프로그램 반대 투쟁을 하면서 수감자와 환자들의 권리를 위한 활동가들은 단지 강압적인 정신의학에 대해서만 도전한 것은 아니었다. 이들은 이런 시설들의 존재 자체를 비판했다. 그 대표적인 예가 파뷰 병원 관련 투쟁이다. 로버트 "스톤월" 잭슨의 사망 사건 직후 에이슬 무어가 쓴 기사는 막 부상하기 시작한 수감자와 환자를 위한 활동에 불을 붙여 이런 단체들이 시설의 영구적인 폐쇄를 위해 노력하게 만들었다. 정신질환자 해방 연대는 필라델피아에서 이런 활동의 선두에 섰다. 정신질환자였다고 밝힌 소수의 사람들도 단체를 결성해 "'정신건강'이라는 명목하에 우리가 대상이 됐었던 학대 행위"에 맞서 투쟁했다.[92] 소규모 보조금과 개인들의 기부를 받아 이 단체는 사무실을 차리고 전화를 설치해 *"정신과적 치료와 정신과 환자의 법적 권리에 대한 사실을 담은 정보를 무상으로 제공했다."*[93] 이 단체는 또한 정신질환자를 위한 법률 지침서를 출간하고, 정신병원에서의 삶을 담은 다큐멘터리 *미래를 앞당겨라 Hurry Tomorrow*를 제작했다.[94]

정신질환자 해방 연대는 보통 사람들 수준에서 파부 병원에 대한 조직적 반대 운동을 벌였으며, 무어와 롤스의 보도 후에 이뤄진 주정부의 파뷰 병원 조사에도 참여했다. 또한 이 단체는 섀프 주지사가 1976년 여름에 개최한 최고 보안 시설의 정신과 치료에 관한 청문회에서 파뷰 병원 반대 시위를 벌이기도 했다. 많은 언론이 이 시위에 주목했고, 이 단체는 병원의 학대 행위에 대한 보고서인 *파뷰 문서Farview Papers*를 발표하면서 계속 대중에게 실상을 알렸다. 이 보고서는 무어와 롤스의 기사에 생기를 불어넣었고, 이 보고서로 인해 활동가들은 다른 수감자 권리 활동가들과 연대해 파뷰 병원 폐쇄를 위해 노력할 수 있게 되기도 했다.[95] 청문회 조사, 언론 보도와 관련 활동들이 계속됨에 따라 결국 주정부 대책팀과 새프 주지사는 1980년까지 파뷰 병원을 폐쇄하겠다는 발표를 하게 됐다.

하지만 폐쇄 지지자들은 농촌 지역인 웨인 카운티의 반대에 직면하게 됐다. 파뷰 병원은 직원뿐만 아니라 병원과 관련된 다른 일자리도 많이 제공했기 때문이다. 예를 들어, 파뷰 병원은 무연탄을 사용했는데, 지역 주민들이 이 무연탄 생산 공장에서 일을 했다. 폐쇄 결정을 제안한 대책팀도 주정부가 이 지역에서 다른 경제적인 대안을 찾아야 하며 파뷰 병원 시설을 다른 방식으로 재활용해야 한다고 권고했다. 또한 주정부는 파뷰 병원을 대체할 소규모 시설들을 피츠버그와 필라델피아와 가까운 곳에 건설하겠다고 발표했을 때도 반대에 부딪혔다. 주정부 관리들이 피츠버그와 필라델피아를 선택한 것은 이런 소규모 시설들이 대형 병원들을 비롯하여, 그 대형 병원들의 환자들이 많이 사는 지역사회에 가깝게 위치할 수 있기 때문이었다. 하지만 주정부 관리들이 이 계획을 실행하는 것은 쉽지 않았다. 지역 주민들이 *"우리 집 근처는 안 된다"*라는 입장을 고수했고, 건설 비용도 높았기 때문이다. 파뷰 병원 폐쇄는 새프 주지사가 승인했지만, 결국 폐쇄는 딕 손버그가 새 주시자로 취임했을 때도 여전히 이뤄지지 않았다.

정신병원과 교도소에 대한 정책은 서로 복잡하게 연결돼 있었다. 주정부에 대한 불신과 재활에 대한 대중의 정서는 정신질환의 범죄화로 이어졌다. 이에 따라 교도소와 구치소에서는 정신질환 진단을 받은 사람들이 늘어나기 시작했다. 이러한 불신은 또한 정치인들이 교도소 탈수용화 노력에 대한 의혹을 품게 만들었다. 자유주의 정치인들은 더 많은 재활과 지역사회 기반 서비스를 요구했지만, 보주주의 정치인들은 그 반대의 접근법을 취했다. 보수주의 정치인들은 정신병원 환자들이 개혁으로 받은 혜택을 수감자들이 받아서는 안 된다고 주장했다. 정신병원의 탈수용화는 지속됐지만 교도소 수감자에 대한 탈수용화는 거의 중단됐다. 1970년대에는 재활의 실패와 법질서 운동의 인기 상승으로 정책입안자들은 그 어느 때보다 교도소 감금을 늘리고 교도소를 보호감독적으로 만들었다.

다시 나타난 보호감독주의는 형사법체계가 정신건강 시스템의 기능의 일부를 차례로 흡수하게 만들었다. 경찰은 정신질환 진단을 받은 사람을 점점 더 많이 체포했으며, 수감 인구도 점점 증가했다. 정신질환의 범죄화가 증가했고 이 현상은 21세기까지 지속됐다. 수감자 권리 활동가, 환자 권리 활동가, 시민 자유 변호사 등 소수의 사람들은 가장 소외된 시민들에 대한 주정부의 정신과 치료방법 사용을 비판했으며, 파뷰 병원 같은 시설들에 주정부가 계속해서 의존하는 것도 비판했다. 법질서 정치의 물결은 1980년대 들어서 더욱 강해져, 법을 위반한 정신질환자들을 시설에 수용하지 않는 방법을 지지하는 일은 더 어려워졌다.

제5장

잔혹한 선택

적절한 지원 없이 환자를 퇴원시키는 주정부의 정책은 도시의 거리들을 정신병동으로 변화시켰고, 경찰을 정신병원 잡역부로 만들었다.

- 에드워드 코흐 뉴욕 시장, <*라이프*>, 1981년 5월

1981년 5월 <라이프> 잡지 매거진에 '정신병원 비우기'라는 기사가 실렸다. 매사주세츠 주 노스햄튼 주립병원의 환자 석방을 다룬 기사였다. 탈수용화를 실시한 이 병원은 20년 전 환자 수의 10%만 수용하고 있는 상태였다. 기사에는 노스햄튼 주립병원에서 만난 닐과 리타 들럭 부부 같은 사람들의 이야기가 담겨 있었다. 병원은 사람들을 퇴원시키면서 이 부부도 퇴원시켰고, 1981년 당시 이 부부는 빈곤에 허덕이고 있었다. 닐은 정신분열증 병력이 있었고, 리타는 중증 신경증 병력이 있었다. 이 부부는 난방도 되지 않는 중간 주거 시설의 다락방에서 라디오

한 대만 놓고 살았다. 닐은 다음과 같이 부부의 생활을 묘사했다. *"우리 둘은 우연히 함께 붙어있게 된 땅콩이다. 병원이 문을 닫았기 때문에 병원에도 갈 수 없다. 병원 밖에서 우리는 아무것도 가지고 있지 않다. 하지만 후속 치료는 필요없다. 내겐 아내 리타가 있기 때문이다."*[1]

하지만 아내 리타는 이런 부부 관계에 대해 더 복잡한 생각을 가지고 있었다. 남편 닐은 자주 폭력을 행사했고, 한 번은 리타의 턱을 부러뜨리기도 했다. 그녀는 30번이나 경찰에 신고했고, 닐은 교도소를 들락날락했다. 이 부부는 병원에서 나와 살면서 12개나 되는 기관에 연락을 취했지만, 이들을 도와준 것은 위기관리팀밖에는 없었다. 정신건강 시스템은 이들에게 도움이 되지 않았으며, 이들은 병원, 교도소, 중간 주거 시설을 전전하면서 힘겹게 생활했다. 기사 작성 시점을 기준으로 닐은 가까운 재향군인관리국 병원에 29번이나 다녀온 상태였다. 뉴욕 시장 에드워드 코흐는 다음과 같이 미국 전역 도시들의 상황을 요약했다. *"적절한 지원 없이 환자를 퇴원시키는 주정부의 정책은 도시의 거리들을 정신병동으로 변화시켰고, 경찰을 정신병원 잡역부로 만들었다."*[2]

이 <라이프> 잡지 기사는 지역사회 정신건강 서비스의 부족과 만성 정신질환 진단을 받은 사람들이 노숙자가 되거나 수감되는 현상의 증가에 대해 대중이 심각하게 걱정하고 있을 때 나왔다. 1940년대에도 이 잡지는 주립병원 안에서 방치된 사람들의 사진을 실었는데, 40년이 지난 후에는 거리에 방치된 사람들의 사진을 실은 것이다. 사회의 모든 영역에서 사람들이 해결책을 제시했다. 소비자, 정신병원 생존자, 정신병원 경험자를 위한 활동가들은 정신건강 소비자들이 자력으로 자신을 돌보는 미래를 꿈꿨었다. 정신건강 활동가들은 정부가 지원하는 강력한 지역사회 기반 정신건강 시스템을 요구했다. 교도소 관리자들은 교도소 내 정신과 치료 수요에 대처하려고 했으며, 교도소가 정신질환자가 있기에 적절한 장소라는 생각을 공공연하게 거부했다. 그럼에도 불구하고 1980년대에도 이러한 문제는 나아지지 않고 더 악화되었다. 정신건강 시설에는 노숙인들이 들끓었고, 병원에서 감옥으로 이송되는 사람들의 수가 증가했다. 닐 같은 사람들은 이런 상황에 갇힌 사람들이었다.

1980년대의 정책입안자와 정신건강 활동가들은 1960년대, 1970년대의 탈수용화 물결에서 교훈을 얻은 사람들이었다. 이 과정은 그들에게 새로운 것이 아니었으며, 사람들이 병원을 떠났을 때 발생하는 결과를 알고 있었고, 그들이 적절한 집, 일자리, 의료 서비스를 받지 못했다는 것도 알고 있었다. 여기서 의문점은 정신병원의 축소와 관련한 문제와 그 해결책에 대해 알고 있는 사람이 이렇게 많았음에도 불구하고 왜 탈수용화는 그렇게 많은 문제를 계속해서 만들어냈는지였다. 이런 문제들의 중심에는 경제가 있었다. 1980년대는 국가가 적자에 허덕이고 탈산업화에 직면했던 재정위기의 시기였다. 이에 따라 신자유주의 정치인들은 정부 예산을 줄이고 사회복지를 축소했다. 이런 비용 감축의 중심에 정신병원 폐쇄와 지역사회 기반 정신건강 서비스 축소가 있었다. 펜실비이니아 주에서는 딕 손버그 주지사가 주립병원을 수없이 폐쇄하면서 복지 개혁 법안을 추진했다. 활동가들은 지역사회 기반의 기금 증액을 요구했지만 그 돈은 나오지 않았다. 사회학자 앤드류 스컬은 1980년대에 다음과 같이 썼다. *"정신질환자의 탈수용화는 개인의 삶에 대한 조직적인 간섭으로부터 벗어날 수 있는 소극적 권리를 확보했지만, 돌봄과 관심을 받을 수 있는 적극적인 권리의 부정을 의미할 때가 많았다."*[3]

1980년대 형사법체계의 급속한 성장도 탈수용화에 의해 이런 문제들이 발생하는 데 상당한 역할을 했다.[4] 1980년대 주정부들은 교도소에 돈을 쏟아 부었고, 교도소 수감자 수는 폭증했다. 이런 추세는 21세기까지 지속됐다. 정부는 사회복지에서 치안과 수감으로 우선순위를 재조정했다. 교도소 건설에 박차를 가함에 따라 정신질환 진단을 받은 사람들을 위한 주택, 식량, 고용, 의료 서비스에 쓰여야 할 예산이 바닥났다. 펜실베이니아 주정부는 병원을 폐쇄하면서 교도소 신축을 위해서 수억 달러를 지출했다. 주정부는 정신건강 및 교정과 관련한 프로젝트 팀을 구성해 지역사회의 보다 나은 지원서비스보다는 교도소와 구치소의 정신과 서비스를 확대할 것을 권장했다. 1980년대 초반에는 법을 위반한 사람들이 주정부의 정신과 치료를 받는 경우가 많아졌다. 교도소나 구치소에서 정신건강 치료를 받는 일이 많아졌다는 뜻이다. 이는 필요할 때 정신과 치료를 처음 받는 시스템과는 다른 시스템이다.

형사법체계의 성장과 사회복지 서비스의 축소는 연관성이 없다는 생각을 할 수도 있다. 하지만 정신건강 시스템이 어떻게 전개되는지 자세히 살펴보면 연관성이 드러난다. 한 때 정신병원은 수감 국가의 상당 부분을 차지했었다. 정신병원들이 탈수용화를 겪으면서 돈은 수감 시스템의 또 다른 부분인 교도소와 구치소로 흘러 들어갔다. 보수주의자들의 비용 감축, 범죄와 정신병원에 대해 공포를 느끼는 문화적 태도, 법질서 운동, 지역 주민들과 시설과의 경제적 유대는 서로 합쳐져 병원에서 교도소로의 이동을 가속화했다. 탈수용화는 대규모 수감의 증가를 촉진했으며, 이는 다시 정신질환 진단을 받은 사람들에게 불균형적인 영향을 미쳤다.

딕 손버그는 주지사로 재임하는 내내 탈수용화 기조를 추구하면서 수많은 정신건강 시설의 폐쇄를 요구했다. 손버그 주지사는 장애나 정신건강 같은 문제와 매우 개인적으로 연관돼 있었다.

1960년 손버그의 아내와 세 아들은 끔찍한 교통사고를 당했다. 아내 지니는 사망했고, 당시 몇 개월 안된 어린 아들 피터는 두개골 골절과 심각한 뇌 손상을 입었다. 광범위한 치료를 받은 피터는 목숨은 건졌지만, 의사는 1960년대에 사용되던 "정신지체"라는 용어로 진단을 내렸다. 3년 후 딕 손버그는 지니라는 같은 이름을 가진 여성과 재혼했다. 이 지니는 손버그의 세 아들의 "두 번째 엄마"가 되었고 나중에 넷째 아들을 낳았다.[5] 이들이 결혼한 다음 해 피터는 장애아 학교를 다니기 시작했다. 현재 이 학교는 어린이센터라고 불린다. 이 학교는 소아마비 아동을 주로 받은 학교였으며, 뇌 손상 환자로는 피터가 첫 입학생이었다. 지니는 이 학교가 가족의 삶에 즉각적인 변화를 불러일으켰으며, 피터가 "*언어치료, 작업치료, 물리치료를 받았고, 나도 교육을 받았다.*"라고 회상했다.[6] 1968년 피터는 이 학교를 떠났고, 손버그 부부는 그를 계속 시설에 보내야 할지 결정해야 했다.

친구들과 의사들은 피터를 시설에 보내라고 권했지만, 부부는 결국 그렇게 하지 않기로 했다. 딕 손버그는 그때 상황에 대해 자서전에서 다음과 같이 썼다. *"우리는 피터가 언젠가는 시설에 들어가야 한다는 생각을 계속 하고 있었다. 하지만 시간이 지나면서 우리는 피터와 함께 살아야겠다는 생각을 점점 더 확고하게 가지게 됐다. 피터는 말할 수 없을 만큼 우리 가족을 풍성하게 해주었으며, 가족에게 피터는 너무나 중요한 존재였기 때문이다."*[7] 손버그 부부가 피터를 주립 시설에 보내지 않기로 결심한 것은 당시의 주립 정신건강 시설에 대한 거부감을 반영한 것이었다. 펄 벅Pearl Buck의 《자라지 않는 아이The Child Who Never Grew》, 데일 에반스Dale Evans의 《아무것도 모르는 천사Angel Unaware》처럼 부모의 고백이 담긴 수많은 책들은 정신지체를 직접적으로 조명했다. 이 책들의 저자들은 정신지체와 관련된 차별에 저항했으며, 정신지체가 긍정적인 면에서 정상적이면서 독특한 것이라고 생각하는 사람들이 많다고 주장했다.[8] 1962년 *유니스 케네디 슈라이버Eunice Kennedy Shrive*는 *새터데이 이브닝 포스트Saturday Evening Post*기고에서 자신의 여동생 로즈메리 케네디의 정신지체를 공개적으로 인정했다. 한 나라에서 정치적으로 가장 강력한 가족의 이런 인정은 장애를 인간의 경험의 정상적인 일부로 인정하는 추세의 토대가 됐다.

한편 그동안 많은 부모들은 전국에 지원 단체를 조직해 시설의 상태를 개선하고 많은 대기자를 수용하기 위해 병상을 더 많이 만들 것을 주장했다. 그 결과, 1964년에서 1967년 사이에 지적장애가 있는 사람들을 위한 주립학교의 학생 수가 급격히 증가했다. 하지만 모든 부모가 시설 환경의 개선을 추구한 것은 아니었다. 데일 에반스 로저스로부터 영감을 얻은 많은 사람들은 어린이들이 집에서 생활하고 공립학교에서 교육을 받을 수 있다고 주장했다. 이 문제는 주립 시설에서 불미스러운 일이 수 없이 일어나면서 더 불거졌다. 1965년 미국 상원의원 로버트 F 케네디는 롬 앤 윌로부루크 주립 학교를 예고 없이 방문한 후 이 시설의 형편없는 상태를 공개적으로 비난했다. 이듬해 버튼 블래트와 프레드 캐플런은 '연옥에서의 크리스마스Christymas in Purgatory'라는 제목의 사진 에세이를 출간했는데, <룩Look> 잡지가 이 에세이를 다시 실었다.[9] 1960년대 기관들은 상당히 어려운 상태였다. 손버그 부부가 피터를 어떻게 도울지 고민하게 된 것은 이런 상황에서였다.

결국 손버그 부부는 집에서 피터와 함께 살면서 교육을 복지 시스템의 혜택을 받기로 결정했다. 지역사회 기반 지원을 받기로 한 것이다. 피터가 장애인 학교를 떠난 후 손버그 부부는 그를 공립학교에 입학시켰다. 하지만 공립학교를 둘러본 지니는 장애 학생들이 지하실에서 냄비 받침을 만들고 있는 모습을 보게 됐다. 지니는 다음과 같이 말했다. "*학교 환경 전체가 기대 이*

하였다. 이 아이들에게서는 별로 기대할 것이 없었고, 우리가 해줄 수 있는 일도 거의 없었다. 나는 계단을 뛰어올라 교장실로 들어가서 말했다. 아이를 이 학교에 보낼 생각이었지만 교실이 너무 엉망이라고 말했다. 그때 교장이 내게 한 말을 아직도 잊을 수가 없다. 교장은 아이들은 신경쓰지 않는다고 말했다. 그 순간 나는 걱정만 하던 엄마에서 활동가로 바뀌었다."[10] 공립학교 시스템에서 장애인들이 처한 열악한 환경을 눈으로 본 지니 손버그는 장애아동을 위한 전국협회NARC에 가입해 장애인 권리 활동가가 됐다.[11] NARC는 1950년에 설립됐으며, 1960년에는 681개 지부를 가지게 된 조직이다. NARC 회원은 대부분 학교를 다니는 연령대의 자녀를 가진 다양한 계층의 백인 부모들이었다. 계층은 다양했지만 NARC 지부들은 공통적으로 빈곤층보다는 중산층 가족의 문제를 주로 다뤘다.[12]

지니 손버그는 장애아동을 위한 펜실베이니아 주 협회PARC 앨리게니 카운티 지부에서 처음 활동을 시작했다. 활동 초기에 그녀는 다른 어머니 두 명, 앨리게니 지부장 봅 넬킨과 함께 공립 시설들과 사립 시설들을 예고 없이 방문했다. 그녀는 또한 자신이 "엄마 곰"이라고 생각한 다른 어머니들과 함께 서부 주립센터, 폴크센터, 에벤스버그 카운티 소재 시설들도 둘러봤다. 시설 직원이나 가족들의 학대 또는 방치 신고를 받고 간 것이었다. 그들은 해당 시설을 방문해 상황을 살핀 다음, 시설 감독관이나 주정부 관리들을 만났다. 주의회 의원들을 만나서 개선 방안을 논의하기도 했다. 지니는 인생 말기에 구술한 자서전에서 폴크센터의 화장실을 생생하게 기억해냈다. 이 화장실에는 좌변기도 없었으며, 화장실 칸 사이에는 차단막도 없어 프라이버시가 침해되는 환경이었다. 그녀는 또한 에벤스버그 시설의 바닥과 벽에 타일이 있는 방도 기억했다. 직원들이 수용자들의 대소변을 쉽게 씻어낼 수 있기 위해 그렇게 만들어진 것이었다. 타일로 된 방에는 청소년 약 20명이 바닥에 앉아 있었고, 한 남성이 "교도소 교도관처럼 열쇠 꾸러미를 위협적으로 돌리면서" 이 청소년들 앞에서 왔다갔다 하고 있었다.[13]

지니는 이런 상태를 개선하기 위해 끊임없이 노력했다. 봅 넬킨은 *"다른 사람들이 포기할 때도 지니는 계속해서 앞으로 나아갔다."*라고 회상했다.[14] 지니는 청소년 사법 개혁과 교도소 개혁에도 참여했으며 나중에 다음과 같이 회상했다. *"나는 너무 급진적이어서 누구한테 해를 끼치지 않을지 가끔 걱정되곤 했다. 한 번은 저녁 만찬 자리에 갔는데, 거기서 소란을 일으킬 뻔했다. 내 옆자리에 앉은 사람이 장애인에 대해 함부로 말했고 교도소 상황에 대해 전혀 몰랐기 때문이었다."*[15] 지니는 주립 시설 개혁에 헌신했으며, 주로 지적장애가 있는 사람들에 집중하면서도 교정시설에 대한 관심을 일정 정도 계속 유지했다.

1974년 지니 손버그는 앨리게니 지부장이 됨으로써 이런 열정을 계속 유지했다. 장애아동을 위한 펜실베이니아 주 협회가 *홀더먼 대 펜허스트Halderman v. Pennhurst* 사건에서 인용된 주립 시설들을 집중적으로 공격하던 시기였다. 주립 시설들을 둘러싼 이 싸움에 지니가 참여함으로써 손버그 가족은 당시의 반수용화주의와 장애인 권리 운동과 직접적인 연결고리를 가지게 됐다.

사회복지 축소

1980년대 탈수용화 위기는 그와 동시에 나타난 신자유주의적 긴축정책의 부상에 대한 이해 없이는 이해가 불가능하다. 로널드 레이건 대통령 집권 기간에는 이런 긴축정책이 두드러졌었다. 레이건 행정부는 작은 정부를 통해 번영으로 갈 수 있다고 주장함으로써 1970년대가 물려준 경제 쇠퇴에 맞섰기 때문이다. 레이건 스타일의 공화당원 주지사인 딕 손버그가 이끌었던 펜실베이니아 주는 레이건 행정부의 이런 정치적 개혁 조치들을 충분히 반영했다. 손버그의 신자유주의적 접근방법은 정신병원 폐쇄 효과를 상쇄할 적절한 지역사회 기반 정신건강 서비스를 제공하지 않은 채 정신병원들을 폐쇄하게 만들었다.

손버그는 법조계에서 처음 경력을 쌓기 시작한 사람이었다.

그는 주정부와 연방정부 법무부 장관실에서 근무한 뒤부터 선출직 공직에 관심을 가지기 시작했다. 그는 공화당의 작은 정부 이념과 자유 기업 체제를 지지하면서 1979년 펜실베이니아 주지사에 당선됐다. 스스로를 중도파라고 생각했던 손버그는 "개인주의, 자유 기업 체제, 재정적 책무성, 강력한 국가와 지방정부, 국내와 국외에서 강인함과 온정주의의 결합"이라는 공화당의 기조를 강화하기 위해 정치권에 입성한 사람이었다.[16] 그에게 보수주의는 큰 정부를 비롯한 "큰 것들"로부터 사람들을 보호하는 것이었다. 그는 후에 다음과 같이 회상했다. *"사회는 생계를 유지하고, 신을 숭배하고, 삶의 질을 개선하려고 노력하는 개인들의 일상적인 일들에 대한 정부의 간섭을 제한함으로써 가장 잘 운영될 수 있다."*[17] 핵심적인 갈등이 발생한 바로 이 지점이었다. 손버그를 포함한 공화당원들은 정부 간섭에 반대했지만, 법을 준수한다고 간주되는 시민들은 보호하겠다고 약속했다. 이들은 경찰 조직과 형사법체계를 확대하는 방법으로 이 약속을 이행했다. 보수주의자들은 대규모 사회복지 서비스를 지지하지 않았지만, 국가 안보 기관은 지지했다. 이런 특징은 추후에 손버그의 주정부 운영의 중요한 특징이 됐다.

주지사에 취임한 지 몇 달 만에 손버그는 국가적인 위기에 직면했다. 펜실베이니아 주 스리마일섬에 있는 원자로 중 하나가 부분적으로 붕괴된 사고였다. 그는 이 위기에 성공적으로 대처해 현장을 방문한 지미 카터 대통령을 비롯해 많은 사람으로부터 찬사를 받았다.[18] 손버그는 이 인기를 이용해 펜실베이니아 주에서 극적인 개혁 정책을 펼쳤다. 1980년대 펜실베이니아 주는 다른 주들처럼 경제적인 어려움을 겪고 있었다. 1979년 석유파동으로 경기 침체가 발생했고, 탈산업화는 펜실베이니아 주의 광업 지역을 강타했다. 이러한 경기 혼란의 시기에 손버그의 주요 목표는 주의 사회복지 서비스를 줄여 예산 균형을 맞추는 것이었다. 그는 *"가장 좋은 사회제도는 좋은 경제다."*라고 말하면서 "더 작고 더 효율적인 정부"에 대한 자신의 헌신을 내세웠다.[19]

손버그는 주정부가 "실제로 궁핍한" 사람이라고 간주하지 않은 사람들에 대한 사회 서비스를 축소하는 데 집중했다. 그는 특히 일반 부조General Assistance 프로그램을 대상으로 삼았다. 이 프로그램은 연방정부가 제공하는 혜택을 받을 수 없는, 자녀가 없는 비장애인에게 자금을 제공하는 프로그램인데, 당시 많은 사람들은 일반 부조 프로그램 수혜자들을 "일자리를 구할 수 있는 건강한 청년"이라고 비난했었다.[20] 이런 여론을 바탕으로 손버그는 "몸이 건강하거나 고용이 될 수 있다고 간주되는, 자녀가 없는 사람들"은 일반 부조 프로그램 혜택을 받지 못하도록 하는 일명 "손버그 감축법"을 통과시켰다.[21] 1970년대 말에 이런 식으로 사회복지 서비스를 감축한 것은 손버그가 이끄는 펜실베이니아 주정부만이 아니었다. 매사추세츠 주, 뉴욕 주 등 많은 주들이 이런 식으로 움직였다.[22] 이런 복지 정책들의 핵심은 사회복지 서비스가 필요없다고 판단되는 사람들에게 지출되는 돈을 삭감하는 데 있었다. 대신 "손버그 감축법" 같은 법들은 일반 부조 자금이 "실제로 궁핍한" 사람들에게 지원되도록 했다. "실제로 궁핍한" 사람들이란 노인, 자녀를 부양하는 부모, 장애인 같은 사람들을 지칭하는 사회복지 개혁 분야의 일반적인 용어다.[23] "실제로 궁핍한"이라는 개념은 손버그가 아들 피터의 지적장애와 관련한 경험을 한 후 주목하게 된 개념이었다. 언론은 손버그가 사회복지 예산을 삭감했지만 그의 아들 피터는 사회복지 보조금과 서비스를 받았다는 보도를 하기도 했다.[24]

예산이 가장 크게 삭감된 곳은 복지부와 주립 정신병원이었다. 복지부 감축액만 해도 주정부 전체 감축액의 절반에 가까운 4억 7300만 달러를 넘었다. 복지 예산 삭감은 복지 관련 사기 사건에 대한 조사, 주립병원과 주립센터들의 폐쇄, 제3자에 대한 의료 비용 청구, 몸이 건강하고 고용이 될 수 있다고 간주되는 사람들에 대한 일반 부조 프로그램 지원 박탈 등의 형태로 이뤄졌다.[25] 탈수용화에 대한 주정부의 대응은 주정부를 축소하고 신체적, 지적, 정신과적 장애가 있는 사람들을 위한 시민권 운동에 맞서고자 하는 신자유주의인 노력이 이뤄지는 이런 상황에서 이뤄진 것이었다.

손버그는 자신의 개인적인 경험을 지적장애가 있는 사람들을 위한 주정부의 서비스와 주정부의 정신건강 정책과 연결시켰다. 손버그는 PARC 연설에서 개인과 정치 사이의 이러한 관계에 대해 언급했다. 손버그는 "정신지체가 있는 가족이 있는 펜실베이니아 가정들의 애환"에 대해 자신이 잘 알고 있다는 말로 연설을 시작했다.[26] 그는 연설에서 아들 피터가 "해리스버그 장애인 그룹홈 시설에서 엄마, 아빠의 도움 없이 비교적 독립적으로 살 수 있는 능력을 가지게 된 것"을 자랑스럽게 생각한다며 *"피터가 이런 능력을 갖추게 된 것은 수많은 사람과 공공단체, 민간 단체의 노력에 힘입은 것이었습니다. 이들은 우리 가족에게 절실하게 필요한 도움을 지속적으로 제공했습니다."*라고 인정했다.[27] 그는 이런 생각들을 지속적으로 정책에 반영했다. 그는 이어 *"우리 주가 정신지체인에게 지원하는 예산이 내가 주지사에 취임했을 당시보다 2배 이상으로 곧 늘어나게 되는 것은 이런 나의 생각 때문입니다."*라고 덧붙였다.[28]

손버그 가족은 피터를 위한 지역사회 서비스의 혜택을 받았다. 결과적으로 딕 손버그의 주정부는 사회복지 서비스를 중단하더라도 정신지체 진단을 받은 사람들을 위한 지역사회의 자금을 확대했다. 손버그 주지사 재임 기간 동안에는 지역사회 기반 서비스 예산 지출이 시설에 대한 예산 지출을 최초로 초과했다. 독립적인 생활을 위한 센터를 세우고, 간병인을 고용하고, 일자리를 확대를 주정부가 지원한 결과였다. 손버그는 그의 임기 마지막 주정부 예산에서 지역사회 기반 프로그램의 개선과 확대를 위해 2억 4300만 달러를 할당했다.[29]

손버그 주지사는 장애인을 위해 상당히 많은 자금을 지원했지만, 정신질환에는 그렇게 하지 않았다. 손버그의 주정부는 1979~1980년도 주 예산에서 정신질환자의 지역사회 주거 서비스를 위해 할당한 자금은 190만 달러에 불과했다. 이런 서비스를 시행하기에는 턱없이 부족한 액수였다. 이러한 지역사회 기반 프로그램에 대한 자금의 부족은 정신병이 장기적으로 지원되기보다는 치료되어야 한다는 신념에서 비롯되었다. 1978년 손버그는 이런 신념을 반영한 연설을 했다. 연설에서 그는 아들 피터, 아내 지니와 겪은 일들을 이야기했다. 그는 *"아들을 통해 장애인들이 직면하고 있는 문제들을 알게 됐습니다. 또한 장애인들이 성장과 독립을 할 수 있는 가능성도 알게 됐습니다. 내 눈으로 직접 보았기 때문입니다."*[30]

또 다른 강연에서 그는 장애가 있는 사람들이 자신의 집에 있기 위해서는 어떤 방식의 지원이 필요한지 얘기했고, 장애를 가진 개인과 그들의 가족이 선택할 수 있는 "다양한 생활환경들"이 마련돼야 한다고 주장했다.[31] 하지만 손버그의 이렇게 생각하면서도 정신질환에 대한 생각은 바꾸지 않았다. 그는 정신병원 치료를 받은 경험이 있는 사람들을 "정신적으로 회복된 사람들"이라고 부르곤 했다. 그는 *"정신질환을 겪었지만 현재는 정신적으로 회복된 수많은 시민들은 이미 교육이나 기술 훈련을 받은 사람들입니다. 대중은 정신적으로 회복된 사람들이 자신의 능력에 맞는 일자리로 복귀하는 것을 받아들여야 한다는 것을 알아야 합니다."*라고 말했다. 그는 다음과 같은 주장으로 연설을 마무리지었다. *"나는 정신질환 경험이 낙인이 아니며 완전히 회복될 수 있는 질환이라는 것을 인식하는 주정부를 원합니다."*[32]

손버그는 사람이 정신질환으로 아플 수 있다고 생각했다. 아픈 사람은 치료를 받으려고 할 것이고, 주정부는 아픈 사람을 치료해 사회로 다시 복귀시키면 되는 일이었다. 손버그의 이런 생각은 장애에 대한 주정부의 대응과는 현저히 다른 것이었다. 정신질환은 대부분 치료가 가능하다는 생각은 만성 정신질환 진단을 받은 사람들의 대한 지원을 막았다. 이 정신질환자들은 현금, 주거시설, 직업 훈련, 의료 서비스가 필요한 사람들이었는데도 그랬다.[33]

펜실베이니아 남동부 정신건강 협회 회장 리처드 론스도프는 정신질환 진단을 받은 사람들에 대한 예산 지원 부족에 글을 주지사에게 전달했다. 그는 *"필라델피아에만 약 6800명의 정서장애인과 정신장애인이 기숙 시설에 살고 있다."*는 내용의 템플 대학 연구 보고서를 인용했다.[34] 론스도프는 이 협회가 "탈수용화"됐다고 간주하는 사람들에 대해 집중적으로 언급하면서, 이들에게 적절한 서비스를 제공하려면 1500만 달러 이상이 필요하다고 말했다. 이 금액은 손버그 주지사가 할당한 예산의 몇 배가 넘는 돈이었다.[35]

펜실베이니아 주 정신건강협회 회장인 찰스 토머스는 "'*바뀐 것이 하나도 없다.' 우리는 지역사회 정신건강/정신지체 시스템에 대한 장기적인 지원 확대 계획이 여전히 없다는 것에 대해 분노하고 좌절한다. 시설에서 지역사회로 재정적 지원을 옮기는 혁신이 전혀 이뤄지고 있지 않다.*"라는 내용의 항의 서한을 보냈다.[36] 이 협회 지도부는 지낼 곳도 거의 없었고, 정신과 치료도 거의 받지 못했으며, 일자리도 구하지 못한 리타와 날 들럭 부부 같은 사람들에 대한 걱정에서 이런 발언을 했다. 협회 지도부는 만성 정신질환 진단을 받은 사람들이 얼마나 쉽게 나락으로 떨어지는지 본 사람들이었다. 또한 지도부는 이런 사람들에게 주정부가 지역사회 재원을 제공해야 한다고 주장했다. 하지만 당시는 주정부의 사회복지 서비스가 축소되고 있던 시대였다. 이들은 끝없이 돌을 언덕 위로 굴려 올리는 시시포스처럼 성과 없는 노력을 계속하고 있었다.

적절한 사회복지 서비스를 제공하지 않은 상태에서 이뤄지는 탈수용화에 대한 반대는 좌파와 우파 모두에서 이뤄졌다. 예를 들어, 1979년 찰스 크로스해머는 〈뉴 리퍼블릭New

Republic> 잡지 기고문에서 정신과 치료 반대자인 토머스 사스를 격렬하게 비난했다. 크로스해머는 의과 대학을 졸업한 후 정치평론가가 된 사람이었다. '토머스 사스의 신화'라는 제목의 이 기고문에서 크로스해머는 정신과 치료에 반대하는 정신과 의사인 사스를 "학자들, 사회 지도층 인사들을 끌어들여 사회 분열을 야기한 정신과 치료 반대 운동을 태동시킨 논객"이라고 부르면서도, 사스의 글이 강제입원법을 수정하게 하고, 자활 단체들을 설립하게 하고, 정신병원 입원 환자들을 법적으로 보호하기 위한 기금을 마련하게 하고, 환자들의 권리를 확대했다고 인정했다.[37] 크로스해머는 사스의 작품에 대해 정신장애를 가진 사람들에게 아무 도움도 주지 않는 "비정한 자유의지론"이라는 평가를 내렸다. 크로스해머는 가부장적 정신과 치료를 반대하는 사스의 생각은 누군가가 다리에서 떨어지는 것을 봤는데 아무것도 하지 않는 것과 같다고 주장했다.[38] 크로스해머에 따르면 시민권의 출현은 노숙 경험, 정신질환 경험이 있는 사람들에게 자유를 준 것이 아니라 그들을 포기하게 만들었다. 크로스해머가 워싱턴포스트 기고문을 통해 주장한 해결책은 비자의적인 입원을 가능하게 하는 법으로 다시 돌아가는 것이었다. 법을 다시 바꾸면 이들을 정신병원에 입원시키는 것이 쉬워지고, 적어도 이들은 주거, 음식, 치료면에서 혜택을 받을 수 있다는 주장이었다.[39]

의학 교육을 받은 또 다른 논평가인 제럴드 와이즈먼도 정신과 치료 반대 운동을 격렬하게 비판했다. 의학 학술지 <호스피털 프랙티스Hospital Practice>에 실린 '푸코와 노숙자 여인'이라는 글에서 그는 카너 부인이라는 여성의 이야기를 했다. 카너 부인은 동상으로 벨뷰 병원 응급실에 실려갔다. 거기서 그녀는 만성 정신분열증, 피부경화증 진단을 받았다. 사망을 일으킬 수 있는 치명적인 질환이었다. 카너 부인은 신체적 및 정신적 질환 치료를 받기 위해 잠깐 병원에 들를 때를 제외하곤 길거리에서 살던 사람이었다. 와이즈먼은 이 여성의 이야기를 통해 탈수용화 물결이 이후에 사회가 더 이상 정신병원 "혜택"을 제공하지 않고 있으며 정신질환 진단을 받은 사람들은 치료를 받을 곳이 없어졌다고 주장한 것이었다. 크로스해머는 새로운 약물 치료로 인한 손실과 손버그 주지사의 재정 삭감 조치 같은 정책들을 비판했다. 하지만 크로스해머가 가장 강도 높게 비판한 사람들은 "선의의 시민권 활동가들"이었다.[40]

와이즈먼과 크로스해머의 글은 정신과 치료 반대 운동과 환자들을 위한 시민권 운동에 대한 보수주의자들의 초창기 공격 방식을 잘 드러낸 글이었다. 이 두 명은 모두 이런 운동들을 탈수용화의 실패와 직접 연결시켰다. 또한 이 두 명 모두 소비자, 정신병원 생존자, 전 환자들의 운동 성과를 인정하지 않았다. 이런 운동을 했던 활동가들은 대부분 정신과 치료를 비판했었지만, 정신건강 서비스와 이런 정신병원 생존자, 소비자, 전 환자들에 의한 지원을 옹호하는 사람들도 있었다. 이들은 정신병원 생존자들이 통제하는 서비스를 주장한 주디 챔벌린의《우리 힘으로On Our Own》의 영향을 받은 사람들이었다. 와이즈먼과 크로스해머는 1980년대에 부상하던 대체적인 치료법은 대부분 무시했다. 이 논평가들은 소비자, 정신병원 생존자, 전 환자들의 활동을 무시했고, 정신과 의사들이 가진 권력의 심각한 문제점을 인정하지 않았으며, 정신병원 환자들의 권리를 제한했다. 이 모든 행동은 과거의 정신병원 시스템으로 돌아가야 한다는 주장에서 비롯된 것이었다.

좌파 진영과 우파 진영 양쪽 모두에서 활동가와 정치 논평가들은 어떻게 탈시설화가 진행되어야 하고 정신적 질환을 가진 사람들에게 어떻게 최고의 혜택을 줄 수 있는지에 대한 대체적인 비전들을 제공했다. 하지만 이러한 관점들은 신자유주의 정책의 두 가지 요소에 의해 중요도 면에서 밀렸다. 첫째, 사회복지를 축소하려던 1980년대의 노력은 치료가 필요한 사람들을 흡수할 지역사회 기반 정신건강 서비스를 적절하게 마련하지 않은 상태에서 정신병원들을 폐쇄하게 만들었다. 둘째, 교도소 건축 사업은 사회복지를 위한 자금을 제한하고 교도소 시스템 내에서 정신과 서비스를 확대하게 만들었다.

활동가들이 지역사회 기반 서비스 확장을 주장할 때 손버그 주지사는 주립 정신병원 폐쇄로 이어지는 비용 삭감에 집중했다. 정신병원은 손버그가 취임하기 전에 수년간 탈수용화를 겪었으며, 그가 주지사가 되었을 때도 그 과정은 여전히 진행 중이었다. 임기 초, 주정부는 주립 정신병원들을 통합하고 폐쇄하라는 압력에 시달렸다. 첫째, 정신과 치료의 변화와 정신건강에 대한 대중의 태도 변화는 최대한 제약이 적은 환경에서의 정신과 서비스 제공을 촉구했다. 둘째, 모든 주립병원이 병원 및 메디케어 인증에 관한 공동위원회가 정한 표준을 준수하지는 않았기 때문에 연방정부는 수천만 달러의 비용 손실을 감당해야 했다. 1979년부터 1987년까지 펜실베이니아 주 복지부는 딕스몬트 병원, 리트리트 병원, 엠브리빌 병원, 홀리데이스버그 병원, 로런스 프릭 병원을 폐쇄했고, 펜실베이니아 동부 정신병원에 대한 통제를 포기했다. 손버그의 임기가 끝날 무렵에는 주립병원에 남은 사람은 8000명, 발달센터에 남은 사람은 5300명에 불과했다.[41]

리트리트 주립병원의 사례는 이런 병원 폐쇄 물결을 잘 보여준다. 1980년 3월 손버그 주지사는 리트리트 병원을 폐쇄하고 그곳에 거주하던 사람들을 다른 시설들로 옮긴다고 발표했다. 리트리트 병원은 펜실베이니아 북동부의 윌크스배리 시 외곽에 위치하고 있었다. 윌크스배리 시는 무연탄이 많이 매장돼 있어 "다이아몬드 시티"라는 별명으로 불리는 도시다. 이 병원은 1900년 이전에 빈민가였던 지역에서 문을 열었고, 정신질환 진단을 받은 사람들을 주로 치료했다. 20세기 중반까지만 해도 수용 인원이 많았지만 1980년대 들어서는 수용 인원이 300명을 넘지 않았다. 병원 평균 체류 기간은 30일이었다.

리트리트 병원이 복지부의 감사를 받은 것은 이즈음이었다. 첫째, 병원은 메디케어 요건을 충족시키지 못해 서비스 질에 대한 의문을 제기받았다.[42] 메디케어 요건을 충족시키기 위해서 복지부는 이 시설에 대한 예산을 16% 증가시켜야 했고, 이는 손버그 주지사의 비용 삭감 지시와 충돌했다. 둘째, 이 병원은 다른 주립병원보다 훨씬 적은 수의 사람을 수용하고 있었다. 이 병원은 댄빌 병원과 클락스서미트 병원 근처에 위치하고 있었기 때문에, 주정부 관리들은 이 두 시설이 리트리트 병원 환자들을 흡수할 수 있을 것이라고 생각했다.[43]

손버그와 복지부는 재정적 보수주의와 반수용화주의에 대한 대중의 생각을 기초로 리트리트 병원 폐쇄를 정당화했다. 납세자들의 이익을 위한 것이라는 명분이었다.[44] 손버그와 복지부는 리트리트 병원 폐쇄로 460만 달러가 절감되고, 건설 계획 취소로 425만 달러가 더 절감될 것이라고 주장했다. 주정부는 <비용 절감 2: 업적과 행동>이라는 제목의 연례 보고서에서도 이 병원 폐쇄에 대해 홍보했다.[45]

리트리트 병원 폐쇄로 인한 경제적 절감은 시설을 통한 치료를 줄이려는 손버그 주지사의 명령과 관련이 있었다. PARC는 탈수용화를 널리 알리기 위한 노력의 일환으로 리트리트 병원 폐쇄를 지지했다. 1970년대 이 단체는 "새로운 시설 건설 반대" 운동을 했으며, 주정부가 발달센터를 새로 짓는 것에도 반대했다.[46] 1980년에도 PARC는 펜허스트 병원의 우선적 폐쇄를 주장하고 있었으며, 리트리트 병원 폐쇄는 시설 치료에 대한 주정부의 의존도를 줄이기 위한 이 단체의 노력을 보여준 예라고 할 수 있다. PARC 회원들은 언론사에 편지를 보냈고, TV와 라디오에 출연해 리트리트 병원 폐쇄를 주장했다.[47] 손버그의 주정부와 ARC는 펜허스트 병원 폐쇄 방식에 대한 의견은 달랐지만, 정신병원을 탈수용화해야 한다는 점에서는 같은 목소리를 냈다. 이들은 모두 시설 감금으로부터 벗어날 수 있는 자유를 누릴 수 있는 권리와 지역사회의 일원이 될 수 있는 권리를 공통적으로 주장했다.

하지만 손버그의 리트리트 병원 폐쇄 계획은 정신질환 진단을 받은 사람들을 위한 지역사회 기반 사회복지 서비스의 부족과 관련해 많은 사람들로부터 비판을 받기도 했다. 리트리트 병원 직원들을 대표하는 노조인 AFSCME가 폐쇄 반대에 나섰다. 노조는 병원 폐쇄로 피해를 입는 사람은 병원 환자들 자신이 될 것이라고 주장했다. 주정부가 사회복지 서비스를 대폭 축소하고 있는 상황에서는 특히 더 그렇게 될 것이라는 주장이었다.

리트리트 병원에 다니고 있는 자식을 둔 아버지이자 AFSCME 변호사인 리처드 커슈너가 이런 주장을 대변했다. 그는 병원 리트리트 병원 폐쇄가 "몰지각한 일"이라며 "이 사건은 전적으로 경제적 편의성에 의해서만 결정되고 있다."라고 주장했다.[48] AFSCME는 리트리트 병원 직원들과 연대했으며, 직원들, 지역사회, 병원 환자들의 이익을 위해 활동한다고 주장했다. 노조의 메시지는 노조원들의 일자리를 지키고, 지역사회 경제에 도움을 주고, 정신질환 진단을 받은 사람들에게 계속해서 돌봄을 제공한다는 점에 집중돼 있었다.[49]

이런 AFSCME 주도의 연대는 반수용화 정책을 공공 복지에 대한 위협으로 생각해 반대하는 공공부분 노동자들의 노력의 일부분이었다. 하지만 결국 이런 반대자들은 패배했고, 리트리트 병원은 1980년 문을 닫았다. 그럼에도 불구하고 이런 조직적인 저항은 주정부의 반수용화와 비용 절감 노력이 결코 간단한 일이 아니었으며 많은 반대에 부딪혔다는 것을 잘 보여준다.

주립병원들이 폐쇄되고 있었지만 주정부는 만성 정신질환 진단을 받은 사람들에게는 정신지체 진단을 받은 사람들에게 했던 지원만큼의 지원은 하지 않았다. 펜실베이니아 남동부 정신건강 협회는 주지사에게 공문을 보내 이러한 불일치를 지적했다. 이 단체의 대표는 *"주정부는 지난 몇 년 동안 정신지체인을 위한 지역사회 주거시설에 예산을 지원해온 것처럼 정신질환자를*

위한 지역사회 주거시설에도 그만큼의 예산을 지원해야 한다."라고 주장했다.[50] 이 단체는 이 주장에 근거해 주정부가 1979~80년도 예산에서 책정된 190만 달러가 아닌 1500만 달러를 배당해줄 것을 요구했다. 하지만 결국 만성 정신질환 진단을 받은 사람들을 위한 지역사회의 주거시설 계획 자금은 원래 필요했던 것보다 훨씬 적게 책정됐다. 펜실베이니아 남동부 정신건강협회의 연례 보고서는 이런 자금 부족을 요약하면서 다음과 같이 주장했다. *"1960년대가 사회적, 경제적 정의를 위해 권리를 광범위하게 확대한 것으로 찬사 받는다면, (이런 추세가 계속된다면) 1980년대는 선의의 방치의 시대, 스스로를 도울 수 있는 능력이 가장 적은 사람들이 자활이라는 경건한 명분 아래 짓밟힌 시대, 정치적 편의와 결합한 경제 현실이 유권자들을 복잡한 문제에 대한 간단한 답을 추구하도록 만든 시대로 보아야 할 것이다."*[51] 하지만 간단한 해답을 내기가 어려운 이유는 리타와 닐 들럭 부부 같은 사람들이 그 간단한 해답의 결과를 감당하며 하루하루를 살아내야 한다는 데 있다.

교도소 폭증

손버그는 정신건강 시스템 내의 문제에 대응했던 방식과는 매우 다른 방식으로 형사법체계 내의 문제에 대응했다. 손버그의 주정부는 정신건강 시설들은 탈수용화했지만, 교정시설은 더 늘렸다. 유죄 판결을 받은 사람들에 대해서는 자신의 반수용화 입장을 뒤집은 것이다.

1980년대 초가 되자 교도소의 탈수용화가 끝났고, 미국의 모든 주에서 교도소 수감자 수가 늘어났다. 이같은 수감률 상승은 부분적으로는 가혹한 형벌 정책에서 비롯됐다. 예를 들어, 1973년 뉴욕 주는 록펠러 마약법을 통과시켰다. 이 법은 약물 사범에 대한 처벌을 의무화하고 사전형량조정 기회를 줄였다. 매사추세츠 주와 미시건 주는 총기 범죄에 대해 최소한의 의무적인 처벌을 규정하는 법을 통과시켰다. 경찰이 더 많은 사람들을 체포하고 유죄 판결이 늘어난 것도 교도소 인구 증가의 부분적인 원인이 됐다.[52] 체포와 유죄 판결이 급증하면서 범죄에 대한 공포도 늘어났다. 필라델피아 이브닝 불레틴의 설문 조사에 따르면 응답자들은 도시의 가장 시급한 문제로 범죄를 꼽았으며, 대부분의 사람들은 정신장애를 가진 사람들을 두려워했다.[53] 펜실베이니아 주 교정국의 1980년 예산은 5년 전보다 40% 늘었고, 교도소 수감자도 20% 늘었다.

이러한 빠른 증가 때문에 펜실베이니아 주립교도소들은 혼란에 빠졌다. 주립교도소들은 공식적으로 400명을 초과 수용하는 상황에 이르게 됐고, 이에 대응해 수감자 1200명이 열악한 교도소 환경과 과다 수용을 이유로 작업을 거부했다. 이들은 9일 동안 파업을 벌이면서 그레이터포드 교도소를 마비시켜 비상상태로 만들었다. 이 파업은 살인으로 유죄 판결을 받은 세 사람이 교도소에서 탈출하는 사건과 동시에 일어났는데, 이로 인해 사람들은 주립 교정시설이 제대로 돌아가고 있는지 의문을 품게 됐다.[54] 이런 사고들은 범죄율 증가, 과다 수용과 맞물려 교정국이 중대한 변화를 시도하도록 만들었다.

교도소가 이렇게 위기에 빠져 있는 동안 손버그 주지사는 펜실베이니아 주를 법질서 운동의 선두 주자로 만들었다. 1981년 그는 펜실베이니아 주에서 "범죄와의 전쟁"을 선포하고, 이 범죄와의 전쟁을 지원할 관계 법안들을 제안했다. 손버그는 자신이 제안한 법안들이 펜실베이니아 주의 범죄율이 9.9% 상승한 것에 대한 대응이라고 주장했다. 이 범죄율은 전국 평균보다는 낮았지만, 중요한 건 범죄율 자체가 상승하고 있다는 사실이었다. 손버그는 이에 뒤 이어 "사람들에게 공포를 심어주고 펑크족, 깡패, 마약 밀매범들을 교도소 안에 확실하게 가둬둘 수 있는" 형사 사법 제도를 제안했다.[55] 당시는 미국의 다른 주들도 의무적인 최소 법률을 통과시키고, 선고 형량을 늘리고, 가석방

제도를 없애고, 새로운 교도소를 건설하고 있던 때였다.[56] 하지만 펜실베이니아 주가 다른 주들과 달랐던 점은 범죄와의 전쟁을 선포한 손버그 주시사가 이런 움직임 중 한 두 가지를 취한 것이 아니라 이런 움직임 모두를 취했다는 데 있었다. 손버그는 "지금이야말로 범죄자가 아니라 우리 시민들에게 공포를 심어줄 적기"라고 말했다.[57] 또한 그는 *"우리는 미국 역사상 주정부 차원에서 취해진 조치 중 가장 강력한 조치를 취했을 것이다."*라고도 말했다.[58] 더 가혹한 형량을 선고하게 하기 위한 손버그의 노력은 닉슨 행정부에서 법무부 장관을 하던 시절 그의 노력과 유사했으며, 선고 개혁법 같은 법으로 형량을 높인 레이건 행정부의 노력과도 유사하다. 연방정부 차원에서 보수적인 선고 개혁을 했던 손버그는 자신의 이 경험을 펜실베이니아 주 행정에 상당 부분 적용한 것이었다.

손버그는 이런 법안들을 통해 새로운 수용화 모델을 시행했다. 1981년 그는 관련 선고 법안들을 제안했는데, 이 법안들은 그의 범죄와의 전쟁의 핵심을 이루는 것들이었다. 예를 들어, 하원 법안 1803호는 보호관찰과 가석방 위원회를 없애는 것이었다. 최소한의 형기를 마쳐야 석방이 가능하도록 한 것이다. 이브닝 불레틴 보도에 따르면, 이 법안의 핵심은 *"선고한 형량만큼 복역을 하게 한다"*는 것이었다.[59] 또한 손버그는 형기를 더 길게 만들려고 했고, 많은 범죄인들에 대해서 최소한의 형기를 마쳐야 한다는 선고하는 법안을 제안했고, 주의회는 주법 54호를 통과시켰다. 이 법은 살인, 강간, 폭행, 강도, 방화, 유괴 같은 범죄를 상습적으로 저지른 범법자들에게 최소 5년의 의무적인 형기 선고를 할 수 있게 만든 법이다. 또한 이 법은 총기 사범에 대해서 최소 5년의 형기를 선고하도록 했다.

주법 54호에 따라 판사들은 이 법이 정한 형기를 반드시 선고해야 했지만, 하원 법안 1803호는 수감자들이 최소 형기를 마치면 자동으로 석방되도록 하는 내용을 담고 있었다. 최소 형기가 이미 최대 형기의 반 이상을 넘어선 상태에서의 일이었다.[60] 이렇게 수감 기간을 늘림으로써 손버그는 교도소가 사람들을 재활시킬 수 있다는 생각을 더욱 약화시켰다. 새롭게 제정된 이런 법들은 교도소를 더욱 구속적으로 만들었고, 수감자들은 사회로부터 더욱 더 분리됐다.

이런 징벌적인 제안들에 대한 반대도 만만치 않았다. 반대 목소리는 교도소 개혁 단체, 정치인, 주정부 선고 위원회 등에서 나왔다. 이 위원회는 1978년부터 교도소 문제들을 다룬 곳이었다. 선고 위원회는 선고 기준을 바꾸는 것은 지지했지만, 그 지지는 교도소 인구를 줄이는 것을 목표로 한 것이었다. 따라서 이 위원회의 입장은 주지사의 제안과 정면으로 충돌했다. 주정부 대변인 앨프레드 블럼스타인은 "'*공짜 점심은 없다.*'*라는 말이 있듯이, 징벌에도 비용이 든다는 것을 알아야 한다. 더 많은 사*

람들이 더 오래 수감하기를 원한다면 그 대가를 기꺼이 치러야 할 것이다."라고 주장했다.[61] 아프리카계 미국인 정치 지도자 하디 윌리엄스와 데이비드 P 리처드슨이 이끄는 정치인들도 반대 입장을 표명했다. 윌리엄스와 리처드슨은 선고 제도 변화가 소수민족에게 불리하다고 주장했다. 리처드슨은 1967년 시위에서 경찰의 가혹행위를 경험한 사람이었다. 그는 총기 소유에 대한 의무적 최소 형량 선고 때문에 경찰이 피고인을 체포한 후에 총기를 피고인이 그전부터 가지고 있었던 것처럼 만드는 일이 많아졌다고 주장했다. 리처드슨은 자신이 경찰에 체포됐던 경험을 바탕으로 주지사의 가혹한 정책에 대해 비판했다.[62]

하지만 이러한 반대자들은 결국 실패했으며, 범죄에 대한 가혹한 대처의 시작은 주 차원의 감축 정책이 이뤄지는 와중에도 주정부가 교정시설을 확대하도록 만들었다. 1984년 손버그는 교정국을 교정총국으로 승격시켰다. 그 결과, 법무부는 교정 시스템을 더 이상 감독하지 않게 됐다. 대신 교정 시스템은 주지사가 감독을 받는 기관이 됐다. 신설된 교정국은 교도소의 감방을 수천 개나 늘렸다. 손버그는 새로 지은 감방들을 유지할 돈이 없다면 "범죄와의 전쟁은 말로 하는 전쟁에 그칠 것"이라고 공개적으로 발언했다.[63]

이러한 새로운 법과 정책들에 따라 펜실베이니아 교정국을 비롯한 전국의 기관들은 교도소 감방 수를 늘리고 교도소를 새로 건설해야 한다고 요구했다. 하지만 이런 교도소의 팽창은 정해진 수순에 따른 것은 아니었다. 그전 수십 년 동안 정책입안자들은 그룹 홈, 중간 주거 시설 , 소규모 재활 교도소 같은 대안들을 고려했었다. 하지만 이러한 개념들은 1980년대부터 상당히 약화됐고, 교정국은 이런 대안 대신에 "창고형 교도소"를 만들어 감방 수를 늘리는 것에 집중했다. 이런 교도소들은 사람들을 재활시키는 것이 아니라 무능력하게 만들었다.[64] 1974년 미 전역 연방교도소와 주립교도소 수감자 수는 21만 8000명이었다. 교도소 감방 수가 늘어나자 이 숫자는 2000년 기준 130만 명으로 늘어났다. 이런 전국적인 교도소 건설은 21세기 최대의 공공사업 프로젝트가 됐다.[65] 교도소 감방 수를 늘리는 데 앞장선 주는 플로리다 주, 켈리포니아 주, 텍사스 주였다. 이 3개 주의 교도소 성장률은 1980년대에서 1990년대에 최고치를 기록했다. 뉴욕 주, 일리노이 주, 미시건 주, 오하이오 주 같은 중서부 주들도 이에 못지 않았다. 이 주들은 교도소 성장률이 가장 높은 10개 주 중 하나였다.[66]

이렇게 교도소가 폭증하고 있는 가운데 정신질환 진단을 받은 사람들에 대한 공포가 일기 시작했다. 1981년 3월 30일, 새로 선출된 로널드 레이건 대통령이 워싱턴 DC에 있는 AFL-CIO(미국노동연맹-산별노조협의회)에서 연설을 한 후의 일이다. 의례적인 행사 중의 하나인 이 연설을 마친 후 레이건 대통령은 리무진으로 걸어갔고, 그때 총성이 울렸다. 레이건은 부상을 당했고, 백악관 대변인 제임스 브래디, 경찰관 한 명, 비밀경호국 직원 한 명도 부상을 당했다. 요원들은 총을 쏜 존 W 힝클리 주니어를 그 자리에서 체포했다. 힝클리는 정치적인 이유나 테러 목적으로 방아쇠를 당긴 것이 아니었다. 그는 영화 택시 드라이버에 출연한 젊은 여배우 조디 포스터의 마음을 얻기 위해 대통령을 암살하려고 했던 것이었다.[67]

힝클리는 1982년 재판을 받았다. 변호인은 힝클리가 제정신이 아니라고 주장하면서, 힝클리가 폭력에 관심이 있으며 조디 포스터에 집착했다는 증거를 제시했다. 변호인은 힝클리가 정신질환을 앓고 있기 때문에 사회는 그의 행동에 책임을 물을 수 없다고 주장했다. 이에 대해 검사는 정신과 의사 2명을 법정에 불러 변호인의 이런 주장을 반박했다. 이 의사들은 힝클리에게 자기애성 인격장애 진단을 내리고 힝클리가 자신의 행동을 통제할 능력이 없다고 진술했다. 결국 배심원들은 변호인의 손을 들어주었고, 정신이상을 이유로 힝클리에게 무죄 평결을 내렸다. 정신이상자이며 위험하다는 판결을 받은 힝클리는 세인트 엘리자베스 병원으로 이송돼 2016년까지 머물렀다.

정신이상으로 인한 무죄 평결은 대중들의 반발을 샀다. 1978년 샌프란시스코 시의원 하비 밀크와 샌프란시스코 시장 조지 머스코니 암살, 1980년 존 레논 암살은 정신이상과 위험성에 대한 논란을 더욱 거세게 만들었다. 1984년 연방의회는 정신이상 항변 개혁The Insanity Defense Reform Act of 1984를 통과시켰으며, 이 법에 따라 피고인에 대한 정신이상 주장이 힘들어졌다. 예를 들어, 펜실베이니아 주의회는 "유죄이지만 정신적으로 아픈guilty but mentally ill"이라는 용어를 만들었으며, 이로 인해 배심원은 피고의 정신장애를 인정하면서도 피고의 유죄를 인정하고 정신병원이 아닌 교도소에 가도록 선고할 수 있었다.[68]

정신이상으로 인해 무죄 평결을 받고 정신병원에 수감되는 관행에서 "유죄이지만 정신적으로 아픈" 사람이라는 평결을 받고 교도소로 가는 관행으로의 전환은 1981년 힝클리의 암살 시도 사건이 유일한 동인은 아니었다. 이 총격 사건은 정신병원에 대한 사회의 접근방법이 구조적으로 변화하는 동안 일어났다. 정신병원에서 석방된 사람들, 특히 지역사회 구성원들에게 폭력 성향을 보이는 석방자들에 대해 대중은 이미 우려의 시선을 보내고 있었기 때문이다. 언론도 심각한 정신질환을 가진 사람으로 여겨지는 사람에 의한 범죄를 지속적으로 다뤘다. 미국 전역에서 사람들은 *"내 뒷마당에는 안 된다."*는 태도로 주변에 정신건강센터, 그룹 홈, 중간 주거 시설이 들어서는 것을 막으려고 했다. 교도소 건설은 이런 공포 기반 정치에 의해 더욱 활성화됐다.

교도소 건설 폭증은 파뷰 병원에 대한 주정부의 접근방식에도 영향을 미쳤다. 파뷰 병원은 1970년대에도 강도 높은 조사를 받았던 병원이었다. 주정부와 복지부는 지역사회 주거시설에 대한 지원을 축소한 지 1년도 채 안 된 1980년에 파뷰 병원 개선을 위해 그 2배의 자금 지원을 했다. 이러한 결정은 3년 전 밀턴 섀프 주지사 집권 기간 동안 법의학 정신건강 대책팀이 파뷰 병원을 폐쇄하고 필라델피아와 피츠버그에 지역사회 기반 시설을 건립해야 한다고 권고한 것과는 정반대의 움직임이었다. 손버그는 취임하면서 파뷰 병원을 그대로 유지하고 그 자리에 주립 또는 지역 교도소를 새로 건설하는 것을 포함하여 몇 가지 대안을 검토할 새로운 대책팀을 만들었다.[69]

주정부의 정책입안자들은 이런 교정시설 건설 계획에 반대했다. 그 이유는 비용 문제만이 아니었다. 그들은 지역사회가 아니라 멀리 떨어진 노후된 시설에 더 많은 비용을 투입하는 것에도 반대했다. 한 정책입안자는 *"공공정책은 지역기반 시설 건설 중심으로 움직이고 있는데, 주정부가 (법의학 시설과 교정시설 건설 비용 합쳐) 4400만 달러가 넘는 돈을 멀리 떨어진 노후된 시설에 투자하겠다는 것은 믿을 수 없는 일이다. 특히 파뷰 병원은 폐쇄되어야 한다."*라고 말했다.[70] 수감자들의 친구와 가족들로부터 교도소를 멀리 떨어뜨릴 가능성도 고려해야 할 문제였다. 손버그 주정부에서 일하던 월트 플로실라는 비망록에서, 펜실베이니아 교도소 협회의 렌들 데이비스가 그레이터포드 교도소 폭동 기간 동안 수감자들의 요구사항을 들었다고 기록했다. 주요 요구사항 중 하나는 친구와 가족의 면회 확대였다.[71]

이전 주지사가 학대를 이유로 이 시설을 폐쇄했지만, 손버그는 이 시설을 계속 유지하길 원했다. 손버그는 단계적인 폐쇄를 중단하고 수백만 달러를 들여 병원을 보수하겠다는 계획을 발표했다. 그는 학대 문제에 대처하기 위해 조사 위원회 설립과 환자 권리 고문 파견을 제안했다. 이 병원을 유지하려는 이유 중 하나는 재정적인 것이었다. 그는 한 기자회견에서 "*자원 부족으로 주정부의 기본적인 서비스 제공이 제한되고 있는 상황에서는, 기존 시설, 즉 파뷰 병원을 보수하고 개선하는 것이 새로운 시설을 짓는 것보다 훨씬 더 현실적이다.*"라고 말했다.[72]

주정부는 방탄유리를 설치하고, 외부 조명을 강화하고, 병원 앞 바리케이드를 설치함으로써 파뷰 병원을 더 교도소처럼 만들었다.[73] 손버그의 주정부는 주립센터와 정신병원을 폐쇄하면서 주정부가 형법상 정신질환범죄자라고 간주한 사람들을 수용하기 위해 먼 곳에 대형 정신병원을 짓고 있었다. 이 시설은 무고한 사람들에게는 부적절한 곳일 수 있었지만, 범죄인이나 위험한 사람으로 간주되는 사람들에게는 적절한 곳으로 여겨졌다. 결국 이 병원은 탈수용화되지 않았다.

파뷰 병원을 유지하겠다는 대책팀의 결정은 교도소 성장과 건설의 새 시대가 시작되는 것을 뜻했다. 1970년대 주정부는 구시대적인 시설들에서 벗어나려고 노력했지만, 1980년대 초 주정부는 그 시설들을 개조하려고 하고 있었다. 1980년대의 개혁자들은 정신질환 진단을 받은 사람들이 지역사회 기반 서비스와 연결되는 데 신경을 썼지만, 파뷰 병원 보수는 이런 우선순위들이 주정부가 위험하다고 간주하거나 법원에 의해 범죄로 유죄판결을 받은 정신질환자에게까지는 확대되지 않았다는 것을 여실히 보여주고 있었다.

손버그의 주정부가 지지한 교정시설 형태의 시설은 파뷰 병원만이 아니었다. 1980년 손버그는 교정국에 3700만 달러 규모의 시설 보수 예산을 할당했다. 서부 주립교도소에도 2000만 달러가 할당됐다. 이 교도소는 노후화된 시설로 1940년부터 주의회 의원들이 폐쇄를 추진한 시설이었다.[74] 그 다음 해에도 손버그는 교도소 감방 2705개를 새로 짓기 위해 1억 1200만 달러의 주정부 채권을 발행했다.[75] 또한 교정국은 그레이터포드에 중간 보안 교도소를 짓기 위해 2700만 달러를 요구했다. 그레이터포드는 펜허스트 주립학교 교도소에서 불과 몇 킬로미터 떨어진 곳에 위치한 교도소 단지로 폐쇄를 앞두고 있었다. 이 위치를 선정한 것은 우연이 아니었다. 필라델피아 대도시권 외곽에 위치한 펜허스트 교도소는 그 지역에 일자리를 제공하고 있었기 때문이다. 펜허스트 교도소의 운명이 불확실한 상태에서 이 농촌 지역에 교도소를 세우면 일자리를 창출할 수 있었다.[76] 사회복지 서비스가 대폭 축소되던 1980년대에 교정시설은 더 확대된 것이다.

교도소로 변한 정신 요양소

이런 교도소 확장 물결의 중심에는 탈수용화로 텅 비게 된 정신병원들이 있었다. 이런 시설들이 폐쇄되면서 땅, 건물, 노동력이 남게 됐고, 주정부는 이렇게 남게 된 것들은 주정부가 이용할 수 있는 기반 자원이 됐다. 또한 정신병원 폐쇄에 따라 정신병원들이 있던 농촌 지역사회도 경제적인 타격을 입게 됐다. 이 농촌 지역사회들은 정신병원을 교정시설로 전환하는 과정에서 중요한 역할을 차지했다. 지역 경제와 관련이 깊었기 때문이다. 특히 이 지역사회들은 수많은 병원들이 교도소로 전환되는 것을 도왔다. 이런 추세는 북동부와 중서부에서 두드러졌다.

교정시설 건설에 대한 요구는 백인이 주로 거주하는 빈곤한 지역에서 가장 거셌다. 펜실베이니아 주의 탄광 지역들, 고전을 면치 못하던 서부 텍사스 유전 지역 그리고 일리노이 주 같은 러스트벨트 주의 농촌 지역들이 대표적인 예였다.[77] 이런 낙후된 지역들에서 탈수용화는 노동력과 땅을 남아돌게 했고, 지역 주민들의 수입을 감소시켰다.

정신병원이 쇠퇴하는 동안 많은 정치인과 농촌 지역의 주민들은 교도소를 일자리를 제공하고 자신의 고향에 주정부 돈을 가져다 줄 수 있는 "성장 산업"으로 간주했다. 리트리트 지역 사람들은 교정시설들을 지역에 혜택을 주는 시설로 생각하기도 했다. 주목할 만한 점은 이런 교도소들이 지역 주민들의 생각했던 것처럼 농촌 경제에 도움이 되지 않았다는 것이 21세기 초반 학자들에 의해 밝혀졌다는 것이다. 예를 들어, 캘리포니아주에서는 교도소 건설로 인한 일자리 중 지역 주민에게 돌아간 것은 20%에도 미치지 못했다. 또한 연구자들은 교도소가 지역 업체들에게도 도움이 되지 않았다는 사실도 발견했다.[78]

리트리트 병원은 새로운 시설이 병원을 대체해야 한다는 요구가 가장 컸던 지역 중 하나에 위치해 있었다. 주정부는 리트리트 병원을 폐쇄한 직후부터 이 병원을 다른 용도로 사용하기 위한 논의를 시작했다. 1981년 주정부는 이 지역에 지역 교도소 건설을 제안했다. 카운티가 운영할 이 교도소는 필라델피아 북동부 지역의 수감 수요를 감당하기 위한 것이었다. 이 제안은 북동부 지역에 통합된 형태의 교도소를 더 많이 건설해야 할 필요성에 부응한 것이었다. 리트리트 병원 폐쇄에 맞서 강력한 투쟁을 벌였던 정치인 프랭크 오코넬은 리트리트 병원에 대해 법무부가 주목하는 데 핵심적인 역할을 했다. 리트리트 병원 인사과장 존 야소위크는 "정의가 리트리트 병원의 편이 아니었다면 병원은 완전히 폐쇄됐을 것."이라고 말했다.[79] 전환에 대한 사전 타당성 조사에 따르면 주정부가 건물 여러 채를 허물고 다른 건물들은 보수를 하면 수백만 달러를 절약할 수 있었다.[80] 야소위크는 지역사회의 반대는 강하지 않았으며, 주변 주민들도 건설에 찬성했다고 말했다.[81] 주민 일부가 새 시설의 안정성에 관한 의문을 제기하기도 했지만, 이들의 주장은 일자리 창출이라는 경제적인 측면에 의해 묻혔다.[82]

주목할 만한 점은 손버그의 주정부 정책입안자 일부가 리트리트 병원의 전환 계획과는 근본적으로 다른 해결책을 제시했다는 것이다. 이 관리들은 주정부가 교도소 감방 수를 늘리는 대신에 그룹 홈 같은 지역사회 교정센터를 만들 것을 제안했다. 이들은 지역사회 교정센터가 훨씬 비용이 적게 들고 재활에 유리하다고 주장했다. 하지만 이런 주장은 손버그의 적극적인 수감 정책과 충돌했기 때문에 결국 빛을 보지 못했다. 손버그 주정부 관리의 대부분은 이들의 주장이 범죄에 대한 손버그 지사의 강경 이미지를 손상시킬 수 있다고 생각한 것이다. 또한 대부분의 관리들은 그룹 홈과 지자체 정부의 자원 사용에 대한 지역 주민들의 반대도 우려했다. 결국 주정부 관리들은 리트리트 병원을 다른 시설로 전환시켜야 한다는 데 의견을 모았다. 비용이 더 적게 들고 일자리를 더 많이 창출할 수 있다는 판단 하에서였다.[83]

지역사회에 교정시설을 세우겠다는 주정부의 1981년 계획은 무너졌다. 그 대신 그 땅에 새로운 주립교도소를 만드는 계획이 등장했다. 손버그는 범죄 대책들을 발표한 직후 리트리트 지역을 방문해 리트리트 병원이 자신의 범죄 관련 법안과 어떤 관련을 가지는지 홍보했다. 의무적 최소 형기 선고, 교도소 감방 증설, 교정 당국의 권한 강화 외에도 그는 리트리트 병원을 주립 교정시설로 전환하겠다는 제안을 했다. 주정부 대변인은 "리트리트 주립병원을 350개 수감실을 갖춘 교도소로 전환하는 것은 (손버그 주지사의) 선고 관련, 교도소 관련한 포괄적인 법안의 핵심적인 부분"이라고 발표했다.[84] 대변인은 이어 "교도소로의 전환은 새로 시설을 짓는 것보다 비용이 적게 들 것"이라며 "교도소는 일자리 약 150개를 창출해 연간 급여를 제공할 것이며, 그 과정에서 주정부는 400만 달러를 지출할 것"이라고 덧붙였다.[85] 주지사는 새 시설이 "특별하게 신경을 써야 하는 범죄자"를 수용하게 될 것이라고 밝혔다. 노인과 정신지체 범죄자를 가리키는 말이었다.[86] 리트리트 병원 수용자들은 상당수가 60세 이상이었고 정신장애를 가진 사람이 많았기 때문에 손버그의 이런 제안은 리트리트 병원을 원래 상태로 돌려놓은 셈이 됐다.[87] 교도소 건설이 승인되고 완공되기까지는 결국 7년이 걸렸다. 리트리트 병원은 1988년 주립 리트리트 교정시설이라는 이름으로 다시 문을 열었다.

범죄와의 전쟁 기간 동안 교도소가 된 것은 리트리트 병원만이 아니었다. 손버그 주지사는 리트리트 병원 외에도 범죄 대처 법안의 일부로 정신건강 시설과 교정시설 여러 곳에 대한 건설을 제안했다. 손버그는 헌팅던, 댈라스, 머서, 그린스버그 소재 교도소에 감방을 증설하기로 했다. 또한 그는 마시 주립병원과 크레슨 주립센터(발달센터)를 교도소로 전환시키려고 했다.[88] 이 중 마시 주립병원의 교도소 전환 계획은 반대가 너무 심해 취소됐다. 하지만 주정부 관리들은 크레슨 주립센터 전환은 계속 추진해 결국 1987년 크레슨 주립 교정시설로 공식 재개원시켰다. 또한 1984년 교정국은 복지부가 운영하던 청소년발달센터 한 곳을 최소 보안 여성 교도소로 전환했다. 이 교도소는 1992년에 성인 남성 교도소가 됐으며, 2003년 폐쇄됐다.[89] 결국 댈러스 교도소, 웨이마트 교도소, 리트리트 교도소, 크레슨 교도소, 웨인스버그 교도소 등 수많은 교도소들의 뿌리는 건강 복지 시스템이라고 할 수 있다.

사람들은 정신건강 시설의 축소와 폐쇄를 "탈수용화"라고 말한다. 하지만 리트리트 주립교도소 같은 교도소들을 자세히 살펴보면, 탈수용화가 이보다는 훨씬 복잡한 개념이라는 것을 알 수 있다. 정신건강 시설 중 일부가 폐쇄되는 동안에도 다른 일부 교도소들은 교정시설로 전환돼 21세기 들어서도 계속 유지되고 있다. 따라서 농촌 지역에서는 재수용화 현상이 나타났다고 할 수 있다. 예를 들어, 1960년 펜실베이니아 북동부 지역은 정신건강 시설들의 집중적으로 위치한 곳이었다. 파뷰 병원, 클라크스서미트 주립병원, 화이트헤이븐센터, 결함이 있는 범죄인 전용 댈러스 시설, 리트리트 주립병원 등이 모두 이곳에 몰려 있었다. 그 후 50년 동안 탈수용화가 진행되는 동안에도 이 지역은 주립 시설이 집중된 곳이었다. 클라크스 서미트 주립병원과 화이트 헤이븐 병원은 계속 문을 열고 있었고, 지금도 운영 중이다. 위의 시설 중 다른 정신건강 시설 3곳은 폐쇄된 뒤 교도소로 문을 다시 열었다.

이런 방식의 시설 재활용은 주 전역에서 일어났으며, 1980년대 교도소 건설을 가능하게 했다. 이렇게 재활용을 하지 않았다면 주정부는 교소도를 건설할 예산을 감당할 수 없었을 것이다. 정신건강 시설들의 인프라와 탈수용화로 인한 일자리 감소는 이전에 시설이 있었던 마을들과 이전에 노후된 정신병원이 있던 땅에 교도소 건설을 쉽게 만들었다. 이런 시설의 재활용은 펜실베이니아 주에서만 일어난 것이 아니었다. 20세 후반의 교도소 건설은 대규모 교도소 건설의 초기 단계에서 이런 재활용이 미 전역에서 실시됐다는 것을 보여준다. 1970년대부터 21세기까지 적어도 70개의 주립병원, 발달센터, 결핵 요양소가 성인 교정시설로 전환돼 21세기까지 운영됐다. 북동부에서 14개, 대평원 지역에서 13개, 남동부에서 11개, 중서부에서 25개,

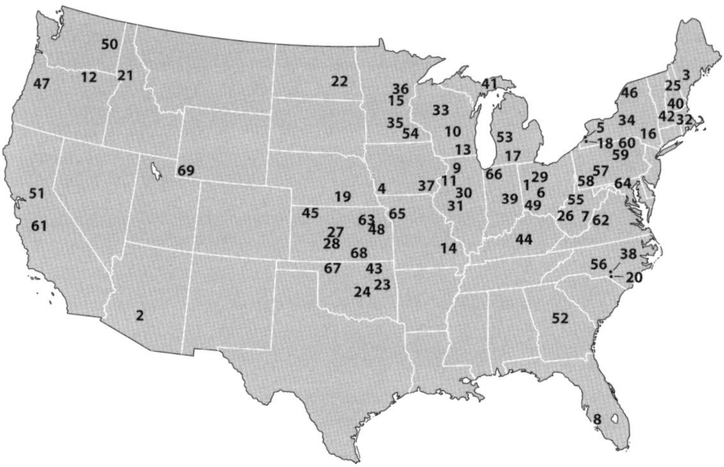

그림1. 기존의 의학 및 정신건강 시설이 있던 자리에 세워진 교정시설들. 이 지도는 주정부들이 이전에 발달센터, 정신병원, 결핵 요양원이 있었던 곳에 건설한 교도소들의 위치를 보여준다. 부록 참조.

서부에서 6개, 알래스카 주에서 1개 시설이 교정시설로 전환됐다.[90] 이 숫자에는 이전에 시설이 있던 지역에 새로 세워진 교도소 숫자는 포함되지 않는다. 러스트벨트에 속한 주인 펜실베이니아 주는 이런 추세의 중심에 있었다. 동북 및 중서부에는 주 복지부 산하의 정신 요양소가 매우 많았다. 시설 재활용은 농촌 지역이 탈수용화된 주들에서 특히 많이 이뤄졌다. 중서부가 대표적인 예다.

탈수용화 기간 동안 정신질환 진단을 받은 사람들은 교도소와 구치소에서 형편없는 대우를 받았으며 학대를 당하는 경우도 많았다. 1982년 *필라델피아 인콰이어러Philadelpha Inquier* 기자 스티븐 샐리스베리는 정신질환자 수백, 수천 명이 독방에 수감돼 있다고 보도했다. 샐리스베리는 주립교도소 수감자의 약 6%가 중증 정신질환 진단을 받은 사람들이며, 수감자 전체의 10%는 정신과 치료가 필요한 사람들이라는 사실을 발견했다. 또한 그는 주정부가 이들에게 정신과 치료를 거의 제공하지 않았다고 썼다. 그는 주정부가 정신과 전문의를 상주시키지도 않았으며, 교도관도 교육하지 않았으며, 적절한 생활환경도 제공하지 않았다, 정신질환 진단을 받은 사람들은 다른 수감자들과 같이 생활하거나 독방에 감금됐다고 보도했다.[91]

이런 끔찍한 상황에서 교도소와 구치소 내 정신질환자 수는 증가했다. 전미교정협회는 공개 성명서에서 이 문제를 다음과 같이 설명했다. *"탈수용화 추세로 정신질환을 앓는 사람들이 갈 곳도 없는 상태에서 주립 정신병원에서 석방되고 있다. 이들이 갈 곳은 버스 정류장, 지하철, 길거리밖에는 없다. 이들이 한밤중에 미친 행동을 하면 사람들은 경찰이나 보안관에게 연락을 한다. 경찰은 달리 이들을 데리고 갈 곳이 없기 때문에 구치소로 데려간다. 무질서 행위나 무단침입으로 기소되는 이런 사람들은 아무 도움도 받지 못한 채 힘겨운 생활을 계속한다."*[92] 펜실베이니아 교정국은 이런 사람들이 늘어나는 것에 대처하기 위해 교도소 건설 계획에 정신건강 시설 건립 계획을 포함시켰다. 예를 들어, 교정국은 그레이터포드 교도소 내 정신건강 시설 건립을 위해 거의 150만 달러의 비용이 들 것으로 추정했다. 교도소에 정신건강 시설을 만드는 계획은 이때 처음 시작돼 1980년대까지 지속됐다.[93] 주정부는 주립 정신병원들을 폐쇄하는 동시에 교도소와 구치소에 정신건강 시설을 새로 지었다.

손버그 주지사가 정신건강 시설의 탈수용화를 지지한 것은 자신의 개인적인 경험 때문이었다. 하지만 그는 형사 사법제도에 강경한 입장을 취했고, 범죄로 유죄판결을 받은 사람들에 대해서는 더 엄격한 환경을 요구했다. 이에 따라 불행히도, 정신질환 진단을 받은 사람들은 점점 더 많이 법의 구속을 받게 돼 감옥에 갇히게 됐다. 이는 탈수용화가 아니라 재수용화였다.

정신건강과 범죄에 대한 손버그 지사의 다른 접근법은 1980년대 신자유주의 정책의 핵심적인 모순을 드러낸다. 1960년대와 1970년대에 일어난 탈수용화는 수감자를 위한 주정부의 사회복지 서비스를 확대하겠다는 열망에 의한 것이었다. 탈수용화 초기 단계에서 훨씬 더 많은 힘을 가지고 있던 연방정부와 법원 시스템은 정신건강 장애를 가진 사람들의 시민권을 확장하기 위해 노력을 했다. 이에 비해 1980년대의 탈수용화는 사회복지 축소 노력의 일환으로 이루어졌다. 반면, 형사제도 내에서의 수용화는 기하급수적으로 확대됐다. 수용화는 정신건강 시스템이 가지고 있던 건물과 자산의 일부에서 크게 확산됐던 것이다. 손버그 같은 신자유주의 정치인들은 주정부의 기반 시설을 축소하지 않고 교도소의 환경을 더 제한적으로 만들었다.

바이베리 병원 폐쇄

1980년대 리트리트 병원과 파뷰 병원은 공통점이 많았지만, 궁극적으로 볼 때 탈수용화는 하나의 단일체가 아니었다. 바이베리 병원 폐쇄는 정신건강 활동가들과 법원이 탈수용화 노력을 했을 때 어떤 일이 일어날 수 있는지 보여주는 좋은 예라고 할 수 있다.

1940년대 이후 바이베리 병원은 많은 변화를 겪었다. 수용인원은 크게 감소했고, 병원 운용 규모도 전성기에 비해 훨씬 작아졌다. 그럼에도 불구하고, 1980년대에 이 병원을 방문한 정신병원 활동가 조셉 로저스는 여전히 많은 문제가 있다는 것을 발견했다. 당시 로저스는 펜실베이니아 남동부 정신건강협회에서 자활 정신건강 소비자 운동의 성장을 돕고 있었다. 그는 그 일을 하면서 처음 바리베리 병원을 방문했는데, 악취 때문에 충격을 받았다. 이 병원 사람들에게는 사생활이 없었다. 예닐곱 명이 한 방에 살고 있었기 때문이다. 로저스는 바이베리 병원을 다른 정신건강 시설에서는 회복할 수 없는 사람들이 가는 "최후의 장소"라고 묘사했다. 바이베리 병원 환자였던 애나 제닝스는 끊임없이 시스템에 대항해 싸웠다. 그녀는 바이베리 병원에서 학대 행위를 목격했을 때 처벌을 무릅쓰고 병원 관리자들에게 목소리를 높였으며, 펜실베이니아 남동부 정신건강협회 직원인 자신의 어머니에게 그 사실을 알렸다.[94]

애나 제닝스는 바이베리 병원의 문제들을 알리는 데 도움을 주었으며, 로러스 같은 활동가들은 바이베리 병원의 개혁이 불가능하다고 판단했다. 하지만 이들은 바이베리 병원 폐쇄로 수용자들이 거리로 쫓겨나는 것은 원하지 않았다. 로저슨 다음과 같이 회상했다. *"우리는 전국에서 주립병원들이 폐쇄되는 것을 목격했다. 하지만 그런 병원 폐쇄는 별 계획 없이 이뤄진 것이었다. 우리는 사람들이 환자들을 어느 정도 수준으로 살게 만들어야 하는지 목표를 세워야 한다. 이들이 지역사회에서 성공적으로 살 수 있도록 하려면 어느 정도의 서비스가 필요한지 목표를 세워야 하는 것이다."*라고 말했다.[95]

바이베리 병원은 시설들을 공정한 방식으로 폐쇄하려는 활동가들의 집결지가 됐다. 1980년대에는 활동가, 가족, 소비자 및 서비스 제공 업체가 '필라델피아 주립병원 폐쇄를 위한 연대'를 결성했다. 이 단체는 펜실베이니아 남동부 정신건강협회의 조셉 로저스, 메리 허티그의 도움으로 바이베리 병원 폐쇄 활동을 끊임없이 전개했다. 또한 이 단체 회원들은 여기서 한 걸음 더 나아가 "바이베리 병원 폐쇄가 심각한 정신질환을 가진 사람들을 지역사회 안에서 인도적이고 종합적으로 돌볼 수 있는 기회가 되기를" 희망했다.[96]

이 단체는 정신건강 서비스 소비자들이 꾸준하게 받아온 차별에 대해 항의했다. 1987년 조셉 로저스는 고용, 고등교육, 주택 문제에서 이뤄진 차별에 대항한 이 단체의 대변인이 됐다. 로저스는 한 기자에게 *"그들은 다른 사람들처럼 교육 혜택을 받지 못하고 있으며, 지역사회에서 중간 주거 시설을 이용할 수도 없다."*라고 말했다.[97] 정신건강 서비스 개선의 핵심은 이런 상황을 바꾸기 위한 싸움이었다.

이런 활동에 반응해 로버트 케이시 주지사와 존 화이트 주니어 복지부 장관은 이 병원 조사를 위한 '블루 리본 대책팀'을 꾸렸고, 대책팀은 바이베리 병원이 폐쇄되어야 한다는 결론을 내렸다. 시·주정부 대책팀이 발족됐다. 주정부는 바이베리 병원 환자들의 석방을 도왔고, 시는 바이베리 병원이 계속 유지될 경우 그 병원에 갈 수도 있는 사람들을 지원하기 위한 서비스를 개발했다.

이 과정에서 '필라델피아 주립병원 폐쇄를 위한 연대'는 주정부가 병원 폐쇄의 직접적인 영향을 받는 사람들에게 집중해 그들에게 필요한 것들을 마련해 주어야 한다고 주장했다. 주정부는 저가의 주택 공급, 돈을 벌 수 있게 해주는 프로그램 개발,

집중적인 돌봄이 필요한 사람 16명에 대한 장기 주택 지원을 통해 변화를 향해 발걸음을 내딛기 시작했다. 또한 주정부는 자활 지원, 변호 지원, 직업 교육, 사회적 지원을 확대하는 소비자 운영 프로그램도 만들었다. 하지만 변화의 속도는 느렸고, 바이베리 병원 폐쇄 활동가들은 힘겨운 싸움에 직면했다.

1988년에는 활동가들이 바이베리 병원에 입원했던 사람들이 지역사회에서 치료 받을 수 있는 권리를 확보하기 위해 집단 소송을 제기했다. 양측은 결국 1990년 "법원 명령으로 지역사회 서비스를 받을 수 있는 권리를 부여하는 데" 합의했다.[98] 제공되는 서비스 대부분은 정신건강 소비자들이 직접 운영하는 것이었다. 이러한 소비자 운영 프로그램의 장점은 "그곳에 있었던" 사람들이 직원인 동시에 자신들이 정신건강 서비스의 소비자라는 것이었다. 필라델피아 시와 펜실베이니아 주는 바이베리 병원 수백 명이 아니라 지역사회에 있는 수천 명의 사람들에게 혜택을 주게 된 것이었다.[99]

하지만 궁극적으로 생각하면, 바이베리 병원의 마지막 몇 년 동안의 이야기는 주정부가 자원을 보호감독 시설에서 지역사회로 이동시켰을 때 어떤 일이 일어나는지 어렴풋하게 보여준다고 할 수 있다. 바이베리 병원은 20세기 내내 폭로 기사와 추문에 시달렸다. 하지만 바이베리 병원 폐쇄는 더 책임 있는 방식으로 보호감독 시설을 탈수용화하고 그 시설 내의 사람들의 이익에 봉사하는 방법을 정책입안자와 활동가들에게 알려준다.

맺는 말

리트리트 주립교도소는 리트리트 주립병원이 있던 곳에 있다. 2016년 1월 나는 여동생과 함께 이 교도소에서 몇십 년 동안 직원으로 일하던 사람과 함께 그곳을 방문했다. 이 남매와 이곳과의 인연은 수십 년 전으로 거슬러 올라간다. 이들의 아버지가 리트리트 주립병원에서 오래전에 일할 때 가족 모두가 이곳 직원 숙소에서 살았기 때문에 이 남매는 나중에 자신들이 일하게 되는 곳에서 자란 것이었다. 이 직원은 그곳에 있었던 온실 같은 오래된 건물들을 기억하고 있었고, 그 병원에서 살던 사람들과 놀던 일을 떠올리기도 했다. 1981년 리트리트 주립병원이 주정부의 탈수용화 조치로 문을 닫자 주정부는 그의 아버지에게 근처 교도소의 일자리를 제안했다. 그는 이 제안을 거절하고 멀리 떨어져 있는 병원에서 일을 하기로 결정했다. 교정시설에서 일하기보다 출퇴근하는 것을 선택한 것이었다.[1]

내가 방문한 지 1년 만에 그 시설은 다시 폐쇄될 가능성에 직면했다. 펜실베이니아 교정국은 그 해에 두 시설을 폐쇄할 목적으로 다섯 개의 교도소를 조사할 것이라고 발표했다. 리트리트 주립교도소는 나와 이야기를 나누던 직원과 내가 그곳에서 만난 많은 직원의 일자리와 함께 사라질 위기에 봉착했다.

펜실베이니아 교정국이 교도소 두 곳을 폐쇄하기로 결정한 것은 예산 문제 때문만은 아니었다. 주의 교도소 수감자 인구가 계속 떨어지고 있는 것이 또 다른 이유였다. 2012년 5만 1757명이었던 수감자 수가 5년 뒤에는 2400명으로 줄어들었다.[2] 이러한 감소는 가석방 조건을 위반한 사람들의 재수감을 제한하는 가석방 체계의 개혁으로 인한 것이었다. 또한, 수감에 대한 대안으로 마약 법원, 정신건강 법원, 재향군인 법원이 설립된 것도 영향을 미쳤다. 결정적으로 교정국 장관 존 웨첼이 과잉 수감 문제를 해결하고 지역사회 기반 대안들을 찾는 노력을 한 것도 큰 영향을 미쳤다.[3]

수감을 줄이기 위해 펜실베이니아 주정부의 사법 재투자 계획Justice Reinvestment Initiative에 따른 구체적인 제안들은 2017년~2018년 의회 회기 동안 제안된 법안들의 기초가 됐다. 이런 제안 중 하나는 범죄 대부분에 대한 유죄 판결에 따른 형량을 2~3개월 단축하는 것이었다. 선고 정책에 큰 변화를 주지 않으면서 교도소 수감 인구를 줄일 수 있는 제안이었다. 2년 미만의 형량을 선고받은 사람들에게 "추정적 가석방presumptive parole" 기회를 주는 제안도 있었다. 최소 형기를 복역한 사람은 자동으로 가석방시킨다는 제안이었다.[4] 정신병원 탈수용화를 지지했던 펜실베이니아 주 ACLU 같은 조직, 교도소 폐지 운동 조직인 펜실베이니아 탈수용화 그룹 같은 조직들의 지속적인 활동은 주정부가 과잉수용에 대처하도록 압력을 행사했다. 예를 들어, 펜실베이니아 주 ACLU는 사법 재투자 계획을 더욱 확대해 비폭력적이고 범죄 수위가 낮은 마약 복용, 절도, 빈집털이 같은 범죄를 저지른 사람들의 형량을 줄여야 한다고 주장했다.[5]

펜실베이니아는 과거에 정신병원을 탈수용화했던 것처럼 교도소를 탈수용화하는 방향으로 서서히 움직이고 있다. 1960대 바이베리 병원에 과잉 수용된 사람 수를 줄이기 위한 대니얼 블레인 박사의 노력은 탈수용화로의 변화 추세를 보여준 것이었다. 2017년의 펜실베이니아 주 교도소 폐쇄 계획 역시 전국적, 전국민적인 탈수용화 운동이 태동하고 있음을 보여줬다. 펜실베이니아 주를 비롯해 30개 이상의 주에서 수감 의존도를 줄이기 위해 개혁안을 모색하기 시작했다. 2010년 사우스캐롤라이나 주는 마약 범죄와 재산 범죄에 대한 선고법을 개정해 교도소 수감자 수를 줄였으며, 뉴욕 주는 마약법을 정비해 2000년 이후 교도소 인구를 23%를 줄였다. 캘리포니아 주는 지난 6년 동안에만 수감자 3만 7000명을 석방했다. 주목할 만한 사실은 그 이후로 캘리포니아 주의 범죄율이 상승하지 않았다는 점이다.[6]

이런 주들의 교도소 폐쇄 움직임은 교도소들이 있는 지역사회에 직접적인 영향을 미쳤다. 펜실베이니아 주에서는 (이전에 리트리트 주립병원이었던) 리트리트 주립교도소, (이전에는 파뷰 주립병원이었던) 웨이마트 주립교도소를 비롯한 교도소들이 폐쇄에 직면했다. 2017년에는 주의회 의원들이 어떤 병원을 폐쇄에 가장 적합한지 조사하기 위해 교도소들을 방문했다. 예를 들어, 리트리트 주립교도소는 심각한 침수 문제가 있었고, 다리를 새로 세워야 했으며, 다른 주립교도소들보다 수감 인원이 적다는 이유로 정밀 감사를 받았다. 하지만 리트리트 주립교도소와 웨이마트 주립교도소 폐쇄 계획은 지역주민들의 즉각적인 반대에 직면했다. 웨이마트 주립교도소 퇴직자 게리 워터스는 *"이 지역에는 그곳에서 일하는 사람이 많다. 교도소 폐쇄는 이 일자리들을 없애 이 지역에 영향을 줄 것이다."*라고 말했다. 웨이마트 주립교도소 폐쇄에 대한 반대는 일자리를 보존하고 지역 경제를 보호한다는 명목의 정신병원 폐쇄 반대와 비슷한 양상을 보였다.[7]

이러한 운명의 이상한 장난 속에서, 오랫동안 정신병원이었던 웨이마트 주립교도소와 리트리트 주립교도소의 정신과 치료 기능은 이 시설들을 탈수용화하려는 교정국의 노력을 방해했다. 사람들은 리트리트 주립교도소 수감자의 절반 이상이 정신건강 진단을 받았기 때문에 닫으면 안 된다고 주장했다. 교정국 내에서도 "웨이마트 주립교도소에는 심각한 정신질환이 있는 수감자들을 치료하고 있기 때문에 폐쇄가 힘들 것"이라는 의견이 제시됐다.[8] 웨이마트 주립교도소가 오랫동안 정신병원으로 기능하다 교도소가 됐다는 사실이 교도소 폐쇄 결정에 영향을 미친 것이다.

리트리트 주립병원과 웨이마트 주립병원이 위치한 지역사회들이 교도소 폐쇄에 직면한 것은 이때가 처음이 아니었다. 리트리트 주립병원은 폐쇄된 후에 지역 정치인들에 의해 교도소가 된 시설이었다. 파뷰 주립병원은 1970년대 후반에 폐쇄에 직면했지만 나중에 교도소가 된 시설이었다. 파뷰 병원 자리에는 연방교도소도 하나 더 지어졌다. 결국, 교정국은 이 두 시설을 폐쇄하지 않기로 결정했다. 대신에 피츠버그 주립교도소를 닫기로 했는데, 그 이유는 그 교도소를 둘러싼 지역에서 실업률이 리트리트 주립교도소와 웨이마트 주립교도소가 위치한 북동부 지역보다 낮았기 때문이다. 피츠버그 주립교도소는 피츠버그 대도시권의 오하이오 강가에 있었기 때문에 재개발 가능성이 높았고, 정책입안자들은 이 시설을 주거시설이나 경공업 시설로 용도 변경하는 것을 제안했다. 이런 주장들 때문에 펜실베이니아 주 북동부 지역은 교정시설 폐쇄 제안에서 어느 정도 비껴갈 수 있었다. 그 결과, 이 지역에는 여러 개의 교도소와 주립 정신병원이 계속해서 남아 있을 수 있었다.

미국이 정신병원 과잉수용에 직면했던 1940년대처럼 오늘날의 교도소들도 과잉수용 위기에 처해있다. 현재 미국의 주들은 제2차 세계대전 이후 정신병원의 대안을 찾았던 것처럼 교정시설 의존도를 줄일 수 있는 방법을 모색하고 있다. 이 책은 우리에게 우리가 마주하고 있는 다음과 같은 주요 질문에 대한 답을 제공한다. *"우리 사회가 교도소들을 폐쇄하기 시작할 때 과거의 탈수용화 경험으로부터 우리는 어떤 것을 배울 수 있을까?"*

대규모 수용 위기에 직면한 오늘날 탈수용화의 역사는 세 가지 중요한 교훈을 제공한다. 첫 번째, 교도소나 정신 요양소 같은 제한적인 환경은 정신장애를 가진 사람들은 물론 인간 자체를 수용하기에 대부분 부적절하다. 정신장애를 가진 수감자들은 거의 치료를 받지 못한다. 이들은 열악한 환경에서 갇혀 있으며, 빈번한 독방 수감으로 인해 정신장애가 더 심해지곤 한다.[9] 바이베리 병원, 파뷰 병원, 리트리트 병원에서 일어났던 일들은 정신병원과 교도소가 환자나 수용자에 대한 학대와 비인간적인 대우 또는 고액의 시설 운영 비용 지출을 통해 사회에 얼마나 피해를 주었는지 잘 보여준다. 정신건강 활동가들은 지난 수십 년 동안 수감자들에 대한 서비스를 개선하기 위해 로비를 해 왔다. 정신장애가 있는 사람들은 수감 기간 동안 정신건강 서비스를 받아야 한다. 《정신 요양소에서 교도소로》는 정신건강 활동가들이 탈수용화를 통해 문제들을 완화하고 교도소 전체 수감자 수를 줄이기 위해 노력할 수 있는 가능성도 제기한다. 1970년대와 1980년대에 정신장애를 가진 사람들이 증가한 것은 정신과 치료 방식과 정신건강 법률이 변화했기 때문만은 아니었다. 미 전역에서 치안이 강화되고 대규모 수감이 늘어난 것도 그 이유 중 하나다. 그렇다면 정신장애를 가진 수감자들을 도울 수 있는 핵심적인 방법은 대규모 수감을 줄이는 것이 된다.

《정신 요양소에서 교도소로》의 두 번째 교훈은 자금 조달에 중점을 두어야 한다는 것이다. 최근 들어 코흐 브라더스, 릭 페리 전 텍사스 주지사 같은 보수파는 비용 절감을 위해 수감을 대체할 수 있는 방법을 지지하고 있다. 예를 들어, 페리는 사람들을 교도소에서 내보내기 위한 선고법 개정과 마약 법원에 대한 지지를 표명했다.[10] 하지만 탈수용화의 역사는 비용 절감이 변화의 원동력이 될 수 없다는 것을 보여준다. 1960년대와 1970년대에 많은 주립병원 관리자들은 적절한 사후 관리 서비스 대책 없이 사람들을 퇴원시켰다. 1980년대 바이베리 병원의 경우, 활동가들은 정치인, 정책입안자들과 연대해 끊임없이 투쟁했고, 병원 폐쇄로 절약되는 돈이 그냥 사라지지 않고 석방자들을 위해 쓰일 수 있도록 소송을 제기하기도 했다. 교도소 폐쇄에도 이와 동일한 원칙이 적용될 수 있다. 교도소를 떠나는 사람들은 정신적 또는 육체적 건강 관리를 받을 수 없으며, 구직에서 차별을 받고 집을 구할 수 없는 경우가 너무 많다. 미국에서 우리가 교도소 폐쇄를 위해 노력하는 과정에서 제일 중요한 것은 이 석방자들과 이들이 돌아가는 지역사회의 안녕을 위해 이들이 교도소 밖에서 생존하고 잘 살 수 있도록 사회적 지원을 하는 것이다. 이런 방식으로 우리는 정신장애가 있는 사람들에게 저가의 주거시설, 의료 및 정신건강 관리, 사회복지 서비스를 제공해 자금을 이동시켜야 한다. 주정부는 이들이 법을 위반할 때가 아니라 이들이 무엇인가를 필요로 할 때 그에 대응해야 한다.

마지막으로, 미국의 주정부들이 교도소 폐쇄를 고려하려면 다음과 같은 질문에 답을 해야 한다. *"또 다른 형태의 탈수용화가 일어날 것인가?"* 《정신 요양소에서 교도소로》가 제공하는 세 번째 교훈은 탈수용화 과정이 실제로는 교도소가 보호감독 정신병원의 기능을 흡수하는 재수용화였다는 것이다. 이런 새로운 형태의 감금을 촉진한 것은 유색인종과 장애인에 대한 지속적인 범죄화였다. 법질서 운동이 절정을 이뤘던 1960년대에서 1980년대까지 공포 기반 정치는 교도소 건설과 정신장애를 가진 사람들의 과잉 수감을 이끌었다. 교도소와 구치소 내 정신장애 수감자들의 삶을 개선하려는 정책입안자들은 이런 과잉 수감을 초래하는 생각들도 변화시키기 위해 노력해야 한다. 지역사회 정신건강 서비스 개선을 주장한 조셉 로저스를 비롯한 활동가들은 사회가 정신건강 소비자에 대한 접근방식을 바꾸고 그 과정에서의 차별을 중지시켜야 한다고 주장했다. 하지만 정신장애가 있는 범죄자들에 대한 공포의 뿌리가 매우 깊으며, 지속적인 변화를 일으키는 데 필요한 이해를 돕기 위해서는 공공 교육 캠페인이 필요하다.

◆

부록

이 리스트에는 이전에 정신병원, 발달센터, 결핵 요양원이 있던 자리에 세워진 성인 및 청소년 교도소, 구치소, 교정 기관 사무소들이 포함돼 있다. 따로 표시된 시설을 제외한 모든 시설은 2017년 11월 현재 운영 중인 시설이다. 이 리스트에는 범죄를 저지른 경험이 없는 여성 청소년들을 수용했던 직업학교인 메인주 핼로웰 소재 메인 중부 출소 전 준비센터도 포함돼 있다. 이 리스트에는 법의학적 판단에 따른 수용을 하거나 형사법체계를 따르는 병원은 포함되지 않는다. 한때 정신건강 시설을 보유했지만 현재 교도소를 보유한 지역도 포함되지 않는다. 이 교정시설들은 이전에 정신병원 또는 의료 기관이 있던 장소에 세워진 시설들이다. 이 목록은 교도소와 정신병원을 운영하는 주정부 기관의 웹사이트, 신문 기사, 잡지 기사를 조사해 작성됐다.

CORRECTIONAL INSTITUTION	CITY	STATE
Arizona State Prison Complex	Phoenix	Arizona
Placer County Jail and Juvenile Center	Auburn	California
Stanislaus County Juvenile Justice Center	Modesto	California
Desoto County Juvenile Correctional Facility (closed)	Arcadia	Florida
Rivers State Prison (closed)	Milledgeville	Georgia
Idaho Correctional Institution–Orofino	Orofino	Idaho
Dixon Correctional Center	Dixon	Illinois
East Moline Correctional Center	East Moline	Illinois
Lincoln Correctional Center	Lincoln	Illinois
Logan Correctional Center	Lincoln	Illinois
New Castle Correctional Facility	New Castle	Indiana
Westville Correctional Facility	Westville	Indiana
Clarinda Correctional Facility	Clarinda	Iowa
Mt. Pleasant Correctional Facility	Mt. Pleasant	Iowa
Larned Correctional Mental Health Facility	Larned	Kansas
Larned Juvenile Correctional Facility (closed)	Larned	Kansas
Norton Correctional Facility	Norton	Kansas
Osawatomie Correctional Facility (closed)	Osawatomie	Kansas
Topeka Correctional Facility: Pre-Release Center	Topeka	Kansas
Winfield Correctional Facility	Winfield	Kansas
Northpoint Training Center	Burgin	Kentucky
Central Maine Pre-Release Center	Hallowell	Maine
Victor Cullen Center	Sabillasville	Maryland

CORRECTIONAL INSTITUTION	CITY	STATE
Massachusetts Correctional Institution–Bridgewater	Bridgewater	Massachusetts
North Central Corrections Institute	Gardner	Massachusetts
Florence Crane Correctional Facility (closed)	Coldwater	Michigan
Newberry Correctional Facility	Newberry	Michigan
Riverside Correctional Facility	Ionia	Michigan
FCI Sandstone	Sandstone	Minnesota
Federal Medical Center, Rochester	Rochester	Minnesota
Minnesota Correctional Facility–Faribault	Faribault	Minnesota
Minnesota Correctional Facility–Moose Lake	Moose Lake	Minnesota
Farmington Correctional Center	Farmington	Missouri
Western Reception, Diagnostic, and Correctional Center	St.Joseph	Missouri
Hastings Correctional Center	Hastings	Nebraska
Lakes Region Facility (closed)	Laconia	New Hampshire
New Hampshire Correctional Facility for Women	Goffstown	New Hampshire
Collins Correctional Facility	Collins	New York
Fishkill Correctional Facility	Beacon	New York
Gowanda Correctional Facility	Gowanda	New York
Mid-State Correctional Facility	Marcy	New York
Ogdensburg Correctional Facility	Ogdensburg	New York
Hoke Correctional Institution	Raeford	North Carolina
Neuse Correctional Institution	Goldsboro	North Carolina
Sandhills Youth Center (closed)	Raeford	North Carolina
James River Correctional Center	Jamestown	North Carolina

CORRECTIONAL INSTITUTION	CITY	STATE
Allen Oakwood Correctional Institution	Lima	Ohio
Correctional Reception Center	Orient	Ohio
Lima Correctional Institution (closed)	Lima	Ohio
Pickaway Correctional Institution	Orient	Ohio
Jess Dunn Correctional Center	Muskogee	Oklahoma
John H. Lilley Correctional Center	Boley	Oklahoma
Northeast Oklahoma Correctional Center	Vinita	Oklahoma
William S. Key Correctional Center	Fort Supply	Oklahoma
Eastern Oregon Correctional Institution	Pendleton	Oregon
Oregon Department of Corrections Office (closed)	Salem	Oregon
Wyoming Women's Center (closed)	Evanston	Wyoming
SCI–Cresson (closed)	Cresson	Pennsylvania
SCI–Laurel Highlands	Somerset	Pennsylvania
SCI–Retreat	Hunlock Creek	Pennsylvania
SCI–Waymart	Waymart	Pennsylvania
Staunton Correctional Center (closed)	Staunton	Virginia
Pine Lodge Corrections Center (closed)	Medical Lake	Washington
Denmar Correctional Center	Hillsboro	West Virginia
Lakin Correctional Center	West Columbia	West Virginia
Saint Marys Correctional Center	Saint Marys	West Virginia
Dodge Correctional Institute	Waupun	Wisconsin
Ethan Allen School for Boys (closed)	Delafield	Wisconsin
McNaughton Correctional Center	Tomahawk	Wisconsin

◆

감사의 말

지금의 내가 있는 곳으로 오는 길은 구불구불한 길이었다. 스미스 칼리지의 저스티나 그레고리, 뉴욕 대학의 헤이셔 다이너, 레이철 번스타인을 포함해 그동안 나에게 지원을 해준 교수들에게 특히 감사를 드린다. 최종적으로 나는 시카고 일리노이 대학(UIC) 사학과 도시 일, 인종, 성별 프로그램Work, Race, and Gender in the Urban World Program에서 지적 보금자리를 찾게 됐다. 이 프로그램은 구성원들은 프로그램 시작부터 서로를 지지하는 공동체가 됐다. 당시 레온 핑크와 수 레빈은 내 편이 되어 나보다 먼저 나와 내 연구에 대한 믿음을 가져주었다. 제니 브라이어는 내가 공식적인 역사학자로 도약하고 경계를 넘어 성장할 수 있는 기회를 제공해주었다. 코리 캐이퍼스, 존 데밀리오, 로라 호스테틀러, 로버트 존스턴, 로리 섀프너에게도 감사의 말을 전한다. 이들은 모두 나에게 큰 가르침을 주었고, 나와 함께 연구를 한 사람들이다.

동료인 댄 브런스볼드, 코리 데이비스, 톰 도런스, 새라 코닝, 제나 니그로, 마리아 리체마에게도 감사를 드린다. UIC에서 시간을 특별하게 만든 것은 이들과의 지적인 대화였지만, 정말 좋았던 것은 이들과 나눈 맥주와 치킨 안주라고 말하고 싶다. 여러 해 동안 이 책의 편집에 도움을 준 사람들에게도 감사의 말을 전한다. 특히 케이티 배처, 베스 콜린스, 에밀리 라라베라 트와로그의 혜안과 기지에 특히 감사 드린다. 동료 라라 켈런드는 공공 역사의 의미에 대해 밤늦게까지 이야기를 나눌 수 있는 장소를 제공해주었다. 학자들이 역사를 접할 수 있게 하고 과거를 통해 사회를 변화시킬 수 있는 방법을 보여준 캣 재킷에도 감사의 말을 전한다. 무엇보다 캣은 친구로서 항상 내가 고민이 있을 때 조언을 해주고 내가 너무 심각해질 때 농담을 던져 주었다. 마지막으로, 일리노이 주 어바나 샴페인에서 보낸 마지막 몇 해 동안에 도움을 준 사람들에게도 감사를 드린다. 책을 쓸 때 옆에서 도움을 주고 역사 형성에서 무엇이 중요한지 상기시켜준 마틴 스미스에게 감사 드린다.

이 책은 노스캐롤라이나 그린스보로 대학UNCG에서 만난 엄청난 사람들의 도움이 없었다면 쓸 수 없었을 것이다. 돈 아볼리오, 크리스티나 라이트, 로리 오닐은 늘 나를 웃게 해주었다. 책을 쓰고 강의를 하면서 두통과 고통에 시달렸던 나에게 이들은 웃음이라는 약을 내게 처방해주었다. 지역사회에 참여하는 역사학자의 모범을 보여준 벤저민 필린, 학술적 역사와 공공 역사를 혼합하겠다는 내 비전을 지지해준 척 볼튼에게도 감사한다. 제프 존스, 리자 레벤스타인, 리자 톨버트는 애정을 가지고 내 원고를 모두 읽은 후 고마운 조언을 해주었다. 이들이 모두 내 동료라는 것이 기쁘다. UNCG의 아그라피아, 라이트 온 사이트 라이팅 그룹 회원들에게도 감사의 말을 전한다. 특히 알리사 거베이, 브루크 크라이팅어, 폴 실비아는 그동안 내가 제정신으로 버티는 데 도움을 주었다. 역사학과 동료들에게도 감사를 드린다. 이들은 나와는 매우 다른 시대들, 매우 다른 지역들을 연구했지만 매일매일 역사에 대한 사랑을 나와 공유했다.

앨리슨 밀러는 이 책을 쓰는 동안 내게 조언을 해주었으며, 집필뿐만 아니라 역사학자라는 직업에 더 많은 의미를 부여하고 가질만한 직업이라는 생각을 심어주었다. 록샌 윌리스의 전문적인 편집 지식은 내가 좋은 글을 쓰도록 많은 가르침을 주었다. 지난 몇 년 동안 연구 보조를 해준 조교들에게도 감사 드린다. 제시카 비이먼, 킴버 하인츠, 캐럴린 맥클루어, 브레너 라기안티는 내 까다로운 요구들을 참아내면서 사실 확인에서 이미지 검색까지 모든 일에 도움을 주었다. 또한 이 책은 재능있고 열정적인 브랜디 라기안티가 없었다면 완성되지 못했을 것이다. 그녀의 직업윤리, 세부사항에 대한 집중력, 사화 정의에 대한 헌신은 내가 더 나은 역사학자가 되게 만들었을 뿐만 아니라 나를 더 나은 사람으로 만들었다. 그녀가 이 책에 쏟아부은 노고에 큰 감사를 드린다.

논문은 동료 학자들의 편집과 피드백을 통해 강력해진다. 이 프로젝트의 다양한 단계에서 시간과 에너지를 제공해준 리애트 벤 모시, 수전 버치, 수전 칸, 앨리슨 캐리, 파파 홀로웨이, 줄릴리 콜러-하우스만, 레지나 컨즐, 마이클 스필레인, 마틴 서머스, 낸시 톰즈, 헤더 앤 톰슨에게 특히 감사의 말을 하고 싶다.

이 책 일부는 텍사스 알링턴 대학 역사학과 웹 강의 시리즈의 일부로 곧 출간될 《다락방에서 활동가로: 장애의 역사에서 가족을 다시 생각하다》라는 책에 실릴 것이다. 이 책의 정리를 도와준 새라 로즈, 2015년 웹 강의에 대한 피드백을 준 디 보스터, 수전 버치, 스테파니 콜에게 감사의 말을 전한다.

소로스 저스티스 기금 펠로들의 지원에도 감사 드린다. 특히 이 책을 세심하게 읽어준 주디스 레빈, 의견을 내주고 격려를 해준 얼리사 로스에게 감사의 말을 전한다. 이 책의 주제를 이용 가능한 역사로 만드는 데 도움을 준 레이시 콜론, 트레이시 헐링, 윌리엄 존슨, 모듀프 러보드, 다비 페니, 동부 주립교도소에서 수감자 면회를 도와준 애니 앤더슨, 숀 켈리, 면회에 응해준 수감자들, 이 책의 시작 부분에 대한 훌륭한 피드백을 해주고 몇 년 동안 내게 자료를 제공해준 수전 로저스에게 감사 드린다.

펜실베이니아 주립 기록 보관소의 조너선 스테이어와 직원들은 중요한 자료를 볼 수 있게 해주고 복잡한 문서 검색 작업을 수없이 도와주었다. 피츠버그 대학 기록 보관소 특별 소장품실 직원들도 내게 비슷한 도움을 주었다. 특히 웬디 플러그와 낸시 왓슨에게 감사드린다. 템플 대학은 필라델피아와 사회 정의 문제에 관한 훌륭한 20세기 자료들을 보유하고 있다. 연구를 위한 질문에 시간을 내서 열정적으로 대답해준 브렌다 갤로웨이에게 감사드린다. 방문을 허락해준 미국 정신과협회 기록 보관소, 펜실베이니아 역사학회, 스와스모어 칼리지 피스 컬렉션, 웨인 주립대학 월터 P 루서 도서관, UNCG 인터라이브러리 론, 리트리트 주립교도소, 웨이마트 주립교도소 직원들에게도 감사의 말을 전한다.

이 프로젝트는 지난 수년 동안 매우 소중한 자금 지원을 받았다. 지원을 해준 UIC 대학원 대학 펠로십, UIC 역사학과 매리온 밀러 펠로십, UIC 인문학 연구소, 펜실베이니아 역사학회와 라이브러리 컴퍼니, UNCG 뉴 패컬티 그랜트, 오픈 소사이어티 재단 소로스 저스티스 펠로십 프로그램에 감사 드린다.

이 책의 집필을 지지해준 노스캐롤라이나 대학 출판부 직원들에게 감사를 전하며, 특히 '정의, 권력, 그리고 정치' 시리즈의 일부로 이 책을 출간할 수 있게 도와준 헤더 앤 톰슨에게 감사드린다. 나의 끊임없는 질문에 답을 해준 제시카 뉴먼, 이 책의 최종 완성본을 준비하기 위해 세부적인 업무를 해준 줄리 부시, 제이 마초키에도 감사의 말을 전한다. 사려 깊은 의견을 제시해 원고의 완성도를 높여준 익명의 독자들에게도 감사 드린다. 누구보다도 처음부터 끝까지 끊임없이 도움을 준 브랜든 프로이아에게 감사 드린다. 프로젝트를 진행하는 내내 그는 격려를 통해 이 책이 빛을 볼 수 있도록 도움을 주었다.

곳곳에 있는 나의 친구 줄리아 게이덕 힐리, 애나 폴라 회플링, 에밀리 캐플런, 케이티 루컨스, 로빈 폴랙, 니콜 로버그, 서니 스필레인, 서니 스튜어트는 내가 어쩌다 이 책을 쓰게 된 것이라고 생각했지만, 그럼에도 불구하고 이 친구들은 나를 믿어줬다. 언제나 고맙게 생각한다.

사랑스러운 가족에게도 감사의 말을 전한다. 엘리엇은 일이 잘 안 될 때면 언제나 내 기분을 좋게 해주었고, 멜리사는 지난 몇 년 동안 내게 조언을 해주었다. 일상생활에 대한 멜리사의 통찰력에 늘 감사하고 있다. 오언과 릴라는 이 책을 좋아해 주었고, 농담으로 삶을 더 즐겁게 만들어 주었다. 내가 그들의 이모인 것은 행운이다. 아놀드 삼촌은 장애인들과 일했던 경험에서 배운 것을 나에게 공유했으며, 이 책 집필이 얼마나 중요한 일인지 내가 깨닫도록 도움을 주었다. 주디 이모는 윤리적이고 헌신적인 교수의 표본일 뿐만 아니라 내 마음의 소리에 귀를 기울일 수 있도록 해주었다.

나의 매력적인 할머니 에타 부딘은 내가 역사학자가 되고 나서 얼마 안 돼 돌아가셨다. 할머니는 역사학자라는 직업이 미친 짓이라고 생각하셨지만 나를 사랑하셨다. 내 딸 에타 파슨스는 자기 증조할머니처럼 내가 글을 쓰는 것을 못 견디는 데다 글을 쓰려고 노트북 컴퓨터를 열면 화면을 물어뜯으려고 한다. 그들의 애정 어린 무시로 나는 겸손하고 인간적인 사람이 됐다.

나의 아버지 돈은 내게 겸손, 친절, 근면을 가르쳐 주셨다. 아버지는 항상 내가 나만의 길을 가도록 응원해 주셨다. 아버지께 감사 드린다(아버지는 누가 자신의 발자취를 따라가는 것을 불가능하게 만드셨다). 가끔 이 프로젝트는 나와 내 파트너인 배스천의 정신건강을 위협하기도 했다. 그는 이 (아마도 너무) 긴 과정 내내 나를 지원하고 인내해 주었다. 우리는 함께 현실에 기반한 사랑과 치유로 가득 찬 삶을 만들어왔다. 아마 우리의 가장 큰 성과는 우리의 이런 삶일 것이다. 고마워, 그리고 사랑해.

마지막으로, 이 책을 나의 상냥하고도 엄격한 엄마 이설 파슨스에게 바친다. 엄마가 된 후부터 나는 이 아름답고도 잔혹한 세상에 한 사람을 내놓는 것이 어려운 일이라는 느낌이 계속 든다. 엄마가 내게 해준 모든 것, 지금까지 꾸준히 엄마가 보여준 사랑, 상황이 안 좋을 때 내 이야기를 자애롭게 들어준 것에 대해 감사한다. 엄마는 내가 옳은 일을 위해 목소리를 높일 수 있도록 가르쳐 주셨고, 가끔은 조용히 듣는 것도 그만큼 중요하다고도 가르쳐주셨다. 이 책은 그녀가 없었다면 불가능했다.

미주

들어가는 말

1. Sandy Grady, "The Man the World Forgot," *Ebony*, October 1971, 155.
2. Sandy Grady, "1942 Pacifist Spends 29 Years in Byberry," *PEB*, June 16, 1971; quotation from Grady, "The Man the World Forgot," 158.
3. Nicholas Kristof, "Inside a Mental Hospital Called Jail," *NYT*, February 8, 2014; Karen Heller, "Mentally Ill Inmates Need Better, Earlier Treatment," *PI*, June 19, 2014.
4. Marc F. Abramson, "The Criminalization of Mentally Disordered Behavior: Possible Side Effects of a New Mental Health Law," *Hospital and Community Psychiatry* 23 (April 1972): 101–5; Torrey, *Out of the Shadows*, 25–42; Earley, Crazy.
5. Torrey, *Out of the Shadows*, 35; George B. Palermo, Maurice B. Smith, and Frank J. Liska, "Jails Versus Mental Hospitals: A Social Dilemma," *International Journal of Offender Therapy and Comparative Criminology* 35, no. 2 (1991): 98–106; Cummins, *Mental Health and the Criminal Justice*

System, 29.

6. Torrey, *Out of the Shadows*, 42.

7. Earley, *Crazy*, 64–72, 353–58.

8. Torrey, *Out of the Shadows*, 193–203.

9. Dominic A. Sisti, Andrea G. Segal, and Ezekiel J. Emanuel, "Improving Long-Term Psychiatric Care: Bring Back the Asylum," *Journal of the American Medical Association* 313 (January 2015): 243–44; Stacey Burling, "Penn Ethicists Call for the Return of the Mental Asylum," PI, January 21, 2015.

10. Seth J. Prins, "Does Transinstitutionalization Explain the Overrepresentation of People with Serious Mental Illnesses in the Criminal Justice System?," *Community Mental Health Journal* 47 (2011): 718–19; Frank and Glied, Better but Not Well, 124–28.

11. Prins, "Transinstitutionalization," 719; A. B. Rothbard, E. Kuno, A. P. Schinnar, T. R. Hadley, and R. Turk, "Service Utilization and Cost of Community Care for Discharged State Hospital Patients: A 3-Year Follow-Up Study," *American Journal of Psychiatry* 156, no. 6 (1999): 920–27.

12. Prins, "Transinstitutionalization," 719.

13. Frank and Glied, *Better but Not Well*, 128.

14. Warren et al., *One in 100*, 6, 35.

15. Kohler-Hausmann, *Getting Tough*; Hinton, *From the War on Poverty to the War on Crime*; H. Thompson, *Blood in the Water*; Heather Ann

Thompson, "Why Mass Incarceration Matters: Rethinking Crisis, Decline and Transformation in Postwar American History," *Journal of American History* 97 (December 2010): 703–34; Perkinson, *Texas Tough*; Muhammad, *Condemnation of Blackness*; Alexander, *New Jim Crow*; Gilmore, *Golden Gulag*; Davis, *Are Prisons Obsolete*?

16. Simon, *Governing through Crime*.
17. Kohler-Hausmann, *Getting Tough*, 1–2.
18. Philip Lentz, "Union Sues to Halt 750 State Layoffs," *PEB*, November 12, 1981; Mental Health Association of Southeastern Pennsylvania, *Impact 1981: Annual Report*, Annual Reports File, Mental Health Association of Southeastern Pennsylvania Offices, 1981. Quotation from Mental Health Association of Southeastern Pennsylvania, *Impact 1982: Annual Report*, 3.
19. Stephan Salisbury, "Governor's Prison Budget Draws Praise and Criticism," *PI*, February 5, 1981.
20. Rebecca Vallas, *Disabled behind Bars: Mass Incarceration of People with Disabilities in America's Jails and Prisons*, July 2016, https://cdn.americanprogress.org/wp-content/uploads/2016/07/15103130/CriminalJusticeDisability-report.pdf.
21. Flamm, *Law and Order*; Murakawa, *First Civil Right*; Hinton, *From the War on Poverty to the War on Crime*.
22. Metzl, *Protest Psychosis*.
23. "Keeping the Maniacs off the Streets," *PEB*, December 5, 1980.
24. 학자들이 정신병원을 수감 공간으로 생각하게 된 것은 사회 비판이

절정을 이루던 1960년대와 1970년대에 이르러서다. 넓은 범위의 수감 시설이라는 개념은 정부 기관들이 정신병원과 교정시설에 대한 대안을 찾기 시작하면서 나타났다. 미셸 푸코의 《광기의 역사》, 고프먼의 《수용소》, 사스의 《정신질환의 신화》, 스컬의 《탈감금화》 참조. 데이비드 로스먼도 정신병원과 교도소를 연계해 연구했다. 로스먼 《정신 요양소의 발견》 참조. 이 연구의 중심에는 권력의 문제와 정신병원이 사회 통제 시설로 기능하는 방식이 자리잡고 있다. See Martin Summers, "Suitable Care of the African When Afflicted with Insanity: Race, Madness, and Social Order in Comparative Perspective," *Bulletin of the History of Medicine* 84, no. 1 (2010): 60–66. 서머스는 이 논의에서 인종이 중심이 아니며, 아프리카의 식민지들의 정신의학 역사를 보면 권력과 인종이 정신병원에서 중심적인 위치를 차지했는지 알 수 있다고 강력하게 주장했다. 우리가 필요한 것은 이런 종류의 분석이다. 미국 사회에서 인종과 수감은 매우 밀접하게 관련돼 있기 때문이다.

25. Deutsch, *The Mentally Ill in America*, 428–37.
26. Garland, *Culture of Control*; Kohler-Hausmann, *Getting Tough*; Hinton, *From the War on Poverty to the War on Crime*.
27. Ian Lovett, "Inmates End Hunger Strike in California," *NYT*, September 5, 2013.
28. Crenshaw and Ritchie, *Say Her Name*, 1, 11.
29. Davis, *Are Prisons Obsolete?*; Shigematsu, *Visions of Abolition*; Nagel and Nocella, *End of Prisons*; Molly Ball, "Do the Koch Brothers Really Care about Criminal Justice Reform?," *Atlantic*, March 3, 2015.

30. Ball, "Do the Koch Brothers Really Care about Criminal Justice Reform?"

31. Pew Charitable Trusts, "National Imprisonment and Crime Rates Continue to Fall Fact Sheet."

32. Kennedy, "Special Message to the Congress on Mental Illness and Mental Retardation."

33. Bernard Harcourt, "From the Asylum to the Prison: Rethinking the Incarceration Revolution," *Texas Law Review 84* (2006): 1751–86; Bernard E. Harcourt, "Reducing Mass Incarceration: Lessons from the De-institutionalization of Mental Hospitals in the 1960s," John M. Olin Law and Economics Working Paper no. 542, 2d series (January 2011). Marie Gottschalk also explores how deinstitutionalization interacts with mass incarceration in her essay "Money and Mass Incarceration: The Bad, the Mad, and Penal Reform," *Criminology and Public Policy* 8, no. 1 (2009): 1201–13.

34. Ben-Moshe, "Institution Yet to Come"; Ben-Moshe, "The Tension between Abolition and Reform." 《정신 요양소에서 교도소로》는 지적 장애나 발달장애가 있는 사람들을 위한 시설을 다루지 않는다. 이런 시스템들은 규모가 엄청나고 그 시스템 내부의 문제들이 너무 다양하기 때문이다. 하지만 이런 문제들은 서로 연결돼 있으며, 이 책은 이런 연결고리들에 주목한다. 제5장 참조.

35. Grob, *From Asylum to Community*; Scull, *Decarceration*; Shorter, *History of Psychiatry*.

36. American Psychiatric Association and the Pennsylvania Mental Health

Survey Committee, *Mental Health Program for Pennsylvania*, IV:3.

37. U.S. Department of Justice, Bureau of Justice Statistics, *Correctional Population in the United States, 2015*, 12–13.

38. Perkinson, *Texas Tough*; Alex Lichtenstein, "Flocatex and the Fiscal Limits of Mass Incarceration: Toward a New Political Economy of the Postwar Carceral State," *Journal of American History* 102, no. 1 (June 2015): 119; Lynch, Sunbelt Justice.

39. Numerous penal historians have incorporated the perspectives of people in prisons. See H. Thompson, *Blood in the Water*; Berger, *Captive Nation*; Lynd, *Untold Story of a Prison Uprising*; and Chase, "'Slaves of the State' Revolt." 학자 겸 활동가들은 정신장애를 가진 사람들과 시설 수용 경험을 가진 사람들의 관점을 고려하는 것의 중요성도 강조한다. See Burch and Joyner, *Unspeakable*; Geoffrey Reaume, "Teaching Radical History: Mad People's History," *Radical History Review* 94 (Winter 2006): 170–82; Lewis, "Mad Fight," 115–31; Judi Chamberlin, "The Ex-patients' Movement: Where We've Been and Where We're Going," *Journal of Mind and Behaviour* 11, nos. 3–4 (1990): 323–36; Support Coalition International, *Psychiatric Survivor Oral Histories*; Jackson, "In Our Own Voice"; and Taylor, *The Last Asylum*. 추가적으로, 정신의학 역사를 연구하는 사람들 덕분에 우리는 19세기와 20세기에 정신병원에 사는 사람들의 자유 의지에 대해 관심을 가지게 됐다. See Tomes, *Generous Confidence*; Dwyer, *Homes for the Mad*; Carlisle, *Elizabeth Packard*; and Lunbeck, *The Psychiatric Persuasion*. 마지막으로 스티븐 J 테일러(Steven

J. Taylor)는 정신의학 역사에서 간과되었던 집단, 즉 제2차 세계대전 중에 정신병원에서 일했던 양심적 병역거부자들을 조명했다. See S. Taylor, *Acts of Conscience*.

40. Rafter, *Creating Born Criminals*.

41. The Arc, "What Is People First Language?"; La Vigne, "People First." 2016년 펜실베이니아 주 교정국은 사람 중심의 언어를 사용하기 시작했다. See Tom Jackman, "Pennsylvania Dept. of Corrections to Discard Terms 'Offender,' 'Felon,' in Describing Ex-Prisoners," *Washington Post,* May 25, 2016. I'd like to particularly thank Susan Rogers and Susan Burch for teaching me about these issues.

42. Foucault, *Discipline and Punish*, 233.

제1장

1. Lloyd Wendt, "Novelist Finds Her Writing a Luring Task," *Chicago Daily Tribune*, March 24, 1946; Huston, Hoosier Sampler, 506.
2. Wendt, "Novelist Finds Her Writing a Luring Task."
3. M. Ward, *Snake Pit*, 26.
4. Healy and Shorter, *Shock Therapy*, 11–14.
5. Healy and Shorter, 22–30, 54.
6. Healy and Shorter, 31–43.
7. Shorter, *History of Psychiatry*, 222–23; Grob, *The Mad among Us*, 185.

8. Pressman, *Last Resort*, 48–50, 53, 77–78; El-Hai, Lobotomist, 111–33; Shorter, *History of Psychiatry*, 225–29; Grob, *From Asylum to Community*, 130.

9. Shorter, *History of Psychiatry*, 195–96.

10. Stern, *Eugenic Nation*, 98–100; Dorr, *Segregation's Science*, 168.

11. Grob, *The Mad among Us*, 192–94.

12. Grob, 197–202; Herman, *Romance of American Psychology*, 1–14.

13. Klein and Hoogenboom, History of Pennsylvania, Martin quoted on 427, 422–28; Beers, *Pennsylvania Politics Today and Yesterday*, 167–68.

14. "Accomplishments of the Republican Party in Pennsylvania," 1943, box 12, folder 15, Subject Files, Governor Edward Martin Papers, PSA.

15. Deutsch, *Mentally Ill in America*, 446–47. 연방 공공사업관리국은 몇몇 주의 정신병원들에 1200만 달러를 할당했지만, 전국적인 정신병원 악화의 물결을 막지는 못했다.

16. Pennsylvania Department of Public Welfare, *Report of the Committee … to Make a Complete Study*, viii.

17. Pennsylvania Department of Public Welfare, 3.

18. Pennsylvania Department of Public Welfare, *Report of the Committee … to Survey the Penal and Correctional System*.

19. Deutsch, *Mentally Ill in America*, 450.

20. Pennsylvania Department of Public Welfare, *Report of the Committee … to Make a Complete Study*; Pennsylvania Department of Public Welfare, *Report of the Committee … to Survey the Penal and Correctional System*.

21. Governor Edward Martin to S. M. R. O'Hara, April 15, 1944, box 25, folder 13, Subject Files, Governor Edward Martin Papers, PSA.

22. Governor Edward Martin to S. M. R. O'Hara, September 26, 1945, box 25, folder 15, Subject Files, Governor Edward Martin Papers, PSA; Public Charities Association of Pennsylvania, "Mental Health in Pennsylvania," February 1947, box 2, folder 11, Harold Barton Papers, SCPC.

23. Klein and Hoogenboom, *History of Pennsylvania*, 427; Governor Edward Martin to Mr. Wood, August 22, 1946, box 6, folder 14, Subject Files, Governor Edward Martin Papers, PSA.

24. Taylor, *Acts of Conscience*, 79, 174–75, 180, 229.

25. Taylor, 78–79, 88, 100–101, 199, 217–22, 229.

26. Taylor, 217–22, 246–48, 253–54.

27. Taylor, 272–73; "Decree in re. Application for Incorporation of the National Mental Health Foundation Incorporated," April 26, 1945, box 2, folder 2, Harold Barton Papers, SCPC. The interconnected structure of the Civilian Public Service units enabled the NMHF to collect photographs and reports from mental hospitals across the nation. Taylor, *Acts of Conscience*, 206, 260–61.

28. Albert Q. Maisel, "Bedlam 1946," Life, May 6, 1946; Albert Deutsch, "Filth-Infested Byberry Cured Only Two Out of 5900 Patients in Year," PM, April 18, 1946; Albert Deutsch, "Byberry Horror Camp," PM, April 17, 1946; Kozol, *Life's America*, viii.

29. Maisel, "Bedlam 1946," 102.

30. Maisel, 102–3, quote from 102.

31. Deutsch, "Filth-Infested Byberry," 9.

32. Maisel, "Bedlam 1946," 107.

33. Maisel, 102.

34. Maisel, 118.

35. 21세기 초반에는 새로운 신경학적 발견들과 정신병원을 벗어나려는 노력에 힘입어 정신과 의사들은 "미친 상태"라는 말을 "정신장애", "정신신경증", "정신병", "정신질환", "정신적 병"이라는 말로 바꿔서 사용하기 시작했다. 반면 법조계에서는 법적 소송에서 개인의 능력에 대해 결정하기 위해 "미친 상태"라는 말을 계속 사용했다. Janet A. Tighe, "'What's in a Name?' A Brief Foray into the History of Insanity in England and the United States," *Journal of the American Academy of Psychiatry and the Law* 33 (June 2005): 252–58.

36. Metzl, *Protest Psychosis*, 10–11; Burch and Joyner, *Unspeakable*.

37. Foner, *Story of American Freedom*, 219–27, 236–47; Jacqueline Dowd Hall, "The Long Civil Rights Movement and the Political Uses of the Past," *Journal of American History* 91 (March 2005): 1233–63.

38. Maisel, "Bedlam 1946," 112.

39. Maisel, 112.

40. Maisel, 118.

41. See the following in box 6, Subject Files, Governor Edward Martin Papers, PSA: Harold F. Beech to Governor Edward Martin, May 7, 1946; S. E. Lorrens Fleming to Governor Martin, April 20, 1946; and George

McHenry to Governor Martin, May 5, 1946, all in folder 12; Hamilton A. Porter to Governor Martin, May 14, 1946, folder 13; and Caroline L. Stevenson to Governor Martin, Easter Day, 1946, folder 14. One group collected signatures and filed a petition to reform the conditions at Byberry and other hospitals. Pennsylvania Hopetown Association, petition to Governor Martin, 1946, folder 13.

42. Vincent Gilpin to Governor Edward Martin, May 7, 1946, box 6, folder 12, Subject Files, Governor Edward Martin Papers, PSA.

43. Gilpin to Martin, May 7, 1946.

44. Miss Gertrude Sadler to Governor Martin, May 12, 1946, box 6, folder 14, Subject Files, Governor Edward Martin Papers, PSA.

45. Wilson, Borderland Minds; MacLeish, *Between Us and the Dark*; Winslow, *If a Man Be Mad*. For more on the autobiographical accounts of people in mental hospitals, see Shannonhouse, *Out of Her Mind*; Geller and Harris, *Women of the Asylum*; and Hubert, *Questions of Power*.

46. M. Ward, *Snake Pit*, 53.

47. Deutsch, *Mentally Ill in America*, 418–41; Meyer and Weaver, *Law and Mental Health*, 128–29; Geller and Harris, *Women of the Asylum*; Grob, *From Asylum to Community*, 289–91.

48. Sandy Grady, "The Man the World Forgot," *Ebony*, October 1971, 158.

49. M. Ward, *Snake Pit*.

50. On the enthusiasm for these new therapies, see Grob, *The Mad among Us*, 178. 51. Carmel McCoubrey, "Obituary of Gerard Chrzanowski," *NYT*,

November 12, 2000; M. Ward, *Snake Pit*, 3.

52. M. Ward, *Snake Pit*, 173–83.

53. M. Ward, 43–44.

54. D'Antonio, *State Boys Rebellion*; Reverby, *Examining Tuskegee*; Susan M. Reverby, "'Normal Exposure' and Inoculation Syphilis: A PHS 'Tuskegee' Doctor in Guatemala, 1946–1948," *Journal of Policy History* 23 (November 2011): 6–28; Hornblum, *Acres of Skin*.

55. M. Ward, *Snake Pit*, 216–17.

56. Capua, *Anatole Litvak*, 71–72.

57. Capua, 72–77; Litvak, *Snake Pit*; Frederic Babcock, "Among the Authors," *Chicago Daily Tribune*, February 10, 1946.

58. Shannonhouse, *Out of Her Mind*, 60; quotation from Lloyd Wendt, "Novelist Finds Her Writing a Luring Task," *Chicago Daily Tribune*, March 24, 1946.

59. Litvak, *Snake Pit*.

60. Hale, "American Psychoanalysis since World War II," 77–102; Shorter, *History of Psychiatry*, 170–81; Litvak, *Snake Pit*.

61. Scull, *Insanity of Place*, 99–100; Grob, *From Asylum to Community*, 72–77.

62. Estelle B. Freedman, "'Uncontrolled Desires': The Response to the Sexual Psychopath, 1920–1960," *Journal of American History* 74, no. 1 (June 1987): 83–106; Janet Hadda, "Ginsberg in Hospital," American Imago 65, no. 2 (Summer 2008): 229–31; Metzl, *Protest Psychosis*, 9.

63. Deutsch, *Shame of the States*, 30–31.

64. Angela Davis, "Masked Racism: Reflections on the Prison Industrial Complex," *ColorLines* 1 (October 1998): 1.

65. Pennsylvania Department of Public Welfare, *Report of the Committee … to Make a Complete Study*, 15–16; Pennsylvania Department of Public Welfare, *Report of the Committee … to Survey the Penal and Correctional System*, 29–33, 46.

66. Deutsch, *Shame of the States*, 41; Smith, *30th Anniversary Commemorative History*, 36–38.

67. Deutsch, *Mentally Ill in America*, 457.

68. National Institute of Mental Health, *Patients in Mental Institutions*, 16.

69. Pennsylvania Department of Public Welfare, *Pictorial Report on Mental Institutions*, 1–2, 6, 65.

70. National Mental Health Foundation, *For These We Speak*, 1946, box 2, folder 3, Harold Barton Papers, SCPC.

71. Public Charities Association of Pennsylvania, "Mental Health in Pennsylvania," February 1947, box 2, folder 11, Harold Barton Papers, SCPC.

72. Taylor, *Acts of Conscience*, 146–51, 403–4; National Mental Health Foundation, *For These We Speak*; Cortner, "Owen Josephus Roberts," 612–14.

73. Taylor, *Acts of Conscience*, 403–4.

74. 엘리너 루스벨트 여사는 일본계 미국인들의 감금에 반대했지만, 결국

남편인 루스벨트 대통령이 감금 명령을 내리는 것을 막지는 못했다. G. Ward, "Eleanor Roosevelt," 812–15.

75. Dorsen, "Roger Nash Baldwin," 61–63.
76. Adams, *Best War Ever*, 114–35; Wall, Inventing the "*American Way*," 3–12, 177–87.
77. National Mental Health Foundation, Inc., "Pamphlet on NMHF," folder 5, box 2, Harold Barton Papers, SCPC; Brattain, "Walter Philip Reuther," 358–61.
78. Serlin, *Replaceable You*, 2.
79. Jennings, "With Minds Fixed on the Horrors of War"; Carey, *On the Margins of Citizenship*, 83–104.
80. Pennsylvania Economy League, "About," PelCentral.org, accessed May 2, 2016, http://pelcentral.org/about-pel/.
81. Pennsylvania Economy League, "Mental Health Program in Pennsylvania," 1947, box 25, folder 8, Subject Files, Governor Duff Papers, PSA.
82. Harold Barton, "Notes of Harold Barton," February 13, 1947, box 2, folder 10, Harold Barton Papers, SCPC.
83. Harold Barton, "Notes of Harold Barton," February 13, 1947.
84. Charlie R. Barber to Governor Duff, December 1, 1947, box 25, folder 8, Subject Files, Governor Duff Papers, PSA.
85. Description of construction projects at Philadelphia State Hospital, box 4, Graphic Materials, Philadelphia State Hospital Collection, PSA;

description of buildings at Philadelphia State Hospital, box 9, Maps folder, Graphic Materials, Philadelphia State Hospital Collection, PSA.

86. Lorna Huffman to Governor Duff, December 28, 1948, box 25, folder 7, Subject Files, Governor Duff Papers, PSA. See also Jane D. MacDonald to Governor Duff, August 10, 1948, box 25, folder 7, Subject Files, Governor Duff Papers, PSA.
87. Ross W. Sanderson Jr., "What's the Score in Mental Health?," *Currents in Pennsylvania's Health and Welfare* 2, no. 3 (1951): 4–7.
88. Charlie R. Barber to Governor Duff, December 1, 1947, box 25, folder 8, Subject Files, Governor Duff Papers, PSA.
89. Albert Q. Maisel, "Scandal Results," *Life*, November 12, 1951, 140–54.
90. Maisel, "Scandal Results," 154.
91. Mrs. C. B. Kahler to Governor Duff, March 17, 1949, box 25, folder 7, Subject Files, Governor Duff Papers, PSA.
92. J. C. Heinz to Governor Duff, February 28, 1949, box 25, folder 7, Subject Files, Governor Duff Papers, PSA. 하인츠는 하인즈 회사를 창립한 H J 하인츠의 직계 후손은 아닌 것으로 보인다.
93. 일부 연구자들은 20세기 말에는 더 징벌적이고 더 남부적인 접근방식이 전국적으로 확산됐다고 주장함으로써 북부의 급속한 수감 증가를 설명한다. See Perkinson, *Texas Tough*; and Alex Lichtenstein, "Flocatex and the Fiscal Limits of Mass Incarceration: Toward a New Political Economy of the Postwar Carceral State," *Journal of American History* 102, no. 1 (June 2015): 113–25.

제2장

1. 1950년 NMHF 새 지도부는 국가정신보건위원회, 정신의학재단과 통합해 전미 정신건강협회를 결성했다.Taylor, *Acts of Conscience*, 340–51.
2. "The Mental Health Bell," Mental Health America, accessed July 7, 2016, http://www.mentalhealthamerica.net/bell.
3. Bernard Harcourt, "From the Asylum to the Prison: Rethinking the Incarceration Revolution," *Texas Law Review* 84 (2006): 1755.
4. 정신질환을 약물로 치료하는 것은 새로운 일이 아니었다. 하지만 1950년대 초반에는 진정제가 도입돼 약물치료의 혁명이 일어나게 됐다. Hale, *Rise and Crisis of Psychoanalysis*, 245–56; Moskowitz, *In Therapy We Trust*, 149–50; Shorter, *Before Prozac*, 34–73; Herzberg, *Happy Pills in America*, 3–4, 8, 15; Tone, *Age of Anxiety*, 79–80; Grob, *From Asylum to Community*, 181–238. 그로브는 1950년대와 1960년대 초에 정신병원들이 탈수용화되었다고 생각하지 않았다. 그에 따르면 탈수용화가 이뤄진 것은 정신과 의사들이 지역사회 기반의 주정부 프로그램을 지지해 1963년 정신건강센터법이 통과되도록 만든 때였다.
5. Pennsylvania Department of Public Welfare, *Quiet Revolution in Mental Health and Welfare*, 8.
6. Spillane, *Coxsackie*, 227–31; Frydl, Drug Wars in America, 1–14.
7. Garland, *Culture of Control*, 27.
8. Morris and Rothman, *Oxford History of the Prison*, 194.
9. PCA Penal Affairs Division, "A Statement to the Governor's Committee

Investigating Pennsylvania's Prison System," *Currents in Pennsylvania's Health and Welfare* 4, no. 4 (Summer 1953): 26–27.

10. Wolensky, *Life of Pennsylvania Governor George M. Leader*, 57–58.

11. McWilliams, *Two Centuries of Corrections in Pennsylvania*, 37–38; James V. Bennett, "The Significance of the Prison Riots," *Currents in Pennsylvania's Health and Welfare* 4, no. 4 (Summer 1953): 2–5; Clement T. Woutersz, "Demands Made by Inmates at Time of the Riot at W.S.P.," January 18, 1953, box 2, folder 1, Department of Justice, Bureau of Correction Special Investigations, PSA; "Report of the Committee Appointed by Honorable John S. Fine, Governor, to Investigate the Peno-Correctional System of the Commonwealth of Pennsylvania," April 1953, Record Group 15 (DOJ) Bureau of Correction Miscellaneous Reports, box 3, folder 5, PSA, 1–15, quotation on 15.

12. U.S. Department of Justice, Federal Bureau of Prisons, and Pennsylvania Historical and Museum Commission, *Farview State Hospital Agricultural Complex*, 1–7.

13. Thornberry and Jacoby, *Criminally Insane*, 4–5, 17–18, 5.

14. Spillane, *Coxsackie*, 130–37.

15. Thornberry and Jacoby, *The Criminally Insane*, 17.

16. "Await Verdict in Sanity Hearing," *Greenville (Pa.) Record-Argus*, January 26, 1955, 3.

17. "Man Judged Sane, Freed," *Cumberland (Md.) Evening Times*, December 9, 1954, 2; "Odd Case of 'Laughing Eel' Bandit in Freedom Plea," *Long*

Beach Press Telegram, November 19, 1954, A-8.

18. "Odd Case of 'Laughing Eel' Bandit in Freedom Plea," A-8; "'Laughing Eel' Wins Release from Hospital," *Hagerstown (Md.) Morning Herald*, December 10, 1954, 22.
19. "Shapiro Asks Politicians to Quit Farview Board," *Monessen (Pa.) Daily Independent*, January 26, 1955, 5; Joint Committee of the Senate and House of Representatives Investigating Laurelton, "Report of the Joint Investigating Committee re. Conditions at Laurelton State Village," 1956, 2, box 1, folder 2, Harry Shapiro Collection, PSA.
20. Leader and Myers, Unlocking the Doors, 50; Slingerland, *Child Welfare Work in Pennsylvania*, 80–81.
21. "County Youth Dies of Skull Fracture Today," *Clearfield (Pa.) Progress*, September 10, 1955, 1; "Morganza Facing Probe after Death, Beating," *Pittsburgh Post-Gazette*, September 13, 1955, 5.
22. "Morganza Girl Inmate Tells of Beatings, Other Brutality," *Altoona (Pa.) Tribune*, September 13, 1955, 1.
23. "Mount Union Girl Escapes from Morganza," *Huntingdon and Mount Union (Pa.) Daily News*, October 27, 1955, 1, 4.
24. "Mount Union Girl Escapes from Morganza," 4.
25. Marjorie S. Mertens, "The Effect of an Enriched and Liberalized Program on Community Placement in an Institution for High Grade Mental Defectives," *Pennsylvania Psychiatric Quarterly* 4 (Fall 1964): 30.
26. Mertens, 31.

27. "Shapiro Out to Free Mental Defectives in Laurelton Cottage," *Lock Haven (Pa.) Express*, February 16, 1955, 3.

28. "Senators Urged to Okay Probe at Laurelton," *Lock Haven (Pa.) Express*, February 28, 1955, 9.

29. As quoted in Wolensky, *Life of Pennsylvania Governor George M. Leader*, 66.

30. "Senator George M. Leader Speaks Up for Welfare," *Currents in Pennsylvania's Health and Welfare* 7 (Fall 1954): 12; American Psychiatric Association and the Pennsylvania *Mental Health Survey Committee, Mental Health Program for Pennsylvania*, IV:3–4.

31. American Psychiatric Association and the Pennsylvania Mental Health Survey Committee, *Mental Health Program for Pennsylvania*, IV:6.

32. Grob and Goldman, *Dilemma of Federal Mental Health Policy*, 25; Frank and Glied, *Better but Not Well*, 48.

33. Leonard T. Beale, "The First Governors' Conference on Mental Health," *Currents in Pennsylvania's Health and Welfare* 6, no. 3 (Spring 1954): 2.

34. American Psychiatric Association and the Pennsylvania Mental Health Survey Committee, *Mental Health Program for Pennsylvania*, VII: 28, 31; Frank and Glied, Better but Not Well, 48; Beale, "First Governors' Conference on Mental Health," 2; H. B. Shaffer, "Mental Health Programs," *Editorial Research Reports* 1 (1954).

35. Beale, "First Governors' Conference on Mental Health," 3.

36. Shaffer, "Mental Health Programs"; Kolb, Frazier, and Sirovatka, "National

Institute of Mental Health," 212.

37. Beale, "First Governors' Conference on Mental Health," 1–4.

38. Grob and Goldman, *Dilemma of Federal Mental Health Policy*, 23; Alfred Auerback, "The Short Doyle Act: California Community Mental Health Services Program: Background and Status One Year," *California Medicine* 90 (May 1959): 335–36.

39. Grob and Goldman, *Dilemma of Federal Mental Health Policy*, 25.

40. Wolensky, *Life of Pennsylvania Governor George M. Leader*, 1–5.

41. Mattson, *When America Was Great.*

42. Wolensky, *Life of Pennsylvania Governor George M. Leader*, 56–58; Jennings, "With Minds Fixed on the Horrors of War"; Carey, *On the Margins of Citizenship*.

43. Leader and Myers, *Unlocking the Doors*.

44. Herzberg, *Happy Pills in America*, 15–46.

45. Ernest Havemann, "The Age of Psychology in the U.S.," *Life*, January 7, 1957, 68.

46. Hale, "American Psychoanalysis since World War II," 77–102; Shorter, *History of Psychiatry*, 170–81.

47. Shorter, *Before Prozac*, 34–72; Herzberg, *Happy Pills in America*, 15.

48. Healy, *Creation of Psychopharmacology*, 97–98; Herzberg, *Happy Pills in America*, 15–46.

49. Rieff, *Triumph of the Therapeutic*.

50. Mittelstadt, *From Welfare to Workfare*, 41–68; Jennings, "With Minds Fixed

on the Horrors of War"; Carey, *On the Margins of Citizenship*, 113–23.

51. Harry Shapiro, "Speech [1955–1958]," box 1, folder 1, Department of Public Welfare Collection, Secretary of Welfare Speeches, PSA.

52. Shapiro, "Speech [1955–1958]," PSA.

53. Pennsylvania Department of Public Welfare, *Quiet Revolution in Mental Health and Welfare*, 4.

54. Pennsylvania Department of Public Welfare, *Quiet Revolution in Mental Health and Welfare*, 4; American Psychiatric Association and the Pennsylvania Mental Health Survey Committee, *Mental Health Program for Pennsylvania*, I:1, IV:6. For the "brains not bricks" reference, see Pennsylvania Mental Health, "Prerequisite for Progress: A Report on the State Mental Health Program," October 1960, box 25, folder 22, Subject Files, Governor David L. Lawrence Papers, PSA.

55. Commonwealth of Pennsylvania Governor's Office, "Press Release," June 9, 1958, box 34, folder 10, Subject Files, Governor George M. Leader Papers, PSA; Pennsylvania Mental Health, "Mental Health," 16, 18. Pennsylvania Mental Health, Inc., a partner in this work, drafted a digest of the American Psychiatric Association's report titled "Mental Health: A Blueprint for Pennsylvania."

56. Pennsylvania Department of Public Welfare, *Quiet Revolution in Mental Health and Welfare*, 15.

57. Pennsylvania Mental Health, *Mental Health*, 9–12.

58. Frank and Glied, *Better but Not Well*, 92; Grob, *From Asylum to*

Community, 182; Kolb, Frazier, and Sirovatka, "National Institute of Mental Health," 207–14.

59. American Psychiatric Association and the Pennsylvania Mental Health Survey Committee, *Mental Health Program for Pennsylvania*, VIII: 1, 3–4, 8–9; VII: 28.

60. Grob, *From Asylum to Community*, 171–76.

61. Pennsylvania Mental Health, *Mental Health*, 24–25; American Psychiatric Association and the Pennsylvania Mental Health Survey Committee, *Mental Health Program for Pennsylvania*, IV: 2–3.

62. Pennsylvania Mental Health, *Mental Health*, 2.

63. Pennsylvania Mental Health, *Mental Health*, 2.

64. Pennsylvania Department of Public Welfare, *Quiet Revolution in Mental Health and Welfare*, 7.

65. Pennsylvania Department of Public Welfare, 7.

66. Pennsylvania Department of Public Welfare, 9.

67. Pennsylvania Department of Public Welfare, 9.

68. Mertens, "The Effect of an Enriched and Liberalized Program," 31.

69. Pennsylvania Department of Public Welfare, *Quiet Revolution in Mental Health and Welfare*, 8.

70. Pennsylvania Mental Health, *Mental Health*, 13.

71. Harry Boyer, "Text of Speech Given at Pennsylvania Welfare Forum," March 28, 1958, box 1, folder 1, Department of Public Welfare Collection, Secretary of Welfare Speeches, PSA.

72. Pennsylvania Department of Public Welfare, *Quiet Revolution in Mental Health and Welfare*.

73. Robert E. Woodside, "A Program for Pennsylvania's Prisons," *Currents in Pennsylvania's Health and Welfare* 1 (Summer 1950): 9; Beale, "First Governor's Conference on Mental Health," 2; David M. Janavitz, "Allegheny County Tackles a Mental Health Problem," *Currents in Pennsylvania's Health and Welfare* 6 (Summer 1954): 15; W. G. Brown Jr., "Richie," Currents in Pennsylvania's Health and Welfare 7 (Winter 1955), 11; "Mental Health Program," *Currents in Pennsylvania's Health and Welfare* 7 (Fall 1954), 9; Ralph C. Busser, "In and Out," *Currents in Pennsylvania's Health and Welfare* 7 (Summer 1955): 6.

74. U.S. Census Bureau, *1950 Census—Subject Reports: Institutional Population*, table 37.

75. Deutsch, *Our Rejected Children*; Deutsch, *Trouble with Cops*; Ahrenfeldt and Soddy, *Mental Health in a Changing World*, xi.

76. Rembis, *Defining Deviance*, 121.

77. Cohen, Delinquent Boys; Bowman, *Mobilizing Community Resources*; Walter Miller, "Lower Class Culture as a Generating Milieu of Gang Delinquency" *Journal of Social Issues* 14 (Summer 1958): 5–19; Wirt and Briggs, *Personality and Environmental Factors*; and Cloward, *Delinquency and Opportunity*.

78. U.S. Census Bureau, *1950 Census—Subject Reports: Institutional Population*, table 36.

79. Wolfgang, Figlio, and Sellin, *Delinquency in a Birth Cohort*, 91–92.

80. Wolfgang, Figlio, and Sellin, 89–90, 93.

81. Wolfgang, Figlio, and Sellin, 222–24.

82. Muhammad, *Condemnation of Blackness*.

83. Leon, *Sex Fiends, Perverts, and Pedophiles*, 55. 동성애가 어떻게 범죄 행위에서 재활의 대상인 정신장애로 바뀌었는지 자세히 알려면 베일리의 《하트랜드에서의 섹스》 참조.

84. Leon, *Sex Fiends, Perverts, and Pedophiles*, 54–76. For more on the psychiatric treatment of sex offenders in the postwar years, see Terry, *American Obsession*, 353–57.

85. 미국에서 청소년 교도소와 성인 교도소에 있는 사람들의 재활은 매우 오래전에 시작됐으며, 1950년대에 다시 활성화됐다. Spillane, *Coxsackie*; Cummins, *Rise and Fall of California's Radical Prison Movement*, 1–20; Allen, *Decline of the Rehabilitative Ideal*; Rotman, *Beyond Punishment*; Garland, *Culture of Control*, 27–35; McWilliams, *Two Centuries of Corrections in Pennsylvania*, 40.

86. Department of Justice Bureau of Correction, B*ureau of Correction Report for 1957–1959*, 29.

87. Department of Justice Bureau of Correction, 59.

88. Commonwealth of Pennsylvania Governor's Office, "Press Release," January 17, 1956, box 31, folder 6, Subject Files, Governor George M. Leader Papers, PSA.

89. Commonwealth of Pennsylvania Governor's Office, "Press Release."

90. Governor's Office, "Press Release," October 18, 1956, box 31, folder 6, Subject Files, Governor George M. Leader Papers, PSA.

91. Pennsylvania Department of Public Welfare, *Quiet Revolution in Mental Health and Welfare*, 18.

92. Pennsylvania Department of Public Welfare, 18–20.

93. Commonwealth of Pennsylvania Governor's Office, "Press Release," January 17, 1956, box 31, folder 6, Subject Files, Governor George M. Leader Papers, PSA.

94. Commonwealth of Pennsylvania Governor's Office, "Press Release," April 26, 1957, box 43, folder 3, Subject Files, Governor George M. Leader Papers, PSA.

95. Department of Welfare, "Suggested 'Juvenile Delinquency Package' for Governor Lawrence," January 1961, folder 8, box 13, Governor David Lawrence Papers, PSA. 96. Department of Justice Bureau of Correction, *Bureau of Correction Report for 1957–1959*, 11, 35.

97. Dominic Ligato, *Art Club at Eastern State Penitentiary* (photograph), PEB, May 9, 1960.

98. "Prison Reform to Be Sought," *PEB*, December 6, 1960.

99. "Prison Reform to Be Sought."

100. Hymen Schlesinger, "Letter to David L. Lawrence and Anne X. Alpern," April 23, 1959, and Otis B. Morse, "Letter to Hyman Schlesinger, Esq.," June 26, 1959, box 84, folder 11, General Files, Governor David L. Lawrence Papers, PSA.

제3장

1. Kesey, *One Flew over the Cuckoo's Nest*, 280.

2. Kesey, 310.

3. Grob, *From Asylum to Community*, 239–72, 288–92; Johnson, *Out of Bedlam*, 53–113; Grob and Goldman, *Dilemma of Federal Mental Health Policy*, 43–56; Randall G. Krieg, "An Interdisciplinary Look at the Deinstitutionalization of the Mentally Ill," *Social Science Journal* 38, no. 3 (2001): 367–68; Frank and Glied, *Better but Not Well*, 93–98.

4. Pennsylvania Department of Public Welfare, *Public Welfare Annual Statistics* (1973), 36, 51.

5. Grob, *From Asylum to Community*, 249–57; Grob and Goldman, *Dilemma of Federal Mental Health Policy*, 57–60; Johnson, *Out of Bedlam*, 115–33; Frank and Glied, *Better but Not Well*, 68–69.

6. David J. Rothman, "On Prisons, Asylums, and Other Decaying Institutions," *Public Interest*, Winter 1972, 3–4.

7. Chamberlin, *On Our Own*; Norman Dain, "Critics and Dissenters: Reflections on 'Anti-Psychiatry' in the United States," *Journal of the History of the Behavioral Sciences* 25 (January 1989): 10–12; Morrison, *Talking Back to Psychiatry*; David J. Rissmiller and Joshua H. Rissmiller, "Evolution of the Antipsychiatry Movement into Mental Health Consumerism," *Psychiatric Services* 57, no. 6 (June 2006): 863–66.

8. David Ferleger, interview with the author, August 3, 2011.

9. Raskin, *American Scream*, 51–52, 90–91, quotation on 91.

10. Ginsberg, *Howl*, 9.

11. Ginsberg, 25.

12. Raskin, *American Scream*, 51.

13. Raskin, 209–26.

14. Dain, "Critics and Dissenters," 8–9.

15. Szasz, *Myth of Mental Illness*; Foucault, *Folie et Déraison*; Goffman, *Asylums*.

16. Dain, "Critics and Dissenters," 8–9.

17. Frame, *Faces in the Water*; Plath, *Bell Jar*.

18. Larson, *Rosemary*, 194–95.

19. Grob, *The Mad among Us*, 258–59.

20. "Dr. Bodarky Explains Construction Plans" and "Royfe Describes Wide Range of Applications in State's Regional Construction Program," *Progress: Comprehensive Mental Health / Mental Retardation Plan* 1 (June 1965): 1–2, box 1, folder 3, Charles Frazier Papers, TUSCRC; David M. Cleary, "Mental Health Program for Penna. Bogs Down," PEB, September 15, 1964; Grob, *The Mad among Us*, 260. The Pennsylvania Department of Welfare merged with the Department of Public Assistance in 1958 to form the Department of Public Welfare.

21. Frank and Glied, *Better but Not Well*, 66, 93–95.

22. Frank and Glied, 96.

23. Frank and Glied, 96.

24. Daniel Blain, "Mental Hygiene in the 'Brown Administration,'" October 1, 1968, folder 66, box 100658, Papers of Daniel Blain, American Psychiatric Association Archives, Washington, D.C.; Kenneth E. Appel, "Daniel Blain, M.D., Ninety-Third President, 1964–1965, a Biographical Sketch," *American Journal of Psychiatry* 122 (July 1965): 16–23.
25. Daniel Blain, "The Presidential Address: 'Novalescence,'" *American Journal of Psychiatry* 122 (July 1965): 1.
26. This assessment is based on a review of Daniel Blain's speeches in the APA Archives, box 100657, folders 38–41. Daniel Blain, "Potentials for Help of the Psychiatric Patient," February 1963, and "Planning for Comprehensive Mental Health Services," September 25, 1963, folder 38, box 100657, and "Psychiatry and the National Scene," June 2, 1964, folder 41, box 100657, Papers of Daniel Blain, American Psychiatric Association Archives.
27. Daniel Blain, "The Crisis in Psychiatric Legitimacy: Reflections on Psychiatry, Medicine and Public Policy," n.d., 4, folder 45, box 100657, Papers of Daniel Blain, American Psychiatric Association Archives.
28. Blain, 5.
29. Daniel Blain and Dorothy Zuckerkandel, "Building Public Support for the Bedlam of Philadelphia" [1968], box 5, Graphic Materials Philadelphia State Hospital Collection, PSA. The term "Bedlam" was originally a popular name for the Hospital of St. Mary of Bethlehem in London and became a word to describe insane asylums and places of

disorder. "Byberry to Cut Patient Total by One-Fifth," PEB, October 29, 1967.

30. Beers, *Pennsylvania Politics Today and Yesterday*, 427–29.

31. "Former Pa. House Speaker K. Leroy Irvis Dies," *Pittsburgh Post-Gazette*, March 16, 2006. 어비스는 매우 많은 기록을 남겼지만, 어비스에 대해 쓴 학자는 아직 거의 없다. 역사학자 로렌스 글래스코Laurence Glasco는 어비스의 전기를 써서 이 간극을 채웠다. *K. Leroy Irvis.*

32. Irvis, *Report of Bipartisan Committee.*

33. Irvis, 4.

34. Dick Aarons, "Byberry: Rays of Hope in an Asylum of Despair," *PEB*, July 17, 1967.

35. Aarons, "Byberry."

36. 1967년 셰이퍼 주지사가 환자와 악수하고 있는 사진, 1967년 셰이퍼 주지사가 대니얼 블레인과 서있는 사진. Graphic Materials, Philadelphia State Hospital Collection, PSA; "Byberry to Cut Patient Total by One-Fifth."

37. Daniel Blain, "Letter to Richard W. Gable," December 1, 1967, folder 59, box 100658, Papers of Daniel Blain, American Psychiatric Association Archives.

38. "Byberry to Cut Patient Total by One-Fifth."

39. "Byberry Shifting to Community Care," PEB, April 29, 1968; John C. Hanna, "Byberry Again Faces Personnel Crisis," *PEB*, November 23, 1967.

40. Daniel Blain, "Letter to Governor Shafer," October 4, 1968, box 114, folder 18, General Files, Governor Raymond P. Shafer Papers, PSA.

41. Quotation from Gary Brooten, "Foster Homes Shelter 1,000 from Byberry," PEB, December 15, 1968; Donald C. Drake, "Byberry Releases 1700 to Ease Overcrowding," *PEB*, July 31, 1968.

42. Philadelphia State Hospital at Byberry, "Progress Report," n.d., Graphic Materials, Philadelphia State Hospital Collection, PSA.

43. Photograph of groundbreaking at Benjamin Rush House, Graphic Materials, Philadelphia State Hospital Collection, PSA; James Smart, "An Organized Movement to Save the Rush House," *PEB*, October 1, 1968.

44. Sam Nicholson, interview with the author, August 2, 2011.

45. Sandy Grady, "1942 Pacifist Spends 29 Years in Byberry," *PEB*, June 16, 1971.

46. Drake, "Byberry Releases 1700 to Ease Overcrowding."

47. Brooten, "Foster Homes Shelter 1,000 from Byberry."

48. Sandy Grady, "The Man the World Forgot," *Ebony*, October 1971, 160.

49. Sam Nicholson interview.

50. Marilyn Schaefer, "10-Year Search for Mentally Ill Brother Takes Its Toll," *PEB*, June 16, 1981.

51. "Hearing," *Philadelphia State Hospital Staff Bulletin* 4, no. 8, February 26, 1971, box 5, *Staff Bulletins*, Philadelphia State Hospital Collection, PSA.

52. Marc Schogol, "'Byberry People': A City Dilemma," *PEB*, June 21, 1974.

53. Krieg, "Deinstitutionalization of the Mentally Ill," 367–68.

54. Rothman, "On Prisons, Asylums, and Other Decaying Institutions," 3–4.

로스먼은 정신지체를 가진 시설 수감자들의 수가 줄어들었다고 주장하지 않았다. 그는 많은 의사들이 이런 시설들에 대한 대안으로 지역사회 기반 서비스를 추구했다는 것은 강조했다. 거의 20년이 지난 1991년 로스먼은 반수용화 운동의 실패를 다룬 자신의 1972년 에세이에 대해 회고했다. David Rothman, "The Rehabilitation of the Asylum," *The American Prospect* 7 (Fall 1991): 118–28.

55. Rothman, "On Prisons, Asylums, and Other Decaying Institutions," 4.
56. Murakawa, "Origins of the Carceral Crisis," 234–35; and Vesla M. Weaver, "Frontlash: Race and the Development of Punitive Crime Policy," *Studies in American Political Development* 21 (September 2007): 230–65.
57. Murakawa, "Origins of the Carceral Crisis," 236.
58. Sugrue, *Sweet Land of Liberty*, 325–27.
59. Flamm, *Law and Order*, 5; Mauer and the Sentencing Project, *Race to Incarcerate*, 29; Tonry, *Thinking about Crime*, 27–29.
60. Mauer and the Sentencing Project, *Race to Incarcerate*, 28; Heather Ann Thompson, "Why Mass Incarceration Matters: Rethinking Crisis, Decline and Transformation in Postwar American History," *Journal of American History* 97 (December 2010): 727.
61. Flamm, *Law and Order*, 51–52; Ennis, *Criminal Victimization*, 73.
62. The phrase comes from a Goldwater speech at the 1964 Republican National Convention, as quoted in Flamm, Law and Order, 35; Murakawa, "Origins of the Carceral Crisis," 234, 244.
63. Murakawa, "Origins of the Carceral Crisis," 244.

64. Thompson, "Why Mass Incarceration Matters," 730–31; Elizabeth Hinton, "'A War within Our Own Boundaries': Lyndon Johnson's Great Society and the Rise of the Carceral State," *Journal of American History* 102 (June 2015): 100– 112; Hinton, *From the War on Poverty to the War on Crime*, 11–16.

65. Murakawa, "Origins of the Carceral Crisis," 247–48.

66. President's Commission on Law Enforcement and Administration of Justice, *Challenge of Crime in a Free Society*, 165.

67. John Crouse, "Most State Judges Oppose Prisoner Release Plan," *Allentown (Pa.) Morning Call*, January 20, 1972, 68.

68. "Sennett Doubts Need to Replace Eastern State Prison," *PEB*, October 23, 1967.

69. "Small Prisons Urged for State Facility Here," *PEB*, October 22, 1969.

70. "Small Prisons Urged for State Facility Here."

71. James T. Barbash, "Treatment of Offenders in the Community Setting," *Pennsylvania Psychiatric Quarterly* 9 (Winter 1969/1970): 27.

72. Burton A. Chardak, "Penna. to Close Prison Here This Summer," *PEB*, June 23, 1968. Pennsylvania also used county jails to house prisoners with short sentences, but even these numbers fell by 1968.

73. Dean Baquet, "Jails Chief Is Criticized for Being Too Isolated," *NYT*, August 26, 1990.

74. Baquet, "Jails Chief Is Criticized for Being Too Isolated."

75. McWilliams, *Two Centuries of Corrections in Pennsylvania*, 41–42,

quotation on 42.

76. Bureau of Correction, *The Changing Concept*: Corrections (Harrisburg, Pa., 1972), p. 1, box 6, folder 3, level 6, slot 2627, Joseph Rhodes Jr. Papers, PSA.

77. Bureau of Correction, 2.

78. Bureau of Correction, 2.

79. Bureau of Correction, 11; Robert W. Kotzbauer, "Prison Reform Stalled after Decade of Change," *PEB*, March 11, 1974.

80. L. Stuart Ditzen, "Prisons Chief Defends Furloughs; Rizzo Calls Plan 'Mockery of Justice,'" *PEB*, November 15, 1972.

81. Bureau of Correction, *Changing Concept*, 11.

82. Bureau of Correction, 11.

83. Bureau of Correction, 11–12.

84. Bureau of Correction, 11–12.

85. Bureau of Correction, 11. For more on the intersections between gender, sexuality, and incarceration, see Kunzel, *Criminal Intimacy*.

86. Freedman, *Their Sisters' Keepers*, 39–95.

87. Pennsylvania Department of Justice Bureau of Correction, "A Program for the State Industrial Home for Women, Muncy, Pennsylvania," 1955, box 3, folder 14, Record Group 15, series 13, Bureau of Correction Press Office File, PSA.

88. Pennsylvania Program for Women and Girl Offenders, Inc., "History of PPWGO," October 1974, box 7, folder 14, NOW Philadelphia Chapter

Papers, The Historical Society of Pennsylvania. The PPWGO later found its assumption of public sympathy toward women in prison to be erroneous.

89. Pennsylvania Program for Women and Girl Offenders, Inc., "History of PPWGO."

90. Bureau of Correction, *Changing Concept*, 12–13.

91. Bureau of Correction, 13.

92. 1860년대와 1870년대에 정신건강 시설에 있던 사람들, 법조계, 의사들은 비자의적 감금의 합법성을 두고 격렬한 싸움을 벌였다. "패커드 시대"라고 불리는 시기다. 소송을 통해 정신병원에서 석방된 엘리자베스 패커드는 미쳤다고 진단을 받은 사람들을 보호할 법률을 만들기 위해 전국을 돌아다니며 로비 활동을 벌였다. 패커드는 일리노이 주와 아이오와 주에서 개인 자유 법 제정을 위해 활동해 성공을 거두었다. 이 법은 정신병원 수용 명령권을 배심원에게 이관한 법이다. 재건의 시대, 노예 상태로부터의 해방의 시대에 많은 사람은 정신병원이 환자들에게 자유를 주지 않았다고 주장했다. 하지만 패커드 시대에 어느 정도 제한적인 법률 변화가 일어나긴 했어도 강제 수용 시스템은 별로 바뀌지 않았다. Packard, *Prisoner's Hidden Life*; Deutsch, *Mentally Ill in America*, 424–25; Carlisle, *Elizabeth Packard.*

93. Miriam L. Gafni and Barni B. Welsh, "Comments: Post-conviction Problems and the Defective Delinquent," *Villanova Law Review* 12 (Spring 1967): 546.

94. Rafter, *Creating Born Criminals*, 227; letter to Clare Cooper for *Civil*

Liberties, 1966, folder 26, and "CLU Challenges Commitments of 500 'Defective Delinquents,'" unmarked news clipping, folder 28, Spencer Coxe Papers, TUSCRC.

95. Berger, *Captive Nation*; James B. Jacobs, "The Prisoners' Rights Movement and Its Impacts, 1960–1980," *Crime and Justice* 2 (1980): 429–70; Gottschalk, *Prison and the Gallows*, 195.
96. "CLU Challenges Commitments of 500 'Defective Delinquents,'" TUSCRC.
97. Gerchman v. Maroney, 355 F.2d 302 (1966), 302 3 Cir.
98. In re Gault, 387 U.S. 1 (1967), 87 S. Ct. 1428.
99. "CLU Challenges Commitments of 500 'Defective Delinquents," TUSCRC; also see the finding aid for Spencer Coxe Papers, TUSCRC.
100. Rouse v. Cameron, 373 F.2d 451 (D.C. Cir. 1966); Grob, *The Mad among Us*, 290–91.
101. Baxstrom v. Herold, 383 U.S. 107 (1966), 86 S. Ct. 760.
102. *Baxstrom*; Dixon v. Attorney General, 325 F. Supp. 966 (1971), U.S. Dist.; Thornberry and Jacoby, Criminally Insane, viii.
103. Thornberry and Jacoby, *Criminally Insane*, 3; Robert Bechtel, interview with the author, July 24, 2012.
104. Robert Bechtel interview.
105. Richard Bazelon, interview with the author, August 16, 2012.
106. *Dixon*.
107. Thornberry and Jacoby, *Criminally Insane*, 56–57.

108. Thornberry and Jacoby, 57–58.

109. Richard Bazelon interview; Dixon.

110. Douglas Baynton, "Disability and the Justification of Inequality," 33–57.

111. *Dixon*, 971.

112. *Dixon*, 972.

113. Raymond C. Brecht, "400 Transferred from State Hospital for the Criminally Insane," *PEB*, April 1, 1971; Thornberry and Jacoby, Criminally Insane, 112, 202–3.

114. Thornberry and Jacoby, *Criminally Insane*, 202–3, 211–12.

115. Donald Janson, "Mental Patients Freed by Ruling," *NYT*, July 11, 1971.

116. "Care and Court Decisions," *Philadelphia State Hospital Staff Bulletin* 4, no. 24, June 25, 1971, box 5, *Staff Bulletins*, Philadelphia State Hospital Collection, PSA; see also "1,800 Byberry Patients Told They Can Leave," *PEB*, July 3, 1971.

제4장

1. Acel Moore, interview with the author, August 9, 2012; interview notes in the author's possession. Moore and Rawls, *Farview Findings*.

2. Acel Moore, interview with the author; Moore and Rawls, *Farview Findings*.

3. Nelson, *Women of Color and the Reproductive Rights Movement*; Terry,

American Obsession; Hornblum, *Acres of Skin*; Reverby, *Examining Tuskegee.*

4. Berkowitz, *Something Happened*, 6.

5. Francis Allen first charted this shift in his book *The Decline of the Rehabilitative Ideal.* Numerous other scholars have also tracked this decline of the rehabilitative ideal, including Garland, *Culture of Control*, 27–63; Rothman, *Conscience and Convenience*, 27; Wacquant, *Punishing the Poor*, 145; and Julilly Kohler-Hausmann, "'The Attila the Hun Law': New York's Rockefeller Drug Laws and the Making of a Punitive State," *Journal of Social History* 44, no. 1 (2010): 71–95.

6. J. C. Bonovitz and E. B. Guy, "Impact of Restrictive Civil Commitment Procedures on a Prison Psychiatric Service," *American Journal of Psychiatry* 136, no. 8 (1979): 1045–48; G. E. Swank and D. Winer, "Occurrence of Psychiatric Disorder in a County Jail Population," *American Journal of Psychiatry* 133, no. 11 (1976): 1331–33; S. Stelovich, "From the Hospital to the Prison: A Step Forward in Deinstitutionalization?," *Hospital and Community Psychiatry* 30, no. 9 (1979): 618–20; G. E. Whitmer, "From Hospitals to Jails: The Fate of California's Deinstitutionalized Mentally Ill," *American Journal of Orthopsychiatry* 50, no. 1 (1980): 65–75.

7. 1970년대 초반 섹션 412와 424의 합헌 여부를 묻는 소규모 소송 2건이 제기됐고, 이는 정신건강 및 정신지체법을 더욱 약화시켰다.

8. Judi Chamberlin, "Rehabilitating Ourselves: The Psychiatric Survivor Movement," *International Journal of Mental Health* 24, no. 1 (1995): 39–41.

9. Staub, *Madness Is Civilization*, 111; Beard, "Consumer Movement," 302.

10. Beard, "Consumer Movement," 301–2; Chamberlin, "Rehabilitating Ourselves," 39–40.

11. Ennis and Friedman, *Legal Rights of the Mentally Handicapped.*

12. Frost and Bonnie, *Evolution of Mental Health Law*, 3–4; Burt, "Promises to Keep, Miles to Go," 14; Bloom and Asher, *Psychiatric Patient Rights*, 33, 38, 40, 75–79; Appelbaum, *Almost a Revolution*, 18–19; *Rouse v. Cameron; Wyatt v. Stickney* 325 F. Supp 781 (M.D. Ala. 1971); *Lessard v. Schmidt* 349 F. Supp. 1078 (E.D. Wis. 972).

13. Pennsylvania Department of Public Welfare, "Legal Issues in Mental Health Procedures," 1973, 1–2, 3–5, box 186, folder 89, Governor Milton J. Shapp Papers, PSA. Quotation on p. 2.

14. Pennsylvania Department of Public Welfare, 6. Quote from David L. Bazelon, "Foreword," *Santa Clara Lawyer* 13, no. 3 (1973): 367.

15. Pennsylvania Department of Public Welfare, "Legal Issues in Mental Health Procedures," 6.

16. Grob, *The Mad Among Us*, 281–82.

17. David Runkel, "GOP Calls Wohlgemuth 'Unqualified,'" *PEB*, September 26, 1973; Senate Committee on Public Health and Welfare, "Hearing on Senate Bill 1239," January 25, 1974, box 8, folder 10, Series on Special Assistant for Human Services, Governor Milton J. Shapp Papers, PSA.

18. Milton J. Shapp, speech, March 20, 1974, box 8, folder 10, Series on Special Assistant for Human Services, Governor Milton J. Shapp Papers,

PSA.

19. Pennsylvania Department of Public Welfare, "Legal Issues in Mental Health Procedures," 11.
20. Pennsylvania Department of Public Welfare, 12.
21. Pennsylvania Department of Public Welfare, 16.
22. Pennsylvania Department of Public Welfare, 13–15; quotation on 13. See also Steven B. Datlof, "The Law of Civil Commitment in Pennsylvania: Towards a Consistent Interpretation of the Mental Health Procedures Act," *Duquesne Law Review* 38, no. 1 (Fall 1999): 3.
23. Pennsylvania Department of Public Welfare, 7.
24. 연구자들은 백인 숫자가 1963년 81.7%에서 1978년 68.3%로 감소했다는 사실을 발견했다. Henry J. Steadman, John Monahan, Barbara Duffee, "The Impact of State Mental Hospital Deinstitutionalization on United States Prison Populations, 1968–1978," *Journal of Criminal Law and Criminology* 75 (Summer 1984): 479, 484–85.
25. U.S. Census Bureau, *1960 Census: Population, Subject Reports, Inmates of Institutions,"* tables 5, 34, A-2; U.S. Census Bureau, *1980 Census of Population*, tables 4 and 33.
26. Bernard E. Harcourt, "Reducing Mass Incarceration: Lessons from the De-institutionalization of Mental Hospitals in the 1960s," John M. Olin Law and Economics Working Paper no. 542, 2d series (January 2011): 85–86.
27. Marc Schogol, "'Byberry People': A City Dilemma," *PEB*, June 21, 1974.

28. Appelbaum, Almost a Revolution, 28, 49-50

29. Quoted in J.C. Bonovitz and E.B. Guy, "Impact of Restrictive Civil Commitment Procedures on a Prison Psychiatric Service," *American Journal of Psychiatry* 136, no.8(1979): 1045

30. Bonovitz and Guy, 1045-48(quotation on 1047)

31. Bonovitz and Guy, 1047-48

32. Bonovitz and Guy, 1048

33. Metzl, *Protest Psychosis*, 95-111

34. Marc Abramsonm, "The criminalization of Mentally Disordered Behavior," *Journal of Hospital and Community Psychiatry* 23, no.4(1972): 101-5; Torrey, *Out of the Shadows*, 46

35. Abramson, "Criminalization of Mentally Disordered Behavior," 101-5

36. Swank and Winer, "Occurence of Psychiatric Disorder in a County Jail Population," 1332

37. Swank and Winer, 1332

38. Torrey, *Nowhere to Go*, 18

39. Leibacker et al. *Urbam Battleground*.

40. 예외적으로, 2년 미만 형을 선고 받았거나 종신형을 선고 받은 사람은 최소 형기가 그대로 유지됐다.

41. 펜실베이니아 주 하원 입법 저널, 1970년 9월 14일 자 284쪽. "Good Time Bill", *Pittsburgh Press*, 1970년 10월 11일 자.

42. 펜실베이니아 주 하원 입법 저널, 284쪽.

43. Arthur T. Presse, "Memorandum to K. Leroy Irvis on the Proposed Good

Time Legislation," June 24, 1970; Prasse, "Report of Investigation of the State Correctional Institution at Pittsburgh," September 9, 1970; Paul J. Gernert, "Letter to K. Leroy Irvis," July 16, 1970, all in box 9, folder on Good Time Legislation, Department of Justice, Attorney General Papers, Record Group 15, series 2, 1967-1971, PSA.

44. "Rights of Prisoners Villanova Forum Topic," *PEB*, March 11, 1971.

45. Commitment to Improve the Administration of Justice Monthly Report." December 22, 1970, Prisoners' Right Council Collection, box1, folder 4, TUSCRC; "Rights of Prisoners Villanova Forum Topic," *PEB*, March 11, 1971.

46. Victor E. Taylor, "Letters to Philip Savage," November 11, 1971, box 18, folder 27, Prisoner's Right Council Papers, TUSCRC.

47. Victor E. Taylor, "Letters to Spencer Coxe," November 9, 1971, box 17, folder 5, Prisoner's Right Council Papers, TUSCRC.

48. health and welfare Council, Inc. Corrections Group, "Sub-committee Reactions and Recommendations on H.B. 680. and H.B. 681," December 6, 1971, box 18, folder 16, Prisoner's Right Council Papers, TUSCRC.

49. Spencer Coxe. "Letters to Robert Fiebach, Esq," Prisoner's Right Council Papers, TUSCRC. 이 법안에 대한 ACLU의 반대는 ACLU 펜실베이니아 지부, "ACLU Minutes of Police Practices and Criminal Justice Committee," November 30, 1971, box 17, folder 6, Prisoner's Right Council Papers 참조.

50. ACLU 펜실베이니아 지부, "ACLU Minutes."

51. Alan J. Davis, "Statement in Opposition to House Bill No.680," 1971, box 1, folder 34, Prisoner's Right Council Papers, TUSCRC.

52. Davis, "Statement in opposition." Quotation on 6 and 7.

53. Pensylvania Prison Society, "Board of Directors Minutes," December 9, 1971, box 19, folder 13, Prisoner's Right Council Papers, TUSCRC.

54. 1970년 어비스는 굿 타임 법안을 처음 제안했다. The general Assembly of pensylvania, "House Bill No.2570, Session of 1970," box 9, foder on Good Time Legislation, Department of Justice, Attorney general Papers, Record Group 15, series 2, 1967-1971, PSA.

55. Gottschalk, *Prison and the Gallows*, 181: H. Thompson, "Blinded by a 'Barbaric' South," 88-90; Thompson, *Blood in the Water*, 550-115, 178-92.

56. Gottschalk, *Prison and the Gallows*, 181; H. Thompson, "Blinded by a 'Barbaric' South," 88-90;Foundation for Change, *Minorities and the News Media*, September 1972, box 4, folder 1, Justine Rector Papers, The Historical Society of Pennsylva-nia; Thompson, *Blood in the Water*, 92-203.

57. "Judge Frank J. Lynch, 64, of the Delaware County Court," PI, January 25, 1987; *Pennsylvania House of Representatives Legislative Journal*, October 6, 1971.

58. *Pennsylvania House of Representatives Legislative Journal*, October 6, 1971.

59. Ralph Cipriano, "Harry R. J. Comer, 78, Legislator for 21 Years," *PI*, March 17, 1990.

60. Cipriano, "Harry R. J. Comer."

61. *Pennsylvania House of Representatives Legislative Journal*, October 6, 1971, 1509.

62. Muhammad, *Condemnation of Blackness*, 1-4.

63. H. Thompson, *Blood in the Water*.

64. Pennsylvania Legislative Black Caucus, *Black Legislators in Pennsylvania's History (1911–1993)*, 1993, box 4, folder 3, Justine Rector Papers, The Historical Society of Pennsylvania; "Solon Seeks Mayor's Seat in Philadelphia," Jet, February 25, 1971; quotation from *Pennsylvania House of Representatives Legislative Journal*, October 6, 1971.

65. *Pennsylvania House of Representatives Legislative Journal*, October 6, 1971.

66. K. Leroy Irvis, "On Prison Reform," *New Pittsburgh Courier*, October 30, 1971. The Courier, a black Pittsburgh newspaper, reprinted a long excerpt of the speech in this article.

67. Irvis, "On Prison Reform"; "Irvis Seeks Reform of Prison System in Penna.," *PEB*, April 1, 1971.

68. Ralph D. Tive, "Memo to all Legislative Liaison Officers," October 19, 1972, and J. Shane Creamer, "Memo re. Legislation Requested to Be Passed during Post Election Session," November 13, 1972, box 4, folder on Good Time Legislation, Department of Justice, Attorney General Papers, Record Group 15, series 2, 1972, PSA; "New Legislation Deserving Your Attention," *Evening Herald*, December 16, 1972, 16.

69. *Pennsylvania House of Representatives Legislative Journal*, March 31, 1971,

382–83.

70. A. A. Stone, "Recent Mental Health Litigation: A Critical Perspective," *American Journal of Psychiatry* 134 (1977): 273–78.

71. "Summary of Data on Planning New Correctional Institution and Modification of Existing Institutions," 1970s, box 7, folder 13, NOW Philadelphia Chapter Papers, The Historical Society of Pennsylvania

72. Robert E. Taylor, "House Report Criticizes Prisons," *PEB*, June 2, 1973.

73. "Furlough Plan 'Absurd,' Sprague Tells Parley," *PEB*, January 14, 1973.

74. Quotation in John Crouse, "Most State Judges Oppose Prisoner Release Plan," *Allentown* (Pa.) *Morning Call*, January 20, 1972, 68; Marilyn Schaefer, "Judge Assails Prison Aides for Cutting Minimum Terms," *PEB*, October 16, 1975.

75. For example, see Spencer Coxe, "Letter to James Robinson, Sr.," May 9, 1974, box 17, folder 5, Prisoners' Rights Council Collection, TUSCRC.

76. Prisoners' Rights Council, "Prisoners' Rights Council Executive Committee Meeting Minutes," April 11, 1972, box 1, folder 4, Prisoners' Rights Council Collection, TUSCRC.

77. Robert W. Kotzbauer, "Prisons Favor Furlough," *PEB*, February 5, 1978.

78. Kotzbauer, "Prisons Favor Furlough."

79. Robert W. Kotzbauer, "Building of New Prisons Is Resisted," *PEB*, June 10, 1974.

80. Kotzbauer, "Prisons Favor Furlough."

81. Thornburgh, *Where the Evidence Leads*, 62-64, 67.

82. Gottschalk, *Prison and the Gallows*, 267n24.

83. Robert W. Kotzbauer, "Prison Reform Stalled after Decade of Change," *PEB*, March 11, 1974.

84. U.S. Census Bureau, 1940 *Census of Population*, tables 4 and 12; U.S. Census Bureau, *1980 Cen-sus of Population*, tables 14 and 23.

85. In 1973, the Arc changed its name from the Association for Retarded Children to the Association for Retarded Citizens.

86. Hornblum, *Acres of Skin*.

87. Leodus Jones, interview with the author, August 8, 2012, and March 6, 2013.

88. Prisoners Defence [*sic*] Coalition, "Appeal to the Black Masses: Stop Behavior Modification," box 11, folder 3, Prisoners' Rights Council Papers, TUSCRC.

89. Prisoners Defence [*sic*] Coalition, "Appeal to the Black Masses."

90. "Program Proposal for State Correctional Facility Waymart for Department of Justice," box 11, folder 7, Prisoners' Rights Council Papers, TUSCRC.

91. "Meeting of Coalition-9 September 1974," box 11, folder 7, Prisoners' Rights Council Papers, TUUA; Spencer Coxe, "Letter to the Editor, PI," May 2, 1974, box 11, folder 5, Prisoners' Rights Council Papers, TUSCRC.

92. Alliance for the Liberation of Mental Patients, "Letter Dated October 25, 1977," box 17, folder 2, Prisoners' Rights Council Papers, TUSCRC.

93. Alliance for the Liberation of Mental Patients, "Letter Dated October 25,

1977."

94. Alliance for the Liberation of Mental Patients, "Letter Dated October 25, 1977."

95. Alliance for the Liberation of Mental Patients, "Letter Dated October 25, 1977." This collaboration was demonstrated in the newsletters and materials about Farview in the collection of the Prisoners' Rights Council at Temple University's Urban Archives.

제5장

1. "Emptying the Madhouse," *Life*, May 1981, 60–61, quotation on 60.
2. "Emptying the Madhouse"; quotation in David M. Friend and Calvin Fentress, "Good Intentions, Tragic Results: What Went Wrong?," *Life*, May 1981,68.
3. Scull, *Decarceration*, 174.
4. 1970년대 탈수용화 연구와 관련해, 교도소 시스템의 성장이 1980년대 정신병원 폐쇄에 어떻게 영향을 미쳤는지 연구한 학자는 거의 없다. See Torrey, *Out of the Shadows*; Rothman, *Willowbrook Wars*; Grob and Goldman, *Dilemma of Federal Mental Health Policy*; and Randall G. Krieg, "An Interdisciplinary Look at the Deinstitutionalization of the Mentally Ill," *Social Science Journal* 38, no. 3 (2001): 367–80. 예외 중 하나는 앤드류 스컬의 《탈감금화Decarceration》 제2판이다. 이 책 후기에서 저자는

교도소가 건설되고 있는 동안 정신병원의 탈수용화가 어떻게 계속됐는지 다뤘다. 스컬은 이 두 현상이 서로 어떻게 영향을 미쳤는지보다는 이 두 현상을 독립적인 현상으로 보았다.

5. Lisa Sonneborn, oral history of Ginny Thornburgh, November 16, 2011, Institute on Disabilities, Temple University, accessed online January 5, 2016, http://www.temple.edu/instituteondisabilities/voices/detailVideo.asp?mediaCode=014-01.
6. Sharon Sexton, "Mrs. Thornburgh Goes to Harrisburg," *PI Magazine*, February 18, 1979; quotation from Sonneborn, oral history with Ginny Thornburgh; The Children's Institute, "Our Story,"accessed September 15, 2015, http://www.amazingkids.org/About/our-story; Thornburgh, *Where the Evidence Leads*, 16.
7. Thornburgh, *Where the Evidence Leads*, 34; Jean Callahan, "More Than Three Years Since the Court Order Special Education in the District Is Still a Question Mark," *Washington Newsworks*, May 27-June 2, 1976.
8. Kathleen W. Jones, "Education for Children with Mental Retardation: Parent Activism, Public Policy, and Family Ideology in the 1950s," in *Mental Retardation in America*: A Historical Reader, ed. Steven Noll and James W. Trent Jr. (New York: New York University Press, 2004), 325-26; Katherine Castles, "Nice, Average Americans: Postwar Parents' Groups and the Defense of the Normal Family," in *Mental Retardation in America*, 351-70.
9. James W. Trent, *Inventing the Feeble Mind: A History of Mental Retardation*

in the United States (Berkeley: University of California Press, 1994), 227-55.

10. Thornburgh, *Where the Evidence Leads*, 34; Sally Kalson, "The Evolution of a Public Man," *Pittsburgh Post-Gazette*, July 4, 1989, 16; quotation from Sonneborn, oral history of Ginny Thornburgh.
11. Thornburgh, *Where the Evidence Leads*, 34.
12. Castles, "Nice, Average Americans," 351, 355-56.
13. Sexton, "Mrs. Thornburgh Goes to Harrisburg," 19; Thornburgh, *Where the Evidence Leads*, 60; quotation from Sonneborn, oral history with Ginny Thornburgh.
14. Sexton, "Mrs. Thornburgh Goes to Harrisburg," 29.
15. Sexton, "Mrs. Thornburgh Goes to Harrisburg," 29.
16. Thornburgh, *Where the Evidence Leads*, 17-18, 20.
17. Thornburgh, 17-18, 20.
18. Lamis, *Realignment of Pennsylvania Politics*, 110.
19. Thomas Ferrick Jr., "Life after 'Thornfare' Is Found Grim," PI, November 11, 1988; Quotation in Thornburgh, *Where the Evidence Leads*, 20–21.
20. Katz, *Price of Citizenship*, 86; "Accomplishments of Dick Thornburgh," May 5, 1982, folder 14, box 151, Dick Thornburgh Papers, UPASC.
21. Quotation in Ferrick Jr., "Life after 'Thornfare' Is Found Grim"; Katz, *Price of Citizenship*, 86.
22. Katz, *In the Shadow of the Poorhouse*, 292–93.
23. Pennsylvania Department of Public Welfare, *Annual Report, 1985-1986*, 1.

24. Annette A. Antoun, "Amid Welfare Controversy Gov. Thornburgh Has His Own Son on Welfare!," box 338, folder 9, Dick Thornburgh Papers, UPASC.

25. Pennsylvania Department of Public Welfare, *Annual Report, 1985-1986*, 36.

26. Dick Thornburgh, "Governor Dick Thornburgh's Remarks, Pennsylvania Association for Retarded Citizens Annual Governmental Affairs Conference," May 10, 1985, box 161, folder 7, Dick Thornburgh Papers, UPASC, 1.

27. Thornburgh, 1.

28. Thornburgh, 1.

29. Carey and Gu, "Walking the Line between the Past and the Future," 112; Thornburgh, *Where the Evidence Leads*, 151.

30. Dick Thornburgh, "Growth, Opportunity, and Security: Commitment to Pennsylvania Human Services—a Statement by Richard L. Thornburgh," May 15, 1978, box 544, folder 19, Dick Thornburgh Papers, UPASC.

31. Thornburgh, 6.

32. Thornburgh, quotations on 7 and 10.

33. Thornburgh.

34. Richard G. Lonsdorf, "Letter to Governor Thornburgh," March 11, 1979, folder 19, box 544, Dick Thornburgh Papers, UPASC.

35. Lonsdorf, "Letter to Governor Thornburgh."

36. Charles D. Thomas, "Letter to Governor Thornburgh," April 6, 1979,

folder 19, box 544, Dick Thornburgh Papers, UPASC.

37. Charles Krauthammer, "The Myth of Thomas Szasz," *New Republic*, December 22, 1979, 13.

38. Krauthammer, 16.

39. Charles Krauthammer, "For the Homeless: Asylum," *Washington Post*, January 4, 1985.

40. Gerald Weissman, "Foucault and the Bag Lady," *Hospital Practice* 17, no. 8 (1982): 28–39; quotation on 33.

41. Pennsylvania Department of Public Welfare, *Annual Report*, 1985-1986, 37.

42. "Retreat State Hospital Consultation Visit," January 23-24, 1979, box 2, folder 25, American Federation of State and County Municipal Employees Papers, Walter P. Reuther Library, Wayne State University.

43. Richard G. Frank and W. P. Welch, "Contracting State Mental Hospital Systems," *Journal of Health Politics, Policy and Law* 6, no. 4 (1982): 679; "O'Connell's Effort to Save Retreat State Hospital Not Forgotten," Wilkes-Barre Times Leader, February 19, 2004.

44. "Sides Forming in State Health Fight," *Beaver County (Pa.) Times*, April 7, 1980, B-12.

45. Frank and Welch, "Contracting State Mental Hospital Systems," 680; Commonwealth of Pennsylvania, Cost Reduction 2,16,30;"Sides Forming in State Health Fight"; Philip Lentz, "Pa. Layoff Is Blocked by Judge," *PEB*, November 13, 1981.

46. Carey, *On the Margins of Citizenship*, 138; Carey and Gu,"Walking the

Line between Past and Future," 109-11; Kalson, "Evolution of a Public Man," 16.

47. Thaw and Cuvo, *Developing Responsive Human Services*, 198–99.

48. "State Hospital Closing Opposed," *Reading Eagle*, September 10, 1980, 44.

49. Thaw and Cuvo, *Developing Responsive Human Services*, 198.

50. Lonsdorf, "Letter to Governor Thornburgh."

51.Mental Health Association of Southeastern Pennsylvania, *Impact 1982: Annual Report.*

52. Mauer and the Sentencing Project, *Race to Incarcerate*, 55-57.

53 "Keeping the Maniacs off the Streets," *PEB*, December 5, 1980.

54. McWilliams, *Two Centuries of Corrections in Pennsylvania*, 44–45.

55. Janet Novack, "Pa. 'War on Crime' Greeted by Some with Skepticism,'" *PEB*, September 17, 1981; quotation from Stephan Salisbury, "Governor's Prison Budget Draws Praise and Criticism," *PI*, February 5, 1981, 6-B.

56. Wendell Rawls Jr., "Pennsylvania Shapes Prison Law to Cut Crime, *NYT*, July 8, 1982.

57. Dick Thornburgh, "Introduces Comprehensive Sentencing and Prison Legislation," September 16, 1981, folder 3, box 164, Dick Thornburgh Papers, UPASC.

58. Press conference re anti-crime legislation, September 16, 1981, box 264, folder 40, Dick Thornburgh Papers, UPASC.

59. "Jails Are for Punishment," *PEB*, September 21, 1981.

60. "Pennsylvania Legislature Acts on Criminal Justice Legislation,"

Pennsylvania Prison Society Correctional Forum, October 1982, box 19, folder 12, Prisoners' Rights Council Collection, TUSCRC.

61. Alfred Blumstein, "Seeking Responsible Sentencing Policy," box 264, folder 20, Dick Thornburgh Papers, UPASC.

62. Frederick Cusick, "In Vote for Mandatory Sentencing, Pa. House Shoots Down the Liberals," *PI*, November 29, 1981; Russell E. Eshleman Jr. and Dianna Marder, "State Rep. David P. Richardson Jr., 1948–1995, an Activist and a Gentleman," *PI*, August 19, 1995.

63. Janet Novack, "Thornburgh Calls for New Stiff Approach," PEB, September 16, 1981; McWilliams, *Two Centuries of Corrections in Pennsylvania*, 47.

64. Jonathan Simon, "Rise of the Carceral State," *Social Research* 74 (Summer 2002): 476,494.

65. Lawrence and Travis, *New Landscape of Imprisonment*, 2.

66. Lawrence and Travis, 10.

67. Clarke, *On Being Mad or Merely Angry*, 3-12.

68. Clarke, 48–53, 126; Dershowitz, *America on Trial*, 461; Reid Kanaley, "Guilty but Mentally Ill Often Puts Help Out of Reach," *PI*, March 31, 1991.

69. "Governor Announces $4.25 Mill. Farview Renovation Plan," *Scranton Times*, December 16, 1980.

70. "Quick Comments on Disposition of Farview Mental Hospital," folder 30, box 525, Dick Thornburgh Papers, UPSCA.

71. Walt Plosila, "Memo on Feasibility of a Regional Correctional Institute at Farview," March 4, 1980, folder 30, box 525, Dick Thornburgh Papers, UPSCA.

72. Plosila memo; "State Will Invest in Renovations at Fairview State Hospital for Mentally Ill Criminal Offenders," December 16, 1980, folder 4, box 163, Dick Thornburgh Papers, UPASC.

73. "State Will Invest in Renovations."

74. Salisbury, "Governor's Prison Budget Draws Praise and Criticism."

75. Novack, "Thornburgh Calls for New Stiff Approach."

76. A. W. Geiselman Jr., "Circuit Court Hears Appeal on Pennhurst," *PEB*, November 24, 1981; Salisbury, "Governor's Prison Budget Draws Praise and Criticism."

77. Huling, "Building a Prison Economy in Rural America," 198–99, 208; Anne E. Parsons, "From Asylum to Prison: The Story of the Lincoln State School," *Journal of Illinois History* 15 (Winter 2011): 242-60; Alex Lichtenstein, "Flocatex and the Fiscal Limits of Mass Incarceration: Toward a New Political Economy of the Postwar Carceral State," *Journal of American History* 102, no. 1 (June 2015): 119.

78. 루스 윌슨 길모어Ruth Wilson Gilmore는 이런 농촌 지역의 사회적 탈투자화를 많은 수용자가 온 도시 지역사회에 비유했다. Gilmore, *Golden Gulag*, 247; Huling, "Building a Prison Economy in Rural America," 201.

79. "Retreat Demolition to Begin; Prison Study Continues," *Suburban News*,

January 28, 1981.

80. Henningson, Durham, and Richardson, "Pennsylvania Bureau of Correction Retreat State Hospital Feasibility Study," February 26, 1981, box 44, folder 1, Subject Files of Robert C. Wilburn, PSA.

81. "Retreat Demolition to Begin."

82. Ciesla and the Nanticoke Historical Society, *History of Nanticoke City and Newport Township*, 191.

83. "Facility for Northeastern Pennsylvania," n.d., box 108, folder 37, Subject Files of Irene P. Burns, Dick Thornburgh Papers, PSA.

84. Governor's Press Office, press release, September 17, 1981, box 610, folder 13, Correspondence and Subject Files of the Governor, Dick Thornburgh Papers, PSA.

85. Governor's Press Office, press release.

86. Governor's Press Office, press release.

87. "Fact Sheet Retreat State Hospital," box 610, folder 13, Correspondence and Subject Files of the Governor, Dick Thornburgh Papers, PSA.

88. Governor's Press Office, press release, September 17, 1981.

89. Pennsylvania Department of Corrections, "State Prisons."

90. 다음의 숫자는 부록에 있는 정신 요양소-교도소 전환 시설 리스트에 기초한 것이다. 북동부: 메인 주 1곳, 매사추세츠 주 2곳, 뉴햄프셔 주 2곳, 펜실베이니아 주 4곳, 뉴욕 주 5곳. 중서부: 일리노이 주 4곳, 인디애나 주 2곳, 아이오와 주 2곳, 미시건 주 3곳, 미네소타 주 4곳, 미주리 주 2곳, 오하이오 주 5곳, 위스콘신 주 3곳. 대평원 지역: 캔자스

주 6곳, 네브래스카 주 1곳, 노스다코타 주 1곳, 오클라호마 주 4곳, 와이오밍 주 1곳. 남동부: 플로리다 주 1곳, 켄터키 주 1곳, 메릴랜드 주 1곳, 노스캐롤라이나 주 3곳, 버지니아 주 1곳, 웨스트버지니아 주 3곳, 조지아 주 1곳. 서부: 아이다호 주 1곳, 오리건 주 2곳, 워싱턴 주 1곳, 캘리포니아 주 2곳. 알래스카 주에도 1곳이 있다. 주목할 만한 사실은 남서부와 서부에서는 최소 27개 교도소가 제2차 세계대전과 냉전 기간 동안 문을 연 군사시설로부터 전환됐다는 것이다. 북동부에서는 별로 일어나지 않은 현상이다.

91. "Tough Anti-crime Policy Requires More Tax Money," *PI*, August 16, 1982.

92. American Correctional Association, "Mentally Ill/Retarded Jail Inmates," n.d., box 268, folder 12, Dick Thornburgh Papers, UPASC.

93. Bob Bittenbender, "Memorandum on Report of the Correction/Mental Health Task Force," March 18, 1982, box 268, folder 10, Dick Thornburgh Papers, UPASC.

94. Joseph Rogers, interview with author, July 28, 2011; Susan Rogers, interview with author, August 4, 2011.

95. Interview with Joseph Rogers.

96. Public Policy Office of the Mental Health Association of Southeastern Pennsylvania, *Byberry Miracle*.

97. Nancy Bateman, "Group Battles Discrimination, Hate It Says Former Mental Patients Face," *Huntington (W.Va.) Herald-Dispatch*, August 8, 1987.

98. Public Policy Office of the Mental Health Association of Southeastern Pennsylvania, *Byberry Miracle*.
99. Public Policy Office of the Mental Health Association of Southeastern Pennsylvania, *Byberry Miracle*.

맺는 말

1. Anne Parsons, tour SCI Retreat, January 26, 2016; notes in author's possession.
2. Karen Langley and Adam Smeltz, "Officials Envision New Life for Riverfront Site of SCI Pittsburgh," *Pittsburgh Post-Gazette*, January 26, 2017.
3. National Public Radio, "Pennsylvania Corrections Officials Explore Reducing Incarceration Rates"; ACLU of Pennsylvania, *Pennsylvania*, 3.
4. C. Thompson, "Group Recommends Ways to Reduce Pennsylvania's Prison Population."
5. ACLU of Pennsylvania, *Pennsylvania*, 3-6.
6. ACLU of Pennsylvania, *Pennsylvania*; National Public Radio, "Pennsylvania Corrections Officials Explore Reducing Incarceration Rates."
7. Petrillo, "State Lawmakers Tour SCI-Retreat"; Lepard, "Wayne County Residents concerned."
8. "Petrillo, "State Lawmakers Tour SCI-Retreat"; Lepard, "Wayne County

Residents Concerned."

9. World Health Organization, "Information Sheet: Mental Health and Prisons," http://www.who.int/mental health/policy/mh_in_prison.pdf, accessed February 5, 2018.

10. George Zornick, "Rick Perry at CPAC Panel on Criminal Justice: 'Shut the Prisons Down. Save That Money,'" *The Nation*, March 7, 2014.

참고문헌

Archival Collections

Detroit, Mich.

Wayne State University, Walter P. Reuther Library, Archives of Labor and Urban Affairs

American Federation of State and County Municipal Employees Papers

Harrisburg, Pa.

Pennsylvania State Archives

Record of the Department of Justice, Attorney General Papers Records of the Department of Justice, Bureau of Correction

Records of the Department of Human Services, Philadelphia State Hospital Records

Governor David L. Lawrence Papers

Governor James H. Duff Papers

Governor Edward Martin Papers

Governor George M. Leader Papers

Governor Milton J. Shapp Papers

Governor Raymond P. Shafer Papers

Governor Richard Thornburgh Papers

Harry Shapiro Collection

Joseph Rhodes Jr. Papers

Philadelphia, Pa.

The Historical Society of Pennsylvania

Justine Rector Papers, Coll. 3088

National Organization for Women Philadelphia Chapter Records, Coll. 2054

Temple University Libraries, Special Collections Research Center Charles Frazier Papers, Acc. 273

Prisoners' Rights Council Records, Acc. 570

Spencer Coxe Papers, Acc. 908

Pittsburgh, Pa.

University of Pittsburgh Library System Archives and Special Collections

Dick Thornburgh Papers, 1932-, AIS.1998.30

Swarthmore, Pa.

Swarthmore College Peace Collection

Harold Barton Papers

Washington, D.C.

American Psychiatric Association Archives, American Psychiatric Association

Daniel Blain Papers

Newspapers

Allentown (Pa.) Morning Call

Altoona (Pa.) Tribune

Beaver County (Pa.) Times

Chicago Daily Tribune

Chicago Herald-Dispatch

Clearfield (Pa.) Progress

Cumberland (Pa.) Evening Times

Evening Herald of Shenandoah (Pa.)

Greenville (Pa.) Record-Argus

Hagerstown (Md.) Morning Herald

Huntingdon and Mount Union (Pa.) Daily News

Lock Haven (Pa.) Express

Long Beach Press Telegram

Monessen (Pa.) Daily Independent

New Pittsburgh Courier

New York Times Philadelphia Bulletin

Philadelphia Evening Bulletin

Philadelphia Inquirer

Pittsburgh Post-Gazette

Reading Eagle

Scranton Times

Sweet Valley (Pa.) Suburban News

Washington Newsworks

Washington Post Wilkes-Barre Times Leader

Periodicals

American Imago

American Journal of Orthopsychiatry

American Journal of Psychiatry

American Prospect

Atlantic

Bulletin of the History of Medicine California Medicine

ColorLines

Community Mental Health Journal

Crime and Justice

Criminology and Public Policy

Currents in Pennsylvania's Health and Welfare

Duquesne Law Review

Ebony

Editorial Research Reports

Hospital and Community Psychiatry

Hospital Practice

International Journal of Mental Health

International Journal of Offender Therapy and Comparative Criminology Jet

John M. Olin Law and Economics Working Papers

Journal of American History

Journal of Criminal Law and Criminology

Journal of Health Politics, Policy and Law

Journal of Hospital and Community Psychiatry

Journal of Illinois History

Journal of Mind and Behaviour

Journal of Policy History

Journal of Social History

Journal of Social Issues

Journal of the American Academy of Psychiatry and the Law

Journal of the American Medical Association

Journal of the History of Behavioral Sciences

Life

The Nation

New Republic

Pennsylvania Citizens Association Currents

Pennsylvania Psychiatric Quarterly

PM

Psychiatric Services

Public Interest

Radical History Review

Santa Clara Lawyer

Social Research

Social Science Journal

Studies in American Political Development

Texas Law Review

Villanova Law Review

Interviews

All interviews were conducted by the author and are held at the Special Collections Research Center, Temple University Libraries.

Bazelon, Richard. August 16, 2012.

Bechtel, Robert. July 24, 2012.

Ferleger, David. August 3, 2011.

Jones, Leodus. August 8, 2012, and March 6, 2013.

Nicholson, Sam. August 2, 2011.

Rogers, Joseph. July 28, 2011.

Rogers, Susan. August 4, 2011.

Secondary Works

ACLU of Pennsylvania. *Pennsylvania: Getting Smart on Incarceration Policy*. Accessed February 16, 2017. https://www.aclupa.org/

files/8114/1289/0391/Pennsylvania_Getting_Smart_v12_Complete.pdf.

Adams, Michael C. C. *The Best War Ever: America and World War II*. Baltimore: Johns Hopkins University Press, 1994.

Ahrenfeldt, Robert H., and Kenneth Soddy. *Mental Health in a Changing World*. New York: Routledge, 2001.

Alexander, Michelle. The New Jim Crow: *Mass Incarceration in the Age of Colorblindness*. New York: New Press, 2010.

Allen, Francis A. *The Decline of the Rehabilitative Ideal: Penal Policy and Social Purpose*. New Haven, Conn.: Yale University Press, 1981. American Psychiatric Association and the Pennsylvania Mental Health Survey Committee. *A Mental Health Program for Pennsylvania*. Washington, D.C.: APA, 1956.

Appelbaum, Paul S. *Almost a Revolution: Mental Health Law and the Limits of Change*. New York: Oxford University Press, 1994.

The Arc. "What Is People First Language?" The Arc Media Center, accessed September 29, 2017, https://www.thearc.org/who-we-are/media-center/people-first-language.

Bailey, Beth L. *Sex in the Heartland*. Cambridge, Mass.: Harvard University Press, 1999.

Baynton, Douglas. "Disability and the Justification of Inequality in American History." In *The New Disability History: American Perspectives*, edited by Paul K. Longmore and Lauri Umansky, 33–57. New York: New York University Press, 2001.

Beard, Phillip R. "The Consumer Movement." In *American Psychiatry after World War II* (1944–1994), edited by Roy W. Menninger and John C. Nemiah, 299–320. Washington, D.C.: American Psychiatric Press, 2000.

Beers, Paul B. *Pennsylvania Politics Today and Yesterday: The Tolerable Accommodation*. University Park: Pennsylvania State University Press, 1980.

Ben-Moshe, Liat. "The Institution Yet to Come: Analyzing Incarceration through a Disability Lens." In Disability Studies Reader, edited by Lennard Davis, 4th ed., 132–43. New York: Routledge, 2013.

———. "The Tension between Abolition and Reform." *In The End of Prisons: Reflections from the Decarceration Movement*, edited by Mechthild E. Nagel and Anthony J. Nocella II, 83–92. New York: Rodopi, 2013.

Berger, Dan. *Captive Nation: Black Prison Organizing in the Civil Rights Era*. Chapel Hill: University of North Carolina Press, 2014.

Berkowitz, Edward D. *Something Happened: A Political and Cultural Overview of the Seventies*. New York: Columbia University Press, 2006.

Bloom, Bernard L., and Shirley J. Asher. *Psychiatric Patient Rights and Patient Advocacy: Issues and Evidence*. New York: Human Sciences Press, 1982.

Bowman, Paul Hoover. *Mobilizing Community Resources for Youth: Identification and Treatment of Maladjusted, Delinquent, and Gifted Children*. Chicago: University of Chicago Press, 1956.

Brattain, Michelle. "Walter Philip Reuther." In *American National Biography: Volume 18*, edited by John A. Garraty and Mark C. Carnes, 358–61. New York: Oxford University Press, 1999.

Burch, Susan, and Hannah Joyner. *Unspeakable: The Story of Junius Wilson.* Chapel Hill: University of North Carolina Press, 2007.

Burt, Robert A. "Promises to Keep, Miles to Go: Mental Health Law since 1972." In *The Evolution of Mental Health Law*, edited by Lynda E. Frost and Richard J. Bonnie, 11–30. Washington, D.C.: American Psychological Association, 2001.

Capua, Michelangelo. *Anatole Litvak: The Life and Films.* Jefferson, N.C.: McFarland, 2015.

Carey, Allison C. *On the Margins of Citizenship: Intellectual Disability and Civil Rights in Twentieth-Century America*. Philadelphia: Temple University Press, 2009.

Carey, Allison C., Liat Ben-Moshe, and Chris Chapman, eds. *Disability Incarcerated: Imprisonment and Disability in the United States and Canada.* New York: Palgrave Macmillan, 2014.

Carey, Allison C., and Lucy Gu, "Walking the Line between Past and Future: Parents' Resistance and Commitment to Institutionalization." In *Disability Incarcerated: Imprisonment and Disability in the United States and Canada*, edited by Allison C. Carey, Liat Ben-Moshe, and Chris Chapman, 101–19. New York: Palgrave Macmillan, 2014.

Carlisle, Linda V. *Elizabeth Packard: A Noble Fight*. Urbana: University of Illinois Press, 2010.

Castles, Katherine. "'Nice, Average Americans': Postwar Parents' Groups and the Defense of the Normal Family." In *Mental Retardation in America*, edited by Steven Noll and James W. Trent Jr., 351–70. New York: New York University Press, 2004.

Chamberlin, Judi. *On Our Own: Patient-Controlled Alternatives to the Mental Health System*. New York: McGraw-Hill, 1979.

Chase, Robert T. "'Slaves of the State' Revolt: Southern Prison Labor and a Prison-Made Civil Rights Movement." In *Life and Labor in the New South*, edited by Robert Zeiger, 177–213. Gainesville: University Press of Florida, 2012.

Ciesla, C. Charles, and the Nanticoke Historical Society. *History of Nanticoke City and Newport Township, 1703–2003*. Nanticoke, Pa.: The Nanticoke Historical Society, 2003.

Clarke, James W. *On Being Mad or Merely Angry: John W. Hinckley Jr. and Other Dangerous People*. Princeton, N.J.: Princeton University Press, 1990.

Cloward, Richard. *Delinquency and Opportunity: A Theory of Delinquent Gangs*. New York: Free Press, 1960.

Cohen, Albert K. *Delinquent Boys: The Culture of the Gang*. New York: Free Press, 1955.

Commonwealth of Pennsylvania. *Cost Reduction 2: Accomplishments and Actions*. Harrisburg: Commonwealth of Pennsylvania, 1981.

Cortner, Richard C. "Owen Josephus Roberts." In *American National Biography: Volume 18*, edited by John A. Garraty and Mark C. Carnes, 612–14. New York: Oxford University Press, 1999.

Crenshaw, Kimberlé, and Andrea Ritchie. *Say Her Name: Resisting Police*

Brutality against Black Women. New York: African American Policy Forum, 2015.

Cummins, Eric. *The Rise and Fall of California's Radical Prison Movement*. Stanford, Calif.: Stanford University Press, 1994.

Cummins, Ian. *Mental Health and the Criminal Justice System*: A Social Work Perspective. Northwich, UK: Critical Publishing, 2016.

D'Antonio, Michael. *The State Boys Rebellion*. New York: Simon and Schuster, 2005.

Davis, Angela Y. *Are Prisons Obsolete?* New York: Seven Stories Press, 2003.

Department of Justice Bureau of Correction. *Bureau of Correction Report for 1957–1959*. Harrisburg: Commonwealth of Pennsylvania, 1957.

Dershowitz, Alan. *America on Trial: Inside the Legal Battles that Transformed Our Nation*. New York: Warner Books, 2004.

Deutsch, Albert. *The Mentally Ill in America: A History of Their Care and Treatment from Colonial Times*. 2nd ed., New York: Columbia University Press, 1949.

———. *Our Rejected Children*. Boston: Little, Brown, 1950.

———. *The Shame of the States*. New York: Harcourt, Brace, 1948.

———. *The Trouble with Cops*. New York: Crown, 1955.

Dorr, Gregory Michael. *Segregation's Science: Eugenics and Society in Virginia*. Charlottesville: University of Virginia Press, 2008. Dorsen, Norman. "Roger Nash Baldwin." In *American National Biography: Volume 2*, edited by John A. Garraty and Mark C. Carnes, 61–63. New York: Oxford

University Press, 1999.

DuVernay, Ava, dir. *13th*. Written by Spencer Averick and Ava DuVernay. Netflix, 2016.

Dwyer, Ellen. *Homes for the Mad: Life inside Two Nineteenth-Century Asylums*. New Brunswick, N.J.: Rutgers University Press, 1987.

Earley, Pete. *Crazy: A Father's Search through America's Mental Health Madness*. New York: G. P. Putnam's Sons, 2006.

El-Hai, Jack. *The Lobotomist: A Maverick Medical Genius and His Tragic Quest to Rid the World of Mental Illness*. Hoboken, N.J.: John Wiley and Sons, 2005.

Ennis, Bruce J., and Paul R. Friedman. *Legal Rights of the Mentally Handicapped*. New York: Practising Law Inst., Mental Health Law Project, 1973.

Ennis, Phillip H. *Criminal Victimization in the United States: A Report of a National Survey*. Chicago: University of Chicago, National Opinion Research Center, 1967.

Fabricant, Michael B., and Robert Fisher. *Settlement Houses under Siege: The Struggle to Sustain Community Organizations*. New York: Columbia University Press, 2002.

Flamm, Michael W. *Law and Order: Street Crime, Civil Unrest, and the Crisis of Liberalism in the 1960s*. New York: Columbia University Press, 2005.

Foner, Eric. *The Story of American Freedom*. New York: W. W. Norton, 1999.

Foucault, Michel. *Folie et Déraison: Histoire de la folie à l'âge classique*. Paris:

Union Générale d'Éditions, 1961.

———. *Madness and Civilization: A History of Insanity in the Age of Reason.* New York: Vintage Books, 1973.

Frame, Janet. *Faces in the Water*. New York: G. Braziller, 1961.

Frank, Richard G., and Sherry Glied. *Better but Not Well: Mental Health Policy in the United States since 1950.* Baltimore: Johns Hopkins University Press, 2006.

Freedman, Estelle B. *Their Sisters' Keepers: Women's Prison Reform in America, 1830–1930.* Ann Arbor: University of Michigan Press, 1981.

Frost, Lynda E., and Richard J. Bonnie, eds. *The Evolution of Mental Health Law.* Washington, D.C.: American Psychological Association, 2001.

Frydl, Kathleen J. *The Drug Wars in America, 1940–1973.* New York: Cambridge University Press, 2013.

Garland, David. *The Culture of Control: Crime and Social Order in Contemporary Society.* New York: Oxford University Press, 2001.

Geller, Jeffrey L., and Maxine Harris. *Women of the Asylum: Voices from Behind the Walls, 1840–1945.* New York: Anchor Books, 1994.

Gilmore, Ruth Wilson. *The Golden Gulag: Prisons, Surplus, Crisis, and Opposition in Globalizing California.* Berkeley: University of California Press, 2007.

Ginsberg, Allen. *Howl and Other Poems.* Reissue ed. San Francisco, Ca.: City Lights Publishers, 1959.

Glasco, Laurence. *K. Leroy Irvis: The Lion of Pennsylvania.* Documentary.

Directed by Bill Medica. Pittsburgh: University of Pittsburgh, 2004.

Goffman, Erving. Asylums: *Essays on the Social Situation of Mental Patients and Other Inmates*. Chicago: Aldine Publishing, 1962.

Gottschalk, Marie. *The Prison and the Gallows: The Politics of Mass Incarceration in America*. Cambridge: Cambridge University Press, 2006.

Governor's Coordinating Committee for the 1960 White House Conference on Children and Youth. *A Blueprint for Action: Pennsylvania's Program for Children and Youth*. Harrisburg, Pa.: Pennsylvania Committee on Children and Youth, 1961.

Grob, Gerald N. *From Asylum to Community: Mental Health Policy in Modern America*. Princeton, N.J.: Princeton University Press, 1991.

———. *The Mad among Us: A History of Care of America's Mentally Ill. New York*: Free Press, 1994.

Grob, Gerald N., and Howard H. Goldman. *The Dilemma of Federal Mental Health Policy: Radical Reform or Incremental Change?* Newark, N.J.: Rutgers University Press, 2006.

Hale, Nathan G., Jr. "American Psychoanalysis since World War II." In *American Psychiatry after World War II* (1944–1994), edited by Roy W. Menninger and John C. Nemiah, 77–102. Washington, D.C.: American Psychiatric Press, 2000.

———. *The Rise and Crisis of Psychoanalysis in the United States*. New York: Oxford University Press, 1995.

Healy, David. *The Creation of Psychopharmacology*. Cambridge, Mass.:

Harvard University Press, 2002.

Healy, David, and Edward Shorter. *Shock Therapy*. New Brunswick, N.J.: Rutgers University Press, 2007.

Herman, Ellen. *The Romance of American Psychology: Political Culture in the Age of Experts*. Berkeley: University of California Press, 1995.

Herzberg, David. *Happy Pills in America: From Miltown to Prozac*. Baltimore: Johns Hopkins University Press, 2009.

Hinton, Elizabeth Kai. *From the War on Poverty to the War on Crime: The Making of Mass Incarceration in America*. Cambridge, Mass.: Harvard University Press, 2016.

Hornblum, Allen M. *Acres of Skin: Human Experiments at Holmesburg Prison*. New York: Routledge, 1999.

Hubert, Susan J. *Questions of Power: The Politics of Women's Madness Narratives*. Cranbury, N.J.: Associated University Presses, 2002.

Huling, Tracy. "Building a Prison Economy in Rural America." In *Invisible Punishment: The Collateral Consequences of Mass Imprisonment*, edited by Marc Mauer and Meda Chesney-Lind, 197–213. New York: The New Press, 2002.

Huston, James A. *A Hoosier Sampler: An Anthology of Indiana Writers*. New York: University Press of America, 2000.

Irvis, K. Leroy. *Report of Bipartisan Committee on Visiting State Institutions*. Harrisburg, Pa.: The Committee, 1967.

Jackson, Vanessa. "In Our Own Voice: African American Stories of

Oppression, Survival and Recovery in Mental Health Systems." In *It's About Time: Discovering, Recovering and Celebrating Psychiatric Consumer/Survivor History*. Atlanta: Self-published. Accessed May 15, 2013. http://www.academia.edu/1312813/In_Our_Own_Voice_African-American_Stories_of_Oppression_Survival_and_Recovery.

Jennings, Audra. "With Minds Fixed on the Horrors of War: Liberalism and Disability Activism, 1940–1960." PhD diss., Ohio State University, 2008.

Johnson, Ann Braden. *Out of Bedlam: The Truth about Deinstitutionalization*. New York: Basic Books, 1990.

Jones, Kathleen W. "Education for Children with Mental Retardation: Parent Activism, Public Policy, and Family Ideology in the 1950s." In *Mental Retardation in America: A Historical Reader*, edited by Steven Noll and James W. Trent Jr., 322–50. New York: New York University Press, 2004.

Katz, Michael B. *In the Shadow of the Poorhouse: A Social History of Welfare in America*. 10th ed. New York: Basic Books, 1996.

———. *The Price of Citizenship: Redefining the American Welfare State*. 2nd ed. Philadelphia: University of Pennsylvania Press, 2008. Kennedy, John F. "Special Message to the Congress on Mental Illness and Mental Retardation." February 5, 1963. The American Presidency Project. http://www.presidency.ucsb.edu/ws/?pid=9546.

Kesey, Ken. *One Flew over the Cuckoo's Nest*. 40th ed. New York: Viking,

2002.

Kleibacker, Fritz, *et al. The Urban Battleground: Tell It—Like It Is. Part Two.* Pittsburgh: WIIC-TV, 1968.

Klein, Philip Shriver, and Ari Arthur Hoogenboom. *A History of Pennsylvania*. New York: McGraw-Hill, 1973.

Kohler-Hausmann, Julilly. *Getting Tough: Welfare and Imprisonment in 1970s America*. Princeton, N.J.: Princeton University Press, 2017.

Kolb, Lawrence C., Shervert H. Frazier, and Paul Sirovatka. "The National Institute of Mental Health: Its Influence on Psychiatry and the Nation's Health." In *American Psychiatry after World War II (1944–1994)*, edited by Roy W. Menninger and John C. Nemiah, 207–31. Washington, D.C.: American Psychiatric Press, 2000.

Kozol, Wendy. *Life's America: Family and Nation in Postwar Photojournalism*. Philadelphia: Temple University Press, 1994.

Kunzel, Regina. *Criminal Intimacy: Prison and the Uneven History of Modern American Sexuality*. Chicago: University of Chicago Press, 2008.

Lamis, Renee M. *The Realignment of Pennsylvania Politics since 1960: Two-Party Competition in a Battleground State*. State College: Pennsylvania State University Press, 2009.

La Vigne, Nancy G. "People First: Changing the Way We Talk about Those Touched by the Criminal Justice System." *Urban Wire: Crime and Justice*, April 5, 2016, https://www.urban.org/urban-wire/people-first-changing-way-we-talk-about-those-touched-criminal-justice-system.

Lawrence, Sarah, and Jeremy Travis. *The New Landscape of Imprisonment: Mapping America's Prison Expansion*. Washington, D.C.: Urban Institute Justice Policy Center, April 2004.

Larson, Kate Clifford. Rosemary: *The Hidden Kennedy Daughter*. Boston: Houghton Mifflin Harcourt, 2015.

Leader, George Michael, and Elisabeth Myers. *Unlocking the Doors: Harry Shapiro and the Reforms of the Pennsylvania Mental Health System*. Hummelstown, Pa.: Leader Publishing, 2005.

Leon, Chrysanthi S. *Sex Fiends, Perverts, and Pedophiles: Understanding Sex Crime Policy in America*. New York: New York University Press, 2011.

Lepard, Clay. "Wayne County Residents Concerned as SCI Waymart Slated for Possible Closure." Aired on January 6, 2017, on WNEP (Scranton, Pa.).

Lewis, Bradley. "A Mad Fight: Psychiatry and Disability Activism." In *The Disability Studies Reader*, edited by Lennard Davis, 115–31. 4th ed. New York: Routledge, 2013.

Litvak, Anatole, dir. *The Snake Pit*. Beverly Hills, Calif.: 20th Century Fox, 2004.

Lunbeck, Elizabeth. *The Psychiatric Persuasion: Knowledge, Gender, and Power in Modern America*. Princeton, N.J.: Princeton University Press, 1994.

Lynch, Mona. *Sunbelt Justice: Arizona and the Transformation of American Punishment*. Stanford, Calif.: Stanford University Press, 2009.

Lynd, Staughton. *Lucasville: The Untold Story of a Prison Uprising*. 2nd ed.

Oakland, Calif.: PM Press, 2011.

MacLeish, Lenore McCall. *Between Us and the Dark*. Philadelphia: J. B. Lippincott, 1947.

Mattson, Kevin. *When America Was Great: The Fighting Faith of Liberalism in Post-War America*. New York: Routledge, 2004.

Mauer, Marc, and the Sentencing Project. *Race to Incarcerate*. 2nd ed., rev. and updated. New York: New Press, 2006.

McWilliams, John C. *Two Centuries of Corrections in Pennsylvania: A Commemorative History*. Harrisburg: Pennsylvania Historical and Museum Commission for the Pennsylvania Department of Corrections, 2002.

Mental Health Association of Southeastern Pennsylvania, *Impact 1981: Annual Report*. Annual Reports File, Mental Health Association of Southeastern Pennsylvania Offices, Philadelphia, 1981.

———. *Impact 1982: Annual Report*. Annual Reports File, Mental Health Association of Southeastern Pennsylvania Offices, Philadelphia, 1982.

Metzl, Jonathan. *The Protest Psychosis: How Schizophrenia Became a Black Disease*. Boston: Beacon Press, 2009.

Meyer, Robert G., and Christopher M. Weaver. *Law and Mental Health: A Case-Based Approach*. New York: Guilford Press, 2006.

Mittelstadt, Jennifer. *From Welfare to Workfare: The Unintended Consequences of Liberal Reform, 1945–1965*. Chapel Hill: University of North Carolina Press, 2005.

Moore, Acel, and Wendell Rawls. *The Farview Findings*. Philadelphia:

Philadelphia Inquirer, 1976.

Morris, Norval, and David J. Rothman, eds. *The Oxford History of the Prison: The Practice of Punishment in Western Society.* New York: Oxford University Press, 1995.

Morrison, Linda Joy. *Talking Back to Psychiatry: The Psychiatric Consumer/Survivor/Ex-Patient Movement.* New York: Routledge, 2005.

Moskowitz, Eva S. In Therapy We Trust: *America's Obsession with Self-Fulfillment.* Baltimore: Johns Hopkins University Press, 2001.

Muhammad, Khalil Gibran. *The Condemnation of Blackness: Race, Crime, and the Making of Modern Urban America.* Cambridge, Mass.: Harvard University Press, 2010.

Murakawa, Naomi. *The First Civil Right: How Liberals Built Prison America.* New York: Oxford University Press, 2014.

———. "The Origins of the Carceral Crisis: Racial Order as 'Law and Order' in Postwar American Politics." In *Race and American Political Development,* edited by Joseph Lowndes, Julie Novkov, and Dorian T. Warren, 234–55. New York: Routledge, 2008.

Nagel, Mechthild E., and Anthony J. Nocella II, eds. *The End of Prisons: Reflections from the Decarceration Movement.* New York: Rodopi, 2013.

National Institute of Mental Health. *Patients in Mental Institutions.* U.S. Bureau of the Census, 1945.

National Public Radio. "Pennsylvania Corrections Officials Explore Reducing Incarceration Rates." *NPR around the Nation,* November 2, 2015. http://

www.npr.org/2015/11/02/453885677/pa-corrections-officials-explore-reducing-incarceration-rates.

Nelson, Jennifer. *Women of Color and the Reproductive Rights Movement*. New York: New York University Press, 2003.

Packard, E. P. W. *The Prisoner's Hidden Life, or, Insane Asylums Unveiled: As Demonstrated by the Report of the Investigating Committee of the Legislature of Illinois, Together with Mrs. Packard's Coadjutors' Testimony*. Chicago: E. P. W. Packard, 1868.

Pennsylvania Department of Corrections. "State Prisons." PA.gov. Accessed February 6, 2017. http://www.cor.pa.gov/Facilities/StatePrisons/Pages/default.aspx#.WJjHpPP88fI.

Pennsylvania Department of Public Welfare. *Annual Report, 1985–1986*. Harrisburg: Pennsylvania Department of Public Welfare, 1986.

———. *Public Welfare Annual Statistics*. Harrisburg: Commonwealth of Pennsylvania, 1960.

———. *Public Welfare Annual Statistics*. Harrisburg: Commonwealth of Pennsylvania, 1973.

Pennsylvania Department of Welfare. *A Pictorial Report on Mental Institutions in Pennsylvania*. Harrisburg: Pennsylvania Department of Welfare, 1946.

———. *Report of the Committee Appointed by Honorable Edward Martin to Survey the Penal and Correctional System of the Commonwealth of Pennsylvania*. Harrisburg: Commonwealth of Pennsylvania, 1944.

———. *Report of the Committee Appointed by the Honorable Edward Martin to Make a Complete Study of the Mental Hospitals of the Commonwealth of Pennsylvania.* Harrisburg: Commonwealth of Pennsylvania, 1944.

———. *The Quiet Revolution in Mental Health and Welfare.* Harrisburg, Pa.: Pennsylvania Department of Welfare, 1957.

Pennsylvania Mental Health. *Mental Health: A Blueprint for Pennsylvania.* Philadelphia: Pennsylvania Mental Health, 1956.

Perkinson, Robert. *Texas Tough: The Rise of America's Prison Empire.* New York: Picador, 2010.

Pernick, Martin S. *The Black Stork Eugenics and the Death of "Defective" Babies in American Medicine and Motion Pictures since 1915.* New York: Oxford University Press, 1996.

Petrillo, Matt. "State Lawmakers Tour SCI-Retreat Ahead of Possible Prison Closure." Aired on January 11, 2017, on WNEP (Scranton, Pa.).

Pew Charitable Trusts. "National Imprisonment and Crime Rates Continue to Fall Fact Sheet." Pew Charitable Trust, December 2016. http://www.pewtrusts.org/~/media/assets/2017/03/pspp_national_imprisonment_and_crime_rates_fall.pdf.

Plath, Sylvia [Victoria Lucas]. *The Bell Jar.* London: Heinemann, 1963.

President's Commission on Law Enforcement and Administration of Justice. *The Challenge of Crime in a Free Society.* Washington, D.C.: U.S. Government Printing, 1967.

Pressman, Jack D. *Last Resort: Psychosurgery and the Limits of Medicine.* New

York: Cambridge University Press, 1998.

Public Policy Office of the Mental Health Association of Southeastern Pennsylvania. *Byberry Miracle*: The Inside Story, June 1991.

Rafter, Nicole Hahn. *Creating Born Criminals*. Urbana: University of Illinois Press, 1997.

Raskin, Jonah. *American Scream: Allen Ginsberg's "Howl" and the Making of the Beat Generation*. Berkeley: University of California Press, 2004.

Rembis, Michael A. *Defining Deviance: Sex, Science, and Delinquent Girls, 1890–1960*. Urbana: University of Illinois Press, 2011.

Reverby, Susan M. *Examining Tuskegee: The Infamous Syphilis Study and Its Legacy*. Chapel Hill: University of North Carolina Press, 2009.

Rieff, Philip. *The Triumph of the Therapeutic: Uses of Faith after Freud*. Chicago: University of Chicago Press, 1966.

Rothman, David J. *The Discovery of the Asylum: Social Order and Disorder in the New Republic*. Rev. ed. Boston: Little, Brown, 1971.

———. *Conscience and Convenience: The Asylum and Its Alternatives in Progressive America*. Rev. ed. New York: Aldine de Gruyter, 2002.

———. *The Willowbrook Wars: Bringing the Mentally Disabled into the Community*. New Brunswick, N.J.: Aldine Transaction, 2005.

Rotman, Edgardo. *Beyond Punishment: A New View on the Rehabilitation of Criminal Offenders*. Westport, Conn.: Greenwood Press, 1990.

Scull, Andrew T. *Decarceration: Community Treatment and the Deviant: A Radical View*. 2nd ed. New Brunswick, N.J.: Rutgers University Press,

1984.

———. *The Insanity of Place / The Place of Insanity: Essays on the History of Psychiatry*. New York: Routledge, 2006.

Serlin, David Harley. *Replaceable You: Engineering the Body in Postwar America*. Chicago: University of Chicago Press, 2004.

Shannonhouse, Rebecca. *Out of Her Mind: Women Writing on Madness*. 2nd ed. New York: Random House, 2003.

Shigematsu, Setsu, dir. *Visions of Abolition: From Critical Resistance to a New Way of Life*. 2011; PM Press, 2012. DVD.

Shorter, Edward. *Before Prozac: The Troubled History of Mood Disorders in Psychiatry*. Oxford: Oxford University Press, 2009.

———. *A History of Psychiatry: From the Era of the Asylum to the Age of Prozac*. New York: John Wiley, 1997.

Simon, Jonathan. *Governing through Crime: How the War on Crime Transformed Democracy and Created a Culture of Fear*. New York: Oxford University Press, 2007.

Slingerland, William Henry. *Child Welfare Work in Pennsylvania: A Co-operative Study of Child-Helping Agencies and Institutions*. New York: Department of Child-Helping, Russell Sage Foundation, 1915.

Smith, Judith R. *30th Anniversary Commemorative History: The Bureau of Correction and Its Institutions*. Camp Hill: Pennsylvania Bureau of Correction, 1983.

Spillane, Joseph F. Coxsackie: *The Life and Death of Prison Reform*. Baltimore:

Johns Hopkins University Press, 2014.

Staub, Michael. *Madness Is Civilization: When the Diagnosis Was Social, 1948–1980*. Chicago: University of Chicago Press, 2011.

Stern, Alexandra. *Eugenic Nation: Faults and Frontiers of Better Breeding in Modern America*. Berkeley: University of California Press, 2005.

Sugrue, Thomas J. *Sweet Land of Liberty: The Forgotten Struggle for Civil Rights in the North*. New York: Random House, 2009.

Support Coalition International. *Psychiatric Survivor Oral Histories: Implications for Contemporary Mental Health Policy*. Capstone Report, Center for Public Policy and Administration, University of Massachusetts, Amherst, 2001. http://www.freedom-center.org/pdf/oryxpsychoralhistory.pdf.

Szasz, Thomas Stephen. *The Myth of Mental Illness: Foundations of a Theory of Personal Conduct*. New York: Harper and Row, 1961.

Taylor, Barbara. *The Last Asylum: A Memoir of Madness in Our Times*. Chicago: University of Chicago Press, 2015.

Taylor, Steven J. *Acts of Conscience: World War II, Mental Institutions, and Religious Objectors*. Syracuse: Syracuse University Press, 2009.

Terry, Jennifer. *An American Obsession: Science, Medicine, and Homosexuality in Modern Society*. Chicago: University of Chicago Press, 1999.

Thaw, Jack, and Anthony J. Cuvo. *Developing Responsive Human Services: New Perspectives about Residential Treatment Organizations*. Hillsdale, N.J.: Psychology Press, 1986.

Thompson, Charles. "Group Recommends Ways to Reduce Pennsylvania's Prison Population." *Penn Live*, December 15, 2016. http://csgjusticecenter.org/jr/pennsylvania/media-clips/group-recommends-ways-to-reduce-pennsylvanias-prison-population/.

Thompson, Heather Ann. "Blinded by a 'Barbaric' South." In *The Myth of Southern Exceptionalism*, edited by Matthew D. Lassiter and Joseph Crespino, 74–95. New York: Oxford University Press, 2009.

———. *Blood in the Water: The Attica Prison Uprising of 1971 and Its Legacy*. New York: Basic Books, 2016.

Thornberry, Terence P., and Joseph E. Jacoby. *The Criminally Insane: A Community Follow-Up of Mentally Ill Offenders*. Studies in Crime and Justice. Chicago: University of Chicago Press, 1979.

Thornburgh, Dick. *Where the Evidence Leads: An Autobiography*. Pittsburgh: University of Pittsburgh Press, 2010.

Tomes, Nancy. *A Generous Confidence: Thomas Story Kirkbride and the Art of Asylum-Keeping, 1840–1883*. Cambridge: Cambridge University Press, 1984.

Tone, Andrea. *The Age of Anxiety: A History of America's Turbulent Affair with Tranquilizers*. Boston: Basic Books, 2008.

Tonry, Michael. *Thinking about Crime: Sense and Sensibility in American Penal Culture*. New York: Oxford University Press, 2004.

Torrey, E. Fuller. *Nowhere to Go: The Tragic Odyssey of the Homeless Mentally Ill*. New York: Harper and Row, 1988.

———. *Out of the Shadows: Confronting America's Mental Illness Crisis*. New York: Wiley, 1998.

Trent, James W., Jr. *Inventing the Feeble Mind: A History of Mental Retardation in the United States*. Berkeley: University of California Press, 1994.

U.S. Census Bureau. *1940 Census of Population: Special Report on Institutional Population 14 Years and Over, Characteristics of Inmates in Penal Institutions, and in Institutions for the Delinquent, Defective, and Dependent*. Washington, D.C.: U.S. Government Printing Office, 1943. https://www.census.gov/library/publications/1943/dec/population-institutional.html.

———. *1950 Census—Subject Reports: Institutional Population*. Washington, D.C.: U.S. Government Printing Office, 1953. https://www2.census.gov/library/publications/decennial/1950/population-volume-4/41601752v4p2ch4.pdf.

———. *1960 Census: Population, Subject Reports, Inmates of Institutions: Social and Economic Data for Inmates by Area and Type of Institution*. Washington, D.C.: U.S. Government Printing Office, 1963. https://www2.census.gov/library/publications/decennial/1960/population-volume-2/41927948v2p8a-8c_ch02.pdf.

———. *1980 Census of Population: Persons in Institutions and Other Group Quarters*. Washington, D.C.: U.S. Government Printing Office, 1984. https://www2.census.gov/prod2/decennial/documents/1980/1980censusofpopu8024un_bw.pdf.

U.S. Department of Justice, Bureau of Justice Statistics. *Correctional Population in the United States, 2015*, Washington, D.C., December 2016, https://www.bjs.gov/content/pub/pdf/cpus15.pdf.

U.S. Department of Justice, Federal Bureau of Prisons, and Pennsylvania Historical and Museum Commission. *The Farview State Hospital Agricultural Complex*. Washington, D.C.: U.S. Department of Justice, Federal Bureau of Prisons, 2002.

Vallas, Rebecca. *Disabled behind Bars: Mass Incarceration of People with Disabilities in America's Jails and Prisons*. Center for American Progress, July 2016, https://cdn.americanprogress.org/wp-content/uploads/2016/07/15103130/CriminalJusticeDisability-report.pdf.

Wacquant, Loïc. P*unishing the Poor: The Neoliberal Government of Social Insecurity*. Durham, N.C.: Duke University Press, 2009.

Wall, Wendy L. *Inventing the "American Way": The Politics of Consensus from the New Deal to the Civil Rights Movement*. New York: Oxford University Press, 2008.

Ward, Geoffrey C. "Eleanor Roosevelt." In *American National Biography: Volume 18*, edited by John A. Garraty and Mark C. Carnes, 812–15. New York: Oxford University Press, 1999.

Ward, Mary Jane. *The Snake Pit*. New York: Random House, 1946.

Warren, Jennifer, et al. *One in 100: Behind Bars in America 2008*. Washington, D.C.: Pew Charitable Trusts, 2008.

Wilson, Margaret. *Borderland Minds*. Boston: Meador, 1940.

Winslow, Walker. *If a Man Be Mad*. Garden City, N.Y.: Doubleday, 1947.

Wirt, Peter F., and Robert D. Briggs. *Personality and Environmental Factors in the Development of Delinquency*. Washington, D.C.: American Psychological Association, 1959.

Wolensky, Kenneth C. *The Life of Pennsylvania Governor George M. Leader: Challenging Complacency Leader*. Bethlehem, Pa.: Lehigh University Press, 2011.

Wolfgang, Marvin E., Robert M. Figlio, and Thorsten Sellin. *Delinquency in a Birth Cohort*. Chicago: University of Chicago Press, 1972.

색인

ㅁ

ㅂ

ㅊ

ㅌ

ㅍ

정신 요양소에서 교도소로

1945년 이후의 탈수용화와 대규모 수감의 증가

초판 인쇄 2021년 6월 15일

초판 발행 2021년 6월 30일

원표제 From Asylum to Prison:
Deinstitutionalization and the Rise of Mass Incarceration after 1945

원저자 앤 E 파슨스

번역자 주명진

교정·교열 이해숙

디자인·편집 배영미

발행인 차정인

펴낸곳 부산대학교출판문화원

출판등록 제1983-000001호 1983.11.10.

부산광역시 금정구 부산대학로 63번길 2 (우편번호46241)

대표전화 051-510-1932 팩시밀리 051-512-7812

https://press.pusan.ac.kr

ISBN 978 - 89 - 7316 - 710 - 4 (03300)